大数据处理平台

Big Data Processing Platform

宋杰 

人民邮电出版社
北京

图书在版编目（CIP）数据

大数据处理平台 / 宋杰著. -- 北京 : 人民邮电出版社, 2017.12
（学术中国. 大数据）
国之重器出版工程
ISBN 978-7-115-46689-1

Ⅰ. ①大… Ⅱ. ①宋… Ⅲ. ①数据处理 Ⅳ. ①TP274

中国版本图书馆CIP数据核字(2017)第261361号

内 容 提 要

本书从数据查询、数据分析和迭代计算平台 3 个方面对大数据处理平台的体系结构、基本原理、主流技术、国内外研究进展和成果进行了全面、深入的阐述，对大数据实时处理平台的架构和核心技术进行了展望。企业技术人员可参考本书选择合适的技术构建大数据处理平台或对现有平台进行优化；高校及研究院所的科研人员可参考本书了解大数据管理的基本原理和现有研究成果；高校学生可通过学习本书全面了解大数据处理平台。同时，本书也适用于对大数据技术有浓厚兴趣的读者。

◆ 著　　　宋　杰
责任编辑　吴娜达
责任印制　杨林杰
◆ 人民邮电出版社出版发行　　北京市丰台区成寿寺路 11 号
邮编　100164　　电子邮件　315@ptpress.com.cn
网址　http://www.ptpress.com.cn

◆ 开本：720×1000　1/16
印张：14.75　　　　2017 年 12 月第 1 版
字数：220 千字　　　2017 年 12 月河北第 1 次印刷

读者服务热线：(010)81055488　印装质量热线：(010)81055316
反盗版热线：(010)81055315
广告经营许可证：京东工商广登字 20170147 号

《国之重器出版工程》编辑委员会

专家委员会委员（按姓氏笔画排列）：

于　全　中国工程院院士

王少萍　“长江学者奖励计划”特聘教授

王建民　清华大学软件学院院长

王哲荣　中国工程院院士

王　越　中国科学院院士、中国工程院院士

尤肖虎　“长江学者奖励计划”特聘教授

邓宗全　中国工程院院士

甘晓华　中国工程院院士

叶培建　中国科学院院士

朱英富　中国工程院院士

朵英贤　中国工程院院士

邬贺铨　中国工程院院士

刘大响　中国工程院院士

刘怡昕　中国工程院院士

刘韵洁　中国工程院院士

孙逢春　中国工程院院士

苏彦庆　“长江学者奖励计划”特聘教授

苏哲子 中国工程院院士

李伯虎 中国工程院院士

李应红 中国科学院院士

李新亚 国家制造强国建设战略咨询委员会委员、中国机械工业联合会副会长

杨德森 中国工程院院士

张宏科 北京交通大学下一代互联网互联设备国家工程实验室主任

陆建勋 中国工程院院士

陆燕荪 国家制造强国建设战略咨询委员会委员、原机械工业部副部长

陈一坚 中国工程院院士

陈懋章 中国工程院院士

金东寒 中国工程院院士

周立伟 中国工程院院士

郑纬民 中国计算机学会原理事长

郑建华 中国科学院院士

屈贤明 国家制造强国建设战略咨询委员会委员、工业和信息化部智能制造专家咨询委员会副主任

项昌乐 “长江学者奖励计划”特聘教授，中国科协书记处书记，北京理工大学党委副书记、副校长

柳百成 中国工程院院士

闻雪友 中国工程院院士

徐德民 中国工程院院士

唐长红 中国工程院院士

黄卫东 “长江学者奖励计划”特聘教授

黄先祥 中国工程院院士

黄　维 中国科学院院士、西北工业大学常务副校长

董景辰 工业和信息化部智能制造专家咨询委员会委员

焦宗夏 “长江学者奖励计划”特聘教授

《学术中国 · 大数据》丛书
编 辑 委 员 会

丛书总序

大数据、人工智能、云计算、物联网、移动互联网和产业互联网等成为新一代信息技术的特征，其中大数据与上述技术和应用都有密切关系。大数据来自于移动互联网、产业互联网和物联网等，其存储需要云计算，其挖掘依靠人工智能，而人工智能也有赖于大数据的支撑，大数据是产业互联网的重要基础。大数据不仅可以用于社会的精细化管理，更好地服务民生，大数据产业也将形成信息产业新的分支，其间接的产业影响将更大。可以说，大数据是数字经济的重要支柱。

很多国家都将大数据作为新时期的国家发展战略。2015 年，国务院印发大数据发展的首个权威性、系统性文件《促进大数据发展行动纲要》，2016 年国家发展和改革委员会批复了 13 个大数据领域的国家工程实验室，我国一些省市也纷纷制定大数据发展战略与规划。当前，我国在大数据共享开放、大数据资源开发、大数据技术研发、大数据挖掘应用、大数据产业培育、大数据安全管理、大数据人才培养和大数据法规研究等方面全面部署，为我国实现供给侧结构性改革，促进产业升级和转型，提升国家竞争力，争取在国际领域的话语权和实现跨越式发展起到了不可或缺的作用。

然而，我国的大数据发展也面临一些亟待解决的问题，例如基础研究薄弱、创新能力不强、产业链条缺口、数据资源封闭、法律法规滞后、数据安全不力、数据人才短缺和数据设施布局不合理及利用率不高等。为了使我国的大数据应用与产业可持续健康发展，需要多管齐下，其中普及大数据科学是重要的一环。为此，《学术中国·大数据》丛书编委会组织多个大数据领域优秀的研究团队的专家，基于国家

“973”计划、“863”计划、国家自然科学基金、国家重点研究计划等科研项目的创新研究成果和国内外大数据应用的成功实践，编写了这套丛书，内容涵盖大数据存储、数据管理、数据挖掘、分析平台、优化算法等核心技术领域。

本丛书的出版对传播大数据科学知识、推动大数据的学术探讨、鼓励大数据领域的产学研用协同创新、促进大数据标准化研究、加快大数据核心技术研发、培训大数据技术人才、引导大数据应用与产业化发展以及完善大数据有关的制度建设，都将起到积极作用。

郭贺铨

2017 年 12 月

前言

如何从海量数据中有效获取信息，以进行分析和决策是大数据的核心问题，也是21世纪各行各业均面临的重要问题。解决这一核心问题需要大数据处理平台的支持。大数据处理平台是一种“计算平台”，计算平台泛指支持算法执行的硬件系统、操作系统和运行库，那么大数据处理平台则泛指可以支持大数据处理算法执行的平台。大数据处理平台采用集群作为硬件系统，分布式计算框架作为中间件系统。以Hadoop HDFS为代表的分布式文件系统和以MapReduce为代表的分布式并行编程模型在学术界和产业界最为流行，并以此引出完善的Hadoop生态圈；另一个则是围绕并行框架Spark的生态系统，如Spark Streaming和Shark。以这些开源技术为支撑的大数据处理平台广泛地应用于社交网络、科学数据分析、传感数据处理、医疗和电子商务平台中。

典型的大数据应用可以分为OLTP、OLAP和图计算3类，因此，从数据处理平台角度，需要提供数据查询、统计分析和迭代计算支持。本书围绕这3个典型数据处理方式，首先介绍大数据处理平台的体系结构，并简述体系结构每部分的主流技术；随后重点介绍大数据处理平台实现数据查询、统计分析和迭代计算的基本原理、研究进展；每部分还包括项目组近年来的研究成果。此外，本书还展望了大数据实时处理平台的架构和核心技术。本书介绍的理论和技术均集中于中间件层，以“学术研究”和“系统实现”相结合的角度论述，使得读者能够更加深入地理解大数据处理平台的核心技术和学术前沿，帮助读者更加有效地构建处理平台，或对已有的大数据处理平台进行改进，开展大数据存储和管理领域的相关研究。

本书是“学术中国·大数据”系列丛书之一。书中研究成果为国家自然科学基金重点项目“大数据高效能存储与管理方法研究（No.61433008）”的部分建设成果。笔者在数据管理领域已有十多年的研究经验，结合自身的研究经验，从“学术研究”和“系统实现”相结合的角度，对平台进行全面的介绍。书中既有原理，又有学术前沿综述，但不包含使用方法、编程技术、构建步骤等类似工具书的内容。对于大数据相关领域高校师生、研究人员以及大数据处理平台的设计师和架构师有一定的借鉴性。

笔　者

2017 年 4 月于沈阳南湖

目 录

第1章 体系结构

大数据处理平台是一种“计算平台”，计算平台泛指支持算法执行的硬件系统、操作系统和运行库，大数据处理平台泛指可以支持大数据处理算法执行的平台。大数据处理平台采用集群作为硬件系统，分布式计算框架作为中间件系统。本章主要介绍大数据处理平台的体系结构，并简述体系结构每部分的主流技术。

1.1 集群系统

集群系统通常是指构建在计算机集群之上的系统，其将一定数量的计算机连接起来构成分布式系统，作为单独的、统一的计算资源，为上层应用提供计算服务。集群系统对同构或异构的计算资源进行统一管理与调度以及实现分布式协调（Distributed Coordination）。本节主要介绍当前主流的任务管理与调度机制 Hadoop YARN、Apache Mesos 以及分布式协调机制 Apache ZooKeeper。

1.1.1 Hadoop YARN

由于 MapReduce 的 JobTracker/TaskTracker 机制在可扩展性、内存消耗、线程模型、可靠性等方面存在缺陷，且其维护成本很高，因此，Apache 提出了 Hadoop YARN 这种新型的 Hadoop MapReduce 框架。YARN 架构如图 1-1 所示。YARN[1] 提供强大的资源管理功能，将 JobTracker 分解为两个独立的服务：全局的资源管理器（Resource Manager，RM）和应用程序特有的应用程序管理器（Application Master，AM）。YARN 采用 Master-Slave（主—从）架构，主节点部署 RM，负责整个系统的资源管理和分配。每个从节点上均部署节点资源管理器（Node Manager，NM），RM 对各个 NM 上的资源进行统一管理和调度。

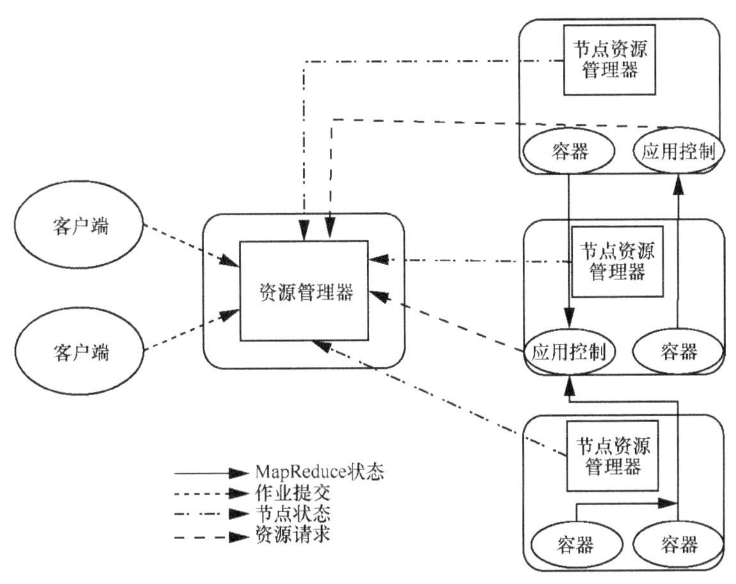

图 1-1　YARN 架构

AM 负责单个应用程序的管理，这些应用程序对应的为 MapReduce 作业或单一作业，或以有向无环图（DAG）表示的复杂作业。每个应用程序的 AM 负责协调来自 RM 的资源，并与 NM 一起监视和协调资源。当用户提交一个应用程序时，需要提供一个用以跟踪和管理该程序的 AM，它负责向 RM 申请资源，并通知 NM 启动任务和占用资源。由于不同的 AM 被分布到不同的节点上，因此它们之间不会相互影响。YARN 将全局资源管理、应用资源管理和应用程序之间解耦，所以 YARN 扩展性更好、更加高效，大量不同组件能够有效共享同一个框架。

1.1.2　Apache Mesos

Apache Mesos 是一种细粒度的资源共享平台[2]，通过通用接口访问集群资源，允许跨多个集群计算框架实现细粒度的资源共享。Mesos 将 CPU、内存、存储和其他计算资源从机器（物理或虚拟）中抽象出来，以轻松构建容错的、弹性的、高效的分布式系统。Mesos 引入了分布式两级“资源调度—资源供给”机制，Mesos 决定提供给每个框架的资源数量，框架自主决定哪种资源可接受，哪种计算可在该框架上执行。

图 1-2 展示了 Mesos 的主要组件。它包括一个主节点进程，即在每个集群节点

上运行从节点守护进程，同时计算框架在这些从节点上运行任务。主节点通过资源供给范式跨计算框架实现了细粒度的资源共享，分配策略包括公平共享或者具有优先级的共享。为支持多样化的跨框架分配政策，Mesos 通过一个可插入的分配模块实现定义分配策略。

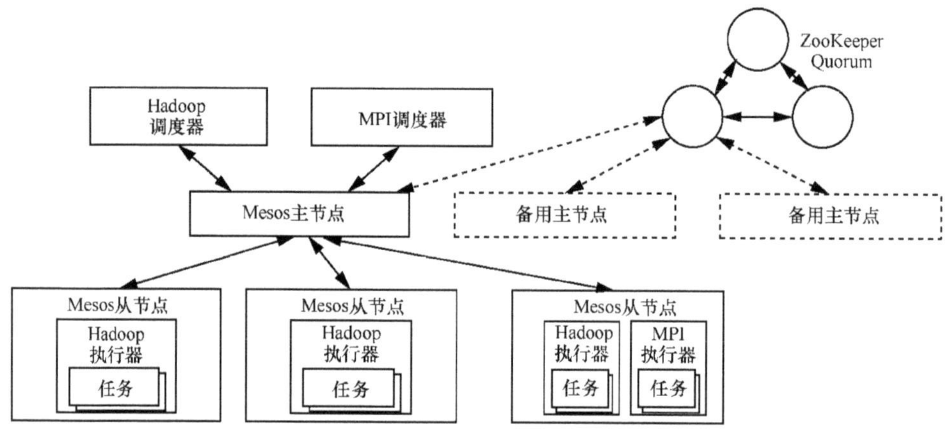

图 1-2　Mesos 的主要组件

在 Mesos 中运行的计算框架主要包括两个组件：调度器向主节点注册以提供资源；执行进程从节点上启动以运行计算任务。虽然主节点决定为每个框架提供的资源数量，但框架的调度器可自主选择使用主节点所提供的资源，当框架接受主节点提供的资源后，就向 Mesos 传递信息以描述在这些资源上执行的计算任务。整体而言，Mesos 具有高利用率、快速响应工作负载变化、支持多种计算框架、高可扩展性和可靠性等优点。

1.1.3　Apache ZooKeeper

Apache ZooKeeper[3]是一个分布式的、开放源码的分布式应用程序协调服务，它包含一个简单的原语集，分布式应用程序可以基于它实现同步服务、配置维护和命名服务等。ZooKeeper 是 Hadoop 的一个子项目。分布式系统需要有一种可靠的、可扩展的、分布式的、可配置的协调机制来统一系统的状态。ZooKeeper 则可以帮助用户实现这一状态。ZooKeeper 提供以下承诺。

- 最终一致性：客户端不论连接到哪个服务器，展示给它的都是同一个视图。

- 可靠性：如果某条消息被一台服务器接收，那么它将被所有的服务器接收。
- 实时性：客户端将在一个时间间隔内获得服务器的更新信息，或者服务器的失效信息。
- 等待无关：慢速或者失效客户端不会影响快速客户端的请求，每个客户端的等待都独立并有效。
- 原子性：更新或者成功，或者失败。
- 顺序性：提供多种逻辑时钟对消息进行排序。

ZooKeeper 中的角色主要有以下 3 类：Client 是请求的发起方；Leader 负责投票的发起和决议以及更新系统状态；Learner 分为 Follower 和 Observer，其中前者用于接收 Client 请求，并向 Client 返回结果，在选举中参与投票，而后者不参与投票。

ZooKeeper 的核心是原子广播，这个机制保证了各个服务器之间的同步，如图 1-3 所示。实现这个机制的协议叫作 Zab 协议。Zab 协议有两种模式，分别是恢复模式（选主）和广播模式（同步）。当服务启动或者在 Learner 崩溃后，Zab 就进入了恢复模式，当 Leader 被选举出来，且大多数服务器完成了和 Leader 的状态同步以后，恢复模式就结束了。状态同步保证了 Leader 和服务器具有相同的系统状态。

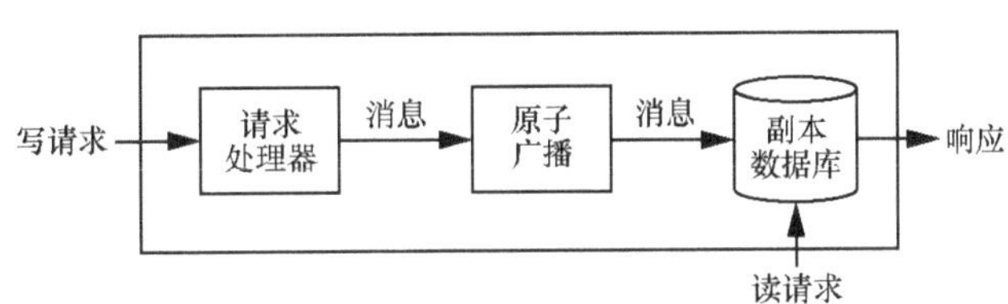

图 1-3　ZooKeeper 服务组件

ZooKeeper 的典型应用包括统一命名服务（Name Service）、配置管理（Configuration Management）、组成员管理（Group Membership）、队列管理和共享锁（Lock）。

1.2　文件系统

在集群系统中存储数据需要分布式文件系统的支持。2003 年 Google 发表的《The Google File System》论文阐述了大规模分布式文件系统的原理，极大促进了分布式文件系统的发展。本节首先对 Google 分布式文件系统（Google File System，GFS）的基本原理进行介绍，其次介绍其开源实现 Hadoop 分布式文件系统（Hadoop Distributed File System，HDFS），最后介绍其他分布式文件系统。

1.2.1 Google 分布式文件系统

Google 分布式文件系统是一个可拓展的文件系统[4]，支持大规模分布式环境中数据密集型应用，在普通商用计算机之上提供了良好的容错性，对大量客户端提供高可用性。GFS 首先基于如下假设。

- GFS 服务器为普通商用计算机，可靠性较差，集群经常出现节点故障。节点失效是频繁的、可监测的，且可恢复的。
- 系统存储适当数量的大文件。理想的负载是几百万个文件，每个文件超过 100 MB，GB 级别以上的文件很多。GFS 支持小文件，但不对其进行优化。
- 工作负载主要包含两种读操作：大规模流式读操作和小规模随机读操作。前者通常一次读取数百 KB 以上，有时能够达到 1 MB 甚至更多，如来自同一客户端不间断地对文件连续区域进行读取。后者通常在随机位置读取几 KB。
- 工作负载还包括很多大规模的连续写操作，如向文件追加数据。一旦写入之后，文件很少被修改。虽然支持随机写操作，但未进行优化。
- 支持多客户端并发写操作和并发读操作。系统必须有效地实现正确的读写语义，最小化同步开销。
- 高带宽比低时延更重要，GFS 的应用大多需要快速处理大量的数据，很少会严格要求单一操作的响应时间。

GFS 包括一个主节点（元数据服务器）、多个块服务器（数据服务器）以及多个客户端。GFS 的体系结构如图 1-4 所示，每一节点都是普通的 Linux 服务器，GFS 的工作就是协调成百上千的服务器为各种应用提供存储服务。在机器资源允许范围内，同时在可靠性要求不高的场景，客户端和块服务器可以在同一个节点上运行。

GFS 将文件划分为定长数据块，每个数据块都有一个全局唯一且不可变的 64 位 ID，数据块以普通 Linux 文件的形式存储在块服务器上，块服务器通过块的句柄在块字节范围内读写指定块数据。出于可靠性考虑，每个数据块会存储多个副本（通常为 3 个副本），分布在不同块服务器上。而 GFS 主节点负责维护文件系统的元数据，包括命名空间、访问控制、文件—块映射、块地址等以及控制系统级活动，如垃圾回收、负载均衡等。主节点周期性地与 HeartBeat 消息中的每个块服务器进行通信，向块服务器发送指令并收集其状态。链接到每个应用程序的 GFS 客户端代码实现文件系统 API，与主节点和块服务器通信，并代表应用程序读取或写入数据。

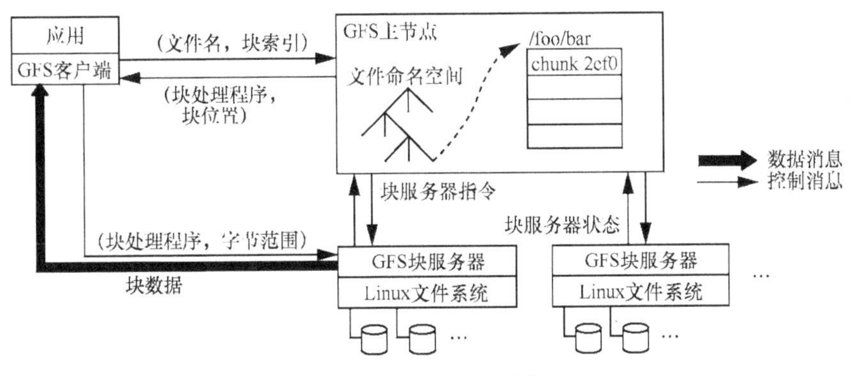

图 1-4　GFS 的体系结构

单一主节点极大地简化了设计，且主节点可以使用全局信息进行复杂的块放置和副本放置。主节点尽可能地与读写数据无关，以避免其成为瓶颈。参考图 1-4 描述的应用读取数据的流程。首先客户端将应用程序指定的文件名和字节偏移量转换为文件中的块索引，其中块为固定大小；随后向主节点发送包含文件名和块索引的请求；然后主节点根据文件名查找命名空间和文件—块映射表，得到需要的数据块副本所在的地址，将数据块的 ID 和其所有副本的地址反馈给客户端；客户端使用文件名和块索引作为主键缓存该信息，然后向其中一个离其最近的副本发送请求，请求指定块句柄和该块内的字节范围；最后块服务器返回数据给客户端。

在 GFS 中块的大小设定为 64 MB，这大于通常文件的大小，每个块副本都以普通 Linux 文件的形式保存在块服务器上，在需要的时候可进行扩大。采用较大块的优点为：首先，它减少了客户端和主节点交互的需求，因为对同一块的读写只需要一次和主节点交互，以获取块的位置信息，这可以减轻主节点工作负载；其次，因为采用较大块，客户端很可能对一个块执行多次操作，这样可以通过与块服务器在很长的时间内保持持久的 TCP 连接，减少网络负载；再者，它减少了在主节点上的元数据大小，且可以保存在内存中。大尺寸块也有其缺点，小文件包含少量的块，甚至只有一个块，如果许多客户端访问同一个小文件，存储这些块的块服务器就会变成热点。

主节点存储 3 种主要类型的元数据：文件和块的命名空间、文件到块的映射、每个块副本的位置。所有的元数据都保存在主节点的内存中。前两种类型（文件和块的命名空间、文件到块的映射）同时也会通过“记录变更到操作日志”的方式持久存储，该日志存储在主节点的本地磁盘上，并且在远程机器上备份。主节点不会持久存储块位置信息，相反地，主节点会在启动或者有新的块服务器加入集群时，向各个块服务器询问它们的块信息。

Google 分布式文件系统展示了在商用计算机上支持大规模数据处理作业必需的品质。虽然一些策略是针对特定场景而设计的，但许多策略能够应用到类似规模的硬件环境的数据处理任务中。GFS 成功满足了大数据存储需求，作为 Google 内部的存储平台得到了广泛应用。

1.2.2 Hadoop 分布式文件系统

Hadoop 分布式文件系统[5,6]是 GFS 的开源版本实现，是主流的支持大数据的分布式文件系统。HDFS 集群主要由管理文件系统元数据的主节点（Name Node）和存储实际数据的数据节点（Data Node）组成。图 1-5 描述了主节点、数据节点和客户端之间的基本交互。客户端与主节点交互用于获取文件的元数据或者修改文件，客户端与数据节点直接交互获取数据。HDFS 中的所有数据分成不同大小的块并分布在 Hadoop 集群上，主节点管理块复制，如果节点在一段时间内没有应答，主节点将该节点上的块复制到其他节点以保持合理的备份。

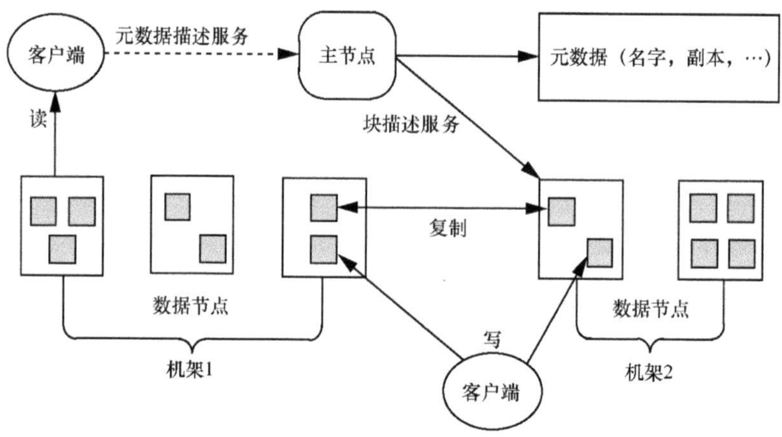

图 1-5　HDFS 体系结构

HDFS 有高容错性的特点，用来部署在低廉的硬件上，它提供高吞吐量来访问应用程序的数据，适合那些有着超大数据集的应用程序。HDFS 放宽了 POSIX 的要求，这样可以实现以流的形式访问文件系统中的数据。选择 HDFS 存储大数据时要考虑以下特点。

- 超大文件。典型的 HDFS 文件是 GB 到 TB 的大小，所以 HDFS 能很好地支持大文件，目前的 Hadoop 集群已经可以支持 PB 级的数据存储。HDFS 支持数千个数据节点，支持千万级别的文件个数。
- 流式数据访问。HDFS 主要应用于一次写入、多次读取的访问模式，数据集通常由数据源生成或从数据源复制过来，此后长期在此数据集上进行各类分析。大部分的 HDFS 程序对文件操作需要的是一次写入、多次读取，一个文件一旦创建、写入、关闭之后就不需要修改了，这个假定简化了数据一致的问题和高吞吐量的数据访问。
- 商用硬件。Hadoop 不需要运行在昂贵且高可靠性的硬件上，它是设计运行在廉价的商用硬件集群上的。对于庞大的商用集群来说，每一个组成部分都会频繁地出现故障，而 HDFS 在遇到节点故障时能够继续运行且不让用户察觉到明显的中断。这就意味着 Hadoop 能提供高可靠性的海量存储，并且能大量地降低研究的成本。

目前的 HDFS 不适合运用于以下场景：低时延的数据访问、多用户写入、任意修改文件、大量的小文件。

1.2.3 其他分布式文件系统

除 GFS 和 HDFS 外，仍然有其他的分布式文件系统，它们各自适用于不同的领域，本节将对它们简要加以介绍。

1.2.3.1 GlusterFS

GlusterFS[7]是一个横向扩展的网络附加存储文件系统，具有强大的横向扩展能力，通过扩展能够支持数 PB 存储容量和处理数千客户端。GlusterFS 借助 TCP/IP 或 InfiniBand RDMA 网络将物理分布的存储资源整合在一起，使用单一全局命名空间来管理数据。GlusterFS 基于可堆叠的用户空间设计，可为各种不同的数据负载提供优异的性能。实际应用包括云计算、流媒体服务和内容交付网络。

1.2.3.2 Taobao File System

Taobao File System（TFS）[8]是一个高可扩展、高可用、高性能、面向互联网服务的分布式文件系统，主要针对海量的非结构化数据，它构筑在普通的 Linux 机器集群上，可为外部提供高可靠和高并发的存储访问。TFS 为淘宝提供海量小文件存储，通常文件大小不超过 1 MB，满足了淘宝对小文件存储的需求，被广泛地应用在淘宝各项应用中。它采用了 HA 架构和平滑扩容，保证了整个文件系统的可用性和扩展性。同时扁平化的数据组织结构可将文件名映射到文件的物理地址，简化了文件的访问流程，一定程度上为 TFS 提供了良好的读写性能。TFS 支持多种客户端、支持大小文件存储，可为外部提供高可靠和高并发的存储访问。

1.2.3.3 MongileFS

MongileFS[9]是一个由 Perl 开发的分布式文件系统，用于组建分布式文件集群，遵循 CAP 理论，而 MongileFS 满足了后两者，即满足数据的可用性和容错性，对于大型网站来说，数据的可用性和容错性要优先于数据的一致性。

MongileFS 使用一致性散列函数来解决数据的可用性，使用虚拟节点来解决数据倾斜的问题。MongileFS 适合存储海量小文件的数据，与之类似的分布式文件系统还有 FastDFS、MooseFS 等。MongileFS 的特性总结为以下几点。

- 应用层实现。不需要特殊的核心组件。
- 无单点失败。MongileFS 分布式文件存储系统安装的 3 个组件（存储节点、跟踪器、跟踪用的数据库）均可运行在多个机器上，因此没有单点失败。
- 自动的文件复制。基于不同的文件“分类”，文件可以被自动地复制到多个有足够存储空间的节点上，这样可以满足这个“类别”的最少复制要求。
- 简单的命名空间。文件通过一个给定的 Key 来确定，是一个全局的命名空间。用户可以自己生成多个命名空间，但要注意可能在同一 MongileFS 中造成 Key 冲突。
- 不用共享任何东西。MongileFS 分布式文件存储系统不需要依靠昂贵的 SAN 来共享磁盘，每个机器维护本地磁盘。

1.2.3.4 FastDFS

FastDFS[10]是一款类似 GFS 的开源分布式文件系统，由纯 C 语言开发。在

GNU 通用公共许可证下，FastDFS 是一个轻量级、高性能的分布式文件系统；它使用大量有限的存储设备来解决管理大量文件的问题，然后支持高度并发 I/O 访问、负载均衡以及具有动态调整存储服务器的能力。它对文件进行管理，功能包括文件存储、文件同步、文件访问（文件上传、文件下载）等。FastDFS 文件系统可以通过使用可扩展模块与 HTTP Web 服务器（如 Apache Web 服务器和 Nginx）合并，因此适合以文件为载体的在线服务，如相册网站、视频网站等。

1.2.3.5 Ceph

Ceph[11]是一个提供卓越性能，具有可靠性和可扩展性的分布式文件系统。Ceph 通过为不可靠对象存储设备（OSD）的异构和动态集群设计的伪随机数据分布函数（CRUSH）替换分配表，最大化地分离数据和元数据管理。在不影响中央服务器的情况下，RADOS 利用智能化 OSD 管理数据复制、故障检测和恢复、低级磁盘分配、调度和数据迁移。Ceph 的元数据管理架构解决了高度可扩展存储中最棘手的问题之一：如何有效地提供一个单一的统一目录层次结构，使其遵循 POSIX 语义、服从 POSIX 语义，其性能随着元数据服务器的数量而扩展。Ceph 的动态子树划分是一种独特的可扩展方法，具有高效以及适应不同工作负载的能力。

1.2.3.6 Lustre

Lustre[12]文件系统是一个开源的并行文件系统。Lustre 是一个大规模的、安全可靠的、具备高可用性的集群文件系统。Lustre 采用分布式的锁管理机制来实现并发控制，元数据和文件数据的通信链路分开管理。目前 Lustre 已经运用在一些领域，例如 HP SFS 产品等。

1.2.3.7 MooseFS

MooseFS[13]是由 Core Technology 开发的一个开源、POSIX 兼容的分布式文件系统，MooseFS 旨在为数据中心提供容错、高可用性、高性能、可扩展的通用网络分布式文件系统，它将数据分别存放在多个物理服务器、单独磁盘或分区上，确保一份数据有多个备份副本。对于访问的客户端或者用户来说，整个分布式网络文件系统集群看起来就像一个资源一样。从其对文件操作的情况看，MooseFS 主要包括 4 个组件：元数据服务器（Metadata Server，MDS），主要负责管理文件的位置（布局）、文件访问和命名空间层次结构；Metalogger 服务器，负责定期从 MDS 中提取元数据并对元数据进行存储备份；块服务器（CSS），存储数据并可选地复制数据；客户端，与 MDS 和 CSS 进行通信，其主要应用方向为大规模、高并发的数据存储及访问以及大规模的数据处理，如日志分析。

1.3 NoSQL 和 NewSQL

由于传统的关系数据库不具备高可扩展性，因此大数据给传统数据库带来了挑战。为支持高扩展的数据库系统，先后产生了支持 CAP 理论的 NoSQL 数据库系统和满足 ACID 特性的 NewSQL 数据库系统。本节对这两种类型的数据库系统的基本原理进行介绍。

1.3.1 NoSQL 数据库系统

NoSQL 是指那些非关系型的、分布式的、不保证遵循 ACID 原则的数据存储系统[14]，并分为 Key-Value 存储、文档数据库和图数据库 3 类[15]。其中，Key-Value 存储备受关注，已成为 NoSQL 的代名词。典型的 NoSQL 产品有 Google 的 BigTable[16]、基于 Hadoop HDFS[17]的 HBase[18]、Amazon 的 Dynamo[19]、Apache 的 Cassandra[20]、Tokyo Cabinet[21]、CouchDB[22]、MongoDB[23]和 Redis[24]等。针对 Key-Value 数据存储的细微不同，研究者又进一步将 Key-Value 存储细分为 Key-document 存储（MongoDB、CouchDB）、Key-column 存储（Cassandra、Voldemort、HBase）和 Key-Value 存储（Redis、Tokyo Cabinet）。

NoSQL 典型地遵循 CAP 理论[25]和 BASE 原则[26]。CAP 理论可简单描述为：一个分布式系统不能同时满足一致性（Consistency）、可用性（Availability）和分区容错性（Partition Tolerance）这 3 个需求，最多只能同时满足 2 个。因此，大部分 Key-Value 数据库系统都会根据自己的设计目的进行相应的选择，如 Cassandra、Dynamo 满足 AP，BigTable、MongoDB 满足 CP。

在性能上，NoSQL 数据库系统都具有传统关系数据库所不能满足的特性，是面向应用需求而提出的各具特色的系统。在设计上，它们都关注对数据高并发的读写和对海量数据的存储等，并具有很好的灵活性和性能[27]。在实现上，它们都支持自由的模式定义方式，可实现海量数据的快速访问，灵活的分布式体系结构支持横向可伸缩性和可用性，且对硬件的需求较低。

NoSQL 数据库系统的设计与实现方式大体上有两种架构：Master-Slave 结构和 P2P 环型结构。在采用主/从结构[16,18]的系统中，主节点负责管理整个系统，监视从节点的运行状态，同时为其下的每一个从节点分配存储的范围，是查询和写入的入口。一般全局只有一个主节点，该节点的状态将严重影响整个系统的性能，当主节点宕机时，会引起整个系统的瘫痪。实践中，经常设置多个副本主节点，通过联机热备份的方式提高系统的容错性。从节点是数据存储节点，通常也维护一张本地数据的索引表。系统通过添加从节点来实现系统的水平扩展。在主/从框架下，主节点一直处于监听状态，而从节点之间尽量避免直接通信以减少通信代价。在运行过程中，从节点不断地向主节点报告自身的健康状况和负载情况，当某个节点宕机或负载过高时，由主节点统一调度，或者将此节点的数据重新分摊给其他节点，或者通过加入新节点的方式来调节。BigTable、HBase 是典型的主/从结构的 Key-Value 存储系统。

在 P2P 环型结构[19,20]中，系统节点通过分布式散列算法在逻辑上组成一个环型结构，其中的每个节点不但存储数据，而且管理自己负责的区域。P2P 环型结构没有主节点，可以灵活地添加节点实现系统扩充，节点加入时只需与相邻的节点进行数据交换，不会给整个系统带来较大的性能抖动。P2P 环型结构没有中心点，每个节点必须向全局广播自己的状态信息。例如，目前流行的采用 P2P 环型结构的 Cassandra 和 Dynamo 系统，通过 Gossip 机制[25]进行高效的消息同步。

NoSQL 普遍存在如下一些共同特征。

- 不需要预定义模式：不需要事先定义数据模式，预定义表结构。数据中的每条记录都可能有不同的属性和格式。当插入数据时，并不需要预先定义它们的模式。
- 无共享架构：相对于将所有数据存储的存储区域网络中的全共享架构，NoSQL 往往将数据划分后存储在各个本地服务器上。因为从本地磁盘读取数据的性能往往好于通过网络传输读取数据的性能，从而提高了系统的性能。
- 弹性可扩展：可以在系统运行的时候，动态增加或者删除节点。不需要停机维护，数据可以自动迁移。
- 分区：相对于将数据存放于同一个节点，NoSQL 数据库需要将数据进行分区，将记录分散在多个节点上面。通常在分区的同时还要做复制。这样既提高了并行性能，又能保证没有单点失效的问题。

- 异步复制：和 RAID 存储系统不同的是，NoSQL 中的复制往往是基于日志的异步复制。这样，数据就可以尽快地写入一个节点，而不会被网络传输引起时延。缺点是并不总是能保证一致性，这样的方式在出现故障的时候，可能会丢失少量的数据。
- BASE：相对于事务严格的 ACID 特性，NoSQL 数据库保证的是 BASE 特性。BASE 是最终一致性和软事务。

NoSQL 数据库并没有一个统一的架构，两种 NoSQL 数据库之间的不同甚至远远超过两种关系型数据库的不同。可以说，NoSQL 各有所长，成功的 NoSQL 必然特别适用于某些场合或者某些应用，在这些场合中会远远胜过关系型数据库和其他的 NoSQL。总的来说，NoSQL 数据库适用于以下几种情况：数据模型比较简单；需要灵活性更强的 IT 系统；对数据库性能要求较高；不需要高度的数据一致性；复杂值由较为简单的 Key 映射。

1.3.2 NewSQL 数据库系统

NewSQL 是一类现代关系数据库管理系统（Relational Database Management System，RDBMS），它为在线事务处理（Online Transaction Processing，OLTP）读写工作负载提供与 NoSQL 系统相同的可扩展性能，同时仍然保持传统数据库系统的 ACID 保证[28-31]。这些系统通过采用 NoSQL 风格的特性来突破传统的 RDBMS 性能限制，如采用面向列的数据存储和分布式架构，或者通过采用像内存处理、对称多处理（Symmetric Multiprocessing，SMP）或大规模并行处理（Massively Parallel Processing，MPP）等技术提高功能并集成 NoSQL 或 Search 组件，以此来处理大数据数据量大、多样性、速度变化快和易变性等问题[28]。

常见的 NewSQL 数据库包括 NuoDB、ClustrixDB、VoltDB、Xeround 和 MemSQL 等。NuoDB[32]是一个网络级分布式数据库，它提供丰富的 SQL 实现和真正的 ACID 事务，NuoDB 的持久化和事务处理是两个完全独立的任务，这意味着可以对这些层分别伸缩、分别处理故障。与传统的共享磁盘或无共享架构不同，NuoDB 提供了一种新的点对点、按需独立产生高可用性、低时延和易于管理的部署模型。ClustrixDB[33]是一个为大规模和快速增长的应用程序构建的分布式 SQL 数据库，也是一个横向扩展用于云的 NewSQL 数据库，同时还具有大规模并行处理实时业务数据的实时分析能力。VoltDB[34]是一个快速内存数据库，具有读取和写入数据速度快的特点，支持 JSON 以及事件级事务。Xeround[35]提供了可扩展的弹性云计算基础架构，用于在云内和云之间进行弹性数据管理和数据联合。MemSQL[36]是一个实时分析平台，能够对大数据进行快速查询，适应不断变化的业务条件。

NewSQL 的体系结构一般分为 3 层：管理层、事务层和存储层。各层功能介绍如下。

- 管理层：支持按需伸缩功能。每个主机对应一个管理者进程，管理者之间构成了一个与数据库无关的对等网络。有的管理者仅管理本地节点，有的管理者具有全局视野。多个管理者可以共同实现启动、停止、迁移数据库，改变集群配置等伸缩性需求。
- 事务层：负责原子性、一致性和隔离性，但并不关心持久性。这也说明事务层位于内存中，它运行速度快，任何内容都可以失败，在任何时候关闭都不会丢失数据或一致性。事务层也是个缓存层。
- 存储层：负责 ACID 中的 D（持久性）。存储层始终处于活跃状态，并和所有数据保持一致。它负责在提交的时候持久化数据，使事务在缓存命中失败的情况下访问数据。要想让关系型系统可伸缩，把事务和存储分割开是关键之所在。

图 1-6 展示了主流 NewSQL 数据库 NueDB 的架构。

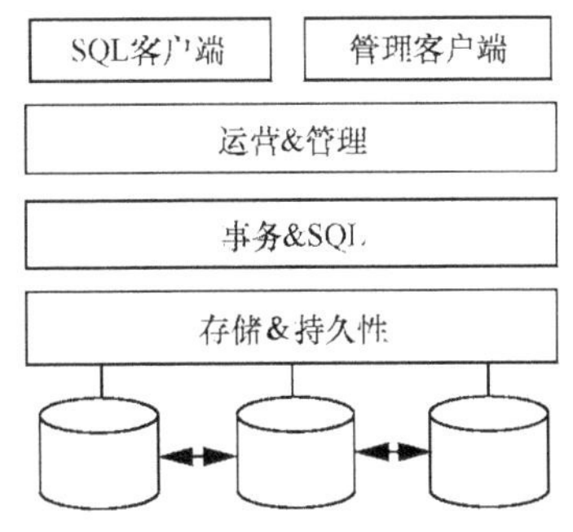

图 1-6　主流 NewSQL 数据库 NueDB 的架构

NewSQL 系统针对的是具有大量事务的应用程序。相对于 RDBMS 和 NoSQL，NewSQL 系统虽然内部结构变化很大，但是它们有两个显著的共同特点：它们都支持关系数据模型，且都使用 SQL 作为其主要的接口。

1.4 计算模型

大数据处理平台通过分布式并行计算框架为应用提供计算服务，当前主流的并行计算框架包括 MapReduce、Spark 以及流数据并行处理框架 Storm。本节主要对批量数据处理框架 MapReduce、Spark 进行介绍，关于流数据处理框架 Storm 将在第 5 章进行介绍。

1.4.1 MapReduce 编程模型

MapReduce 是一个编程模型，同时也是一个用于处理和生成大型数据集相关的实现框架，用户指定 Map 函数，用于处理键/值对以生成一组中间键/值对；用户指定 Reduce 函数，用于合并与同一中间键关联的所有中间值。

Google 公司研发的 MapReduce 是一种专门处理大数据的编程模型和实现框架，具有简单、高效、易伸缩以及高容错性等特点[37]，MapReduce 在一个简单的库中隐藏分布式执行、容错、数据分发、任务调度以及负载均衡等难点，隐藏远程数据访问、节点失效和任务间通信等细节。而 MapReduce 之所以能够迅速成为大数据处理的主流计算平台，得力于其自动并行、自然伸缩、实现简单和支持商用硬件等特性[38]。现如今，MapReduce 已是成熟的 TB/PB 级大数据处理平台，广泛地应用于社交网络、科学数据分析、传感器数据处理、医疗和电子商务应用中，并拥有各种不同版本的实现。

1.4.1.1 Hadoop

Hadoop[39]能很好地支持 Java 语言编写的 MapReduce 作业（Job），通过 Hadoop Streaming 或 Hadoop Pipes 工具也能支持 C/C++或其他语言。Hadoop 为大规模并行数据处理算法提供运行环境，其工作原理为：将作业分解成更小的任务（Task），并将数据进行分区，每一个任务实例处理一个不同的分区，任务实例并行执行[40]，这充分体现了分治的思想。

Hadoop 把 MapReduce 作业分解成顺序执行的 Map 阶段和 Reduce 阶段，

Map/Reduce 阶段包含一个 Map/Reduce 任务，Map/Reduce 任务的实例（简称实例）部署到 Map/Reduce 节点并行执行，当所有 Map/Reduce 实例执行结束后 Map/Reduce 阶段才结束。一个 MapReduce 程序仅包含两个函数，即 Map 函数和 Reduce 函数，它们定义了用户处理“键值对数据”的 Map 任务和 Reduce 任务。程序的输入数据集位于分布式文件系统中，采用“迁移运算而非迁移数据”的方式，Map/Reduce 任务被下载到每个数据节点并执行，输出结果仍保存在分布式文件系统中[5]。

Map 函数和 Reduce 函数的输入和输出都是用户定义格式的键值对形式。Map 函数的输入为$<Key_M^{In},Value_M^{In}>$，输出为$<Key_M^{Out},Value_M^{Out}>$，Reduce 函数的输入为$<Key_R^{In},Value_R^{In}>$，输出为$<Key_R^{Out},Value_R^{Out}>$，其中 Key_M^{Out} 需要能隐式地转换为 Key_R^{In}，$Value_R^{In}$ 是保存 $Value_M^{Out}$ 的集合。

MapReduce 将作业分解为任务，并在每个节点上并行地执行。MapReduce 程序首先将输入数据分割成 M 份（通常 M 大于节点个数），作为 M 个 Map 实例的输入。Map 函数从一份输入中读取每一条记录，对其进行必要的过滤和转换，然后输出$<Key_M^{Out},Value_M^{Out}>$格式的中间结果。这些中间结果被 Hash 函数按 Key_M^{Out} 分割为 R 个不相交的组，每个组被写入处理节点的本地磁盘中。所有 Map 函数终止时，M 个 Map 实例把 M 份输入文件映射成 $M \times R$ 个中间文件。由于所有 Map 函数的分割函数都一样，因此相同 Hash 值（设为 j）的 Map 函数的输出结果被存在文件 F_{ij}（$1 \leqslant i \leqslant M$，$1 \leqslant j \leqslant R$）中。

MapReduce 的第二阶段执行 R 个 Reduce 实例，R 通常是节点的数量。每个 Reduce 实例 R_j 输入文件为 F_{ij}（$1 \leqslant i \leqslant M$）。这些文件从各个节点通过网络传输汇聚到执行节点。Reduce 函数输入 F_{ij} 的键 Key_M^{Out} 和对应的一组值 $Value_M^{Out}$，并向分布式文件系统输出若干$<Key_R^{Out},Value_R^{Out}>$格式的记录。所有从 Map 阶段产生的具有相同 Hash 值的$<Key_M^{Out},Value_M^{Out}>$输出条目均被相同的 Reduce 实例处理。

输入数据集以集合的形式存在于分布式文件系统中的一个或多个分区中。MapReduce 的调度器决定执行多少个 Map 实例以及如何把它们分配给可用的节点；同样，调度器还必须决定运行 Reduce 实例的数量和执行位置（Hadoop 早期版本让用户指定 Map 实例和 Reduce 实例的数目）。MapReduce 中央控制器协调每个节点上的运算，一旦最终结果以新数据的形式写入分布式文件或数据库系统中，MapRedcue 作业就执行完毕。MapReduce 作业的执行过程如图 1-7 所示。

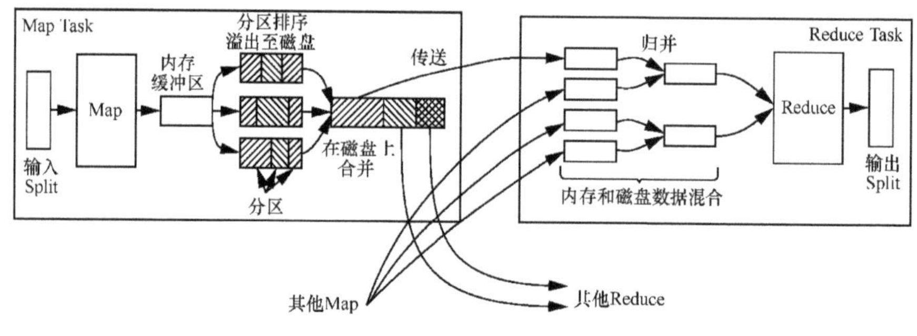

图 1-7　MapReduce 作业的执行过程

1.4.1.2　GridGain

GridGain[41]是另一种 MapReduce 的开源实现，GridGain 仅支持 Java 语言，它与 Hadoop DFS 兼容。GridGain 提供了一种分布的、基于内存的、实时的和易伸缩的数据网格，将数据源和各类数据处理程序连接起来。GridGain 与 Hadoop 相比较来说，最大的差异在于，前者是一个内存版本的 MapReduce，而后者能够支持超大规模数据集的处理。两者的具体差异在于：GridGain 的作业仅包含单一的 Reduce 实例，因此在 Reduce 阶段 GridGain 不具备并行性；GridGain 的 Map 任务仅返回单一值，若要返回多个值，则需要将多个值封装为集合；GridGain 对 Map 任务输出的中间结果不排序，也不合并；GridGain 的作业管理策略灵活，用户可以随意创建和终止作业，作业的输入和输出格式也较 Hadoop 更为自由；GridGain 的 Map 任务强制在节点本地执行，本地性强、任务执行效率高、网络 I/O 开销小，但容易导致"木桶效应"，在同步时，执行快的节点会等待执行慢的节点。综上所述，GridGain 和 Hadoop 在 MapReduce 模型上并无本质差异，两者不同之处主要在于任务调度、接口定义和功能细节。

1.4.1.3　Mars

Mars[42]是一种基于 GPU 的 MapReduce 框架，能够在 GPU 上正确、有效、简易地执行数据密集型和计算密集型作业。Mars 简洁的编程接口向用户隐藏了 GPU 编程的复杂性，并且能够自动地实现 CPU 和 GPU 的任务分割、数据分发、并行化和线程管理。Mars 在 GPU 内启动大量的线程，负载均衡地分配任务实例至每线程，每线程执行一个 Map/Reduce 实例。Mars 以小数量的键值对数据作为任务实例的输入，并通过一种无锁的方法管理多任务实例对数据的并发进行写操作。

Mars 作业执行的各个阶段如图 1-8 所示，包括 Map、Group 和 Reduce 3 个阶段，每个阶段对应多个任务实例，调度器将 Map 实例和 Reduce 实例调度至 GPU 上运行，并将结果返回给用户。首先，数据存储在磁盘中，在 Map 阶段之前，Mars 会对磁盘数据进行预处理，在内存中将输入数据转换成键值对格式。接着，调度器初始化线程配置，定义 GPU 线程组的数量和每个线程组中线程的数量。随后，Map 阶段开始，MapSplit 将输入数据由内存调度至 GPU 线程，平衡所有线程的负载，每个线程执行 MapCount 函数计算 Map 实例输出中间结果的数量（种类）和规模，并统计出一个局部直方图，然后在局部直方图上执行前缀和（PrefixSum）函数，获得每个线程的输出大小以及写入位置。每一个 GPU 线程执行用户自定义的 Map 函数并且输出中间结果至缓存（内存）；正因为所有线程的输出位置是经过预计算而确定的，因此不会产生写冲突，也不需要并发读写锁机制。下一个阶段是 Group 阶段，该阶段可对中间结果进行排序和 Hash 分组，也可以实现先分组再组内排序。在 Reduce 阶段，ReduceSplit 将具有相同 Key 值的分组调度到同一 GPU 线程，同 Hadoop MapReduce 一样，这种方式也会导致负载不均衡。由此可见，Mars 和 Hadoop 对 MapReduce 作业的执行方式基本相同，但前者可以以最小的代价快速部署代码至分布式环境，并充分整合 GPU 资源。

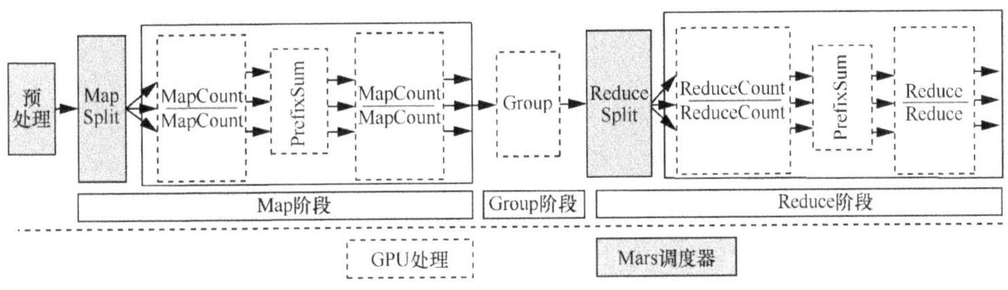

图 1-8　Mars 作业执行的各个阶段

1.4.1.4　Phoenix

Phoenix[43]的 MapReduce 实现方法和 Hadoop MapReduce 基本相同，其特点在于 Phoenix 是一种共享内存的分布式计算平台，该特点是能最小化任务分发和数据通信所导致的网络 I/O 代价。Phoenix 采用纯 C++编写，提供 C/C++的应用程序接口。Phoenix 适用于多核或多处理器系统，能够对用户屏蔽多核编程、并行化、资源管理以及自动容错等功能的复杂性[44]。Phoenix 通过共享内存的多线程执行 Map/Reduce 实例实现并行数据处理，其原理如图 1-9 所示。

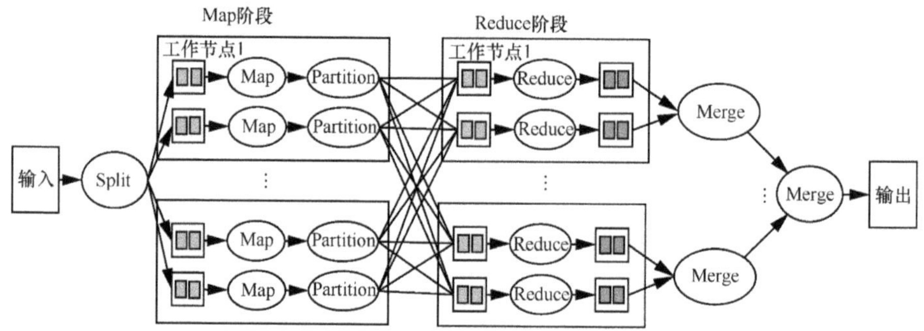

图 1-9　Phoenix 数据流实现并行数据处理的原理

用户首先编写 Map/Reduce 函数，并指定待处理的数据，随后 Phoenix 在多个 CPU 上启动多个线程。在 Map 阶段，输入数据会被划分成多个块，在每个块上调用 Map 函数处理数据，将键值对中间结果输出至内存。在 Reduce 阶段，将相同键对应的所有值传递给 Reduce 函数，Reduce 函数将输入约减为单一的键值对，所有 Reduce 实例的输出结果最终被合并、排序和输出。

1.4.1.5　Disco

Disco[45]是 Nokia 研究中心研发的 MapReduce 轻量级开源实现，其核心组件采用 Erlang 语言开发，外部编程接口为 Python 语言。Disco 支持大数据集的并行处理，能运行在低可靠性的集群系统之上，也可以部署在多核计算机、Amazon EC2 等云平台之上。

Disco 采用简单的主从结构，图 1-10 展示了主节点服务器控制多台从节点服务

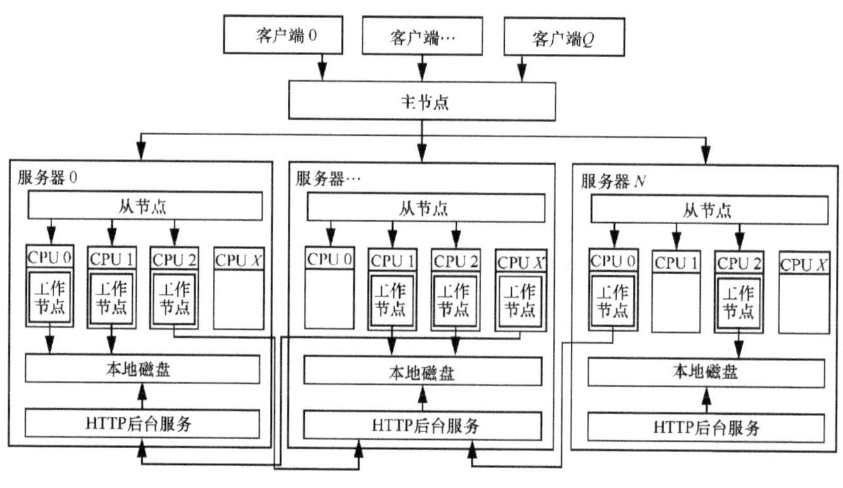

图 1-10　Disco 架构

器的系统架构。在 Disco 中用户使用 Python 脚本启动作业；作业请求通过 HTTP 发送至主节点；主节点通过 SSH 启动每个从节点，从节点在工作节点进程中运行 Disco 任务，从节点之间的通信也基于 HTTP。

1.4.1.6 Twister

Twister[46]是一个可以支持迭代算法的轻量级 MapReduce 实现。Twister 的输入数据由两部分组成，即静态数据和动态数据。一般地，静态数据比动态数据要大很多，静态数据与动态数据完成一轮运算后，产生新的动态数据，然后新的动态数据与静态数据再次进行运算，如此循环，直到迭代终止条件满足，输出最终结果。Twister 修改 Hadoop MapReduce 使之适应迭代算法：Hadoop MapReduce 的一个作业仅能包含一对 Map-Reduce 任务，而 Twister 的一个作业可以包含多对 Map-Reduce 任务，减少了迭代算法执行时作业启动和关闭的代价；Map/Reduce 任务静态数据采用内存或本地磁盘缓存，通过运行时任务的本地特性，采用合理的数据布局和任务调度，提高任务本地性，加快任务执行；在 Reduce 任务后增加 Combine 任务，用以判断迭代结束条件是否满足，在作业内完成迭代控制。Twister 执行迭代算法的工作流程如图 1-11 所示。

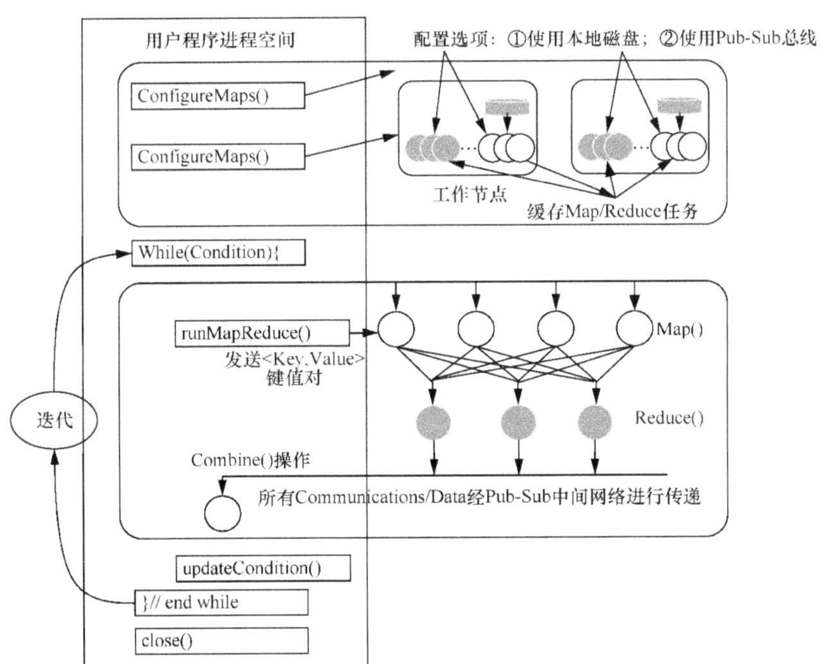

图 1-11 Twister 执行迭代算法的工作流程

Twister 不能自动地将大文件分割为数据块，而是依赖用户自定义的分割算法，任务实例输入的是数据块，因此用户自定义的分割算法将影响任务的本地性和负载均衡。Twister 采用 Broker Network[47]存储迭代中间结果和动态数据，Broker Network 可以将 Map 实例的输出结果推送给 Reduce 实例。此外，Twister 还提供迭代中间结果的本地磁盘备份，当某个任务计算失败，则可以从最近的备份中恢复，避免重新迭代。

1.4.1.7 HaLoop

HaLoop[48]是在 Hadoop MapReduce 基础上扩展的迭代计算框架。HaLoop 对 Hadoop 的扩展包括：编程接口更加适用于迭代算法；将原生的 Hadoop 中每一个作业对应一对 Map-Reduce 任务改成对应多对 Map-Reduce 任务，以复用作业；框架实现迭代终止条件的检测；任务尽量满足数据本地计算的特性，两次迭代任务尽量使用相同的数据，对没有变化的数据进行本地缓存，如增加了 Reduce 任务的输入缓存和输出缓存；增加索引机制以优化数据访问。但是 HaLoop 的动态数据和静态数据无法分离，且没有一个客观的停止迭代的标准。HaLoop 的架构如图 1-12 所示，图 1-12 中清晰地标明了 HaLoop 扩展 Hadoop 的模块以及新增模块。

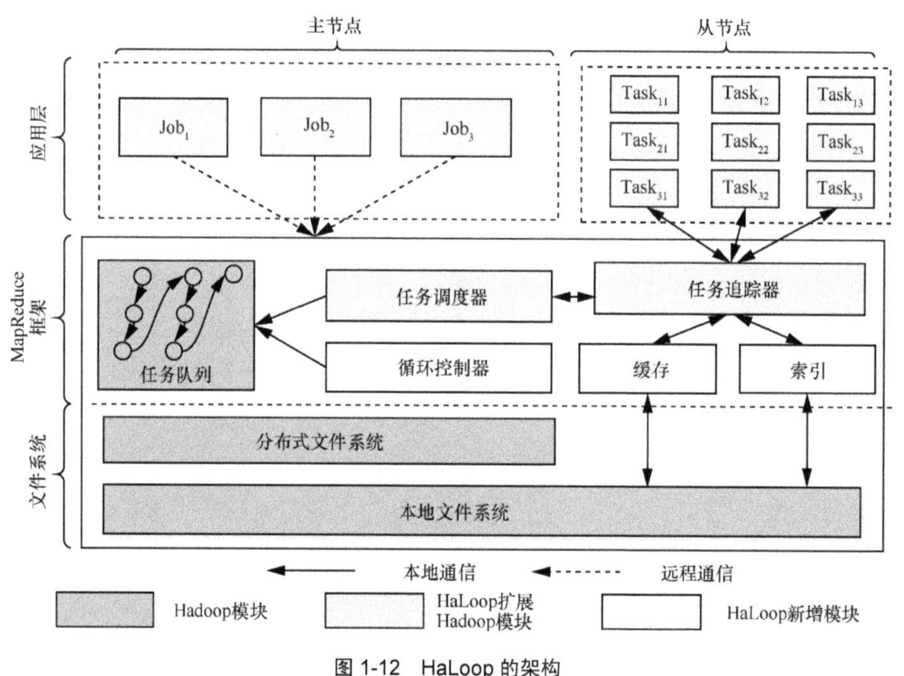

图 1-12　HaLoop 的架构

1.4.1.8　iMapReduce

iMapReduce[49]是一种基于 Hadoop MapReduce 的迭代计算模型和实现。由于 MapReduce 采用批处理模型，在执行迭代计算过程中存在 3 个重要开销，即反复的作业调度开销、反复的数据加载和传输开销、反复的任务同步开销。iMapReduce 改进了传统 MapReduce 的批处理模型，针对上述不足，它将 Reduce 任务的处理结果回传给 Map 任务，并开始下一轮的计算，避免反复的作业调度开销，通过维护本地静态数据避免反复加载传输静态数据的开销，并在一次迭代内允许异步执行 Map 任务避免反复的任务同步开销。iMapReduce 可以有效提升迭代算法性能，同时提供迭代收敛检测、容错、负载均衡等功能，还提供类似于 Hadoop 的编程接口，以便用户实现迭代算法。图 1-13 比较了 Hadoop MapReduce 处理流程与 iMapReduce 处理流程。

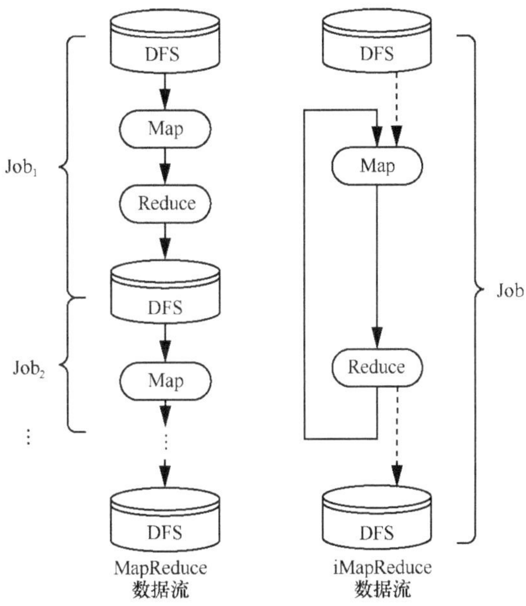

图 1-13　Hadoop MapReduce 处理流程与 iMapReduce 处理流程比较

1.4.1.9　iHadoop

iHadoop[50]是一个类似于 iMapReduce 的迭代计算平台，同样也扩展了 Hadoop 平台。首先，iHadoop 实现了 MapReduce 的异步迭代；其次，iHadoop 没有静态数

据和动态数据的组合和管理，所以更容易调度，其调度器提供一种数据定位机制，从而减少数据的冗余传输以及磁盘 I/O 和网络资源的浪费，但是随之而来的代价是无法避免传输和处理静态数据的开销。

1.4.1.10 PrIter

PrIter[51]是基于 Hadoop 的、支持优先级的迭代计算框架，能够保证迭代的快速收敛，适合交互式查询需求。PrIter 摒弃了传统的迭代模型，提出优先级迭代概念。在部分迭代算法的执行过程中，少数数据单元的更新将对迭代算法收敛起决定性作用，而大多数数据单元的更新对收敛的贡献很有限。利用这个特点，优先级迭代对数据单元加以区分，让那些对算法收敛作用更大的数据单元执行更频繁的更新运算，而忽略那些无关紧要的数据单元。PrIter 架构如图 1-14 所示，PrIter 在 Hadoop 中的 Reduce 任务内部加入了优先级计算执行引擎，状态表里维护了各计算单元键值对的优先级信息。PrIter 支持多个优先级迭代算法，包括 PageRank、SSSP、WCC、Adsorption 等优先级迭代算法，并且支持 Top*k* 结果的在线反馈、收敛检测、负载均衡和容错控制等重要功能。

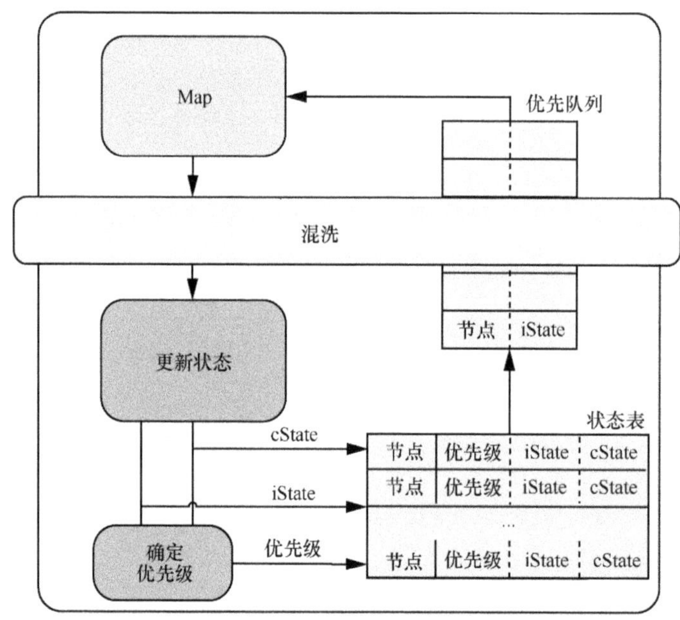

图 1-14 PrIter 架构

1.4.2 Spark 并行计算框架

MapReduce 及其变形在商业集群上能够实现大规模数据密集型应用程序。然而，大多数系统是在非循环数据流模型中建立的，这种模型并不适用于其他流行应用。对于跨多个并行操作重用一个工作集的数据的应用，如许多迭代机器学习算法以及交互式数据分析工具，MapReduce 显然存在一定的技术局限，而为支持这些应用程序，同时保留 MapReduce 的可扩展性和容错性，Spark 在这种背景下被开发出来。

Spark[52]是轻量的、基于内存计算的、开源的集群计算平台。Spark 提供了一个集群的分布式内存抽象，以支持需要工作集的应用，以此让数据分析更加快速。Spark 采用了与 MapReduce 类似的编程模型，并且支持 Java、Scala、Python、Spark Shell 等多种编程语言。为适用不同的应用场景，Spark 存在多种运行模式，如单节点的本地运行模式、单机的伪分布运行模式、基于 Standalone Deploy 的分布式模式、基于 Hadoop YARN 或 Mesos 的分布式模式。其中前两者主要用于开发和调试，后两者则用于生产环境。运行模式的差异主要在于资源申请和管理，前两者由 Spark 自己申请并占用系统资源，后两者则由 Spark 向 Hadoop YARN 或 Mesos 的中央资源调度器申请资源，并在使用完后归还。

Spark 将 Scala 用作其应用程序框架。与 Hadoop 不同，Spark 和 Scala 能够紧密集成，其中 Scala 可以像操作本地集合对象一样操作分布式数据集；Spark 既可以作为一个框架单独使用，也可以与 Hadoop 框架完整结合，它启用了内存分布数据集，除能够提供交互式查询外，还可以优化迭代工作负载。基于内存的计算集群在分析数据时能够将数据导入内存，以实现快速查询的目的，与基于磁盘的查询速度相比较要快很多。在 Spark 中，数据被高度抽象且存储在弹性分布式数据集（Resilient Distributed Dataset，RDD）中。RDD 能支持粗粒度写操作，对于读操作，RDD 可以精确到每一条记录，这使得 RDD 可用作分布式索引。在 Spark 中所有的操作被称为算子。Spark 不仅实现了 MapReduce 的类 Map 函数算子和类 Reduce 函数算子，还提供了更多丰富的算子，如 Filter、Join、Groupbykey 等算子。Spark 主要将算子分为两类，一类是 Transformation 算子，另一类是 Action 算子。Transformation 主要为数据项的转换操作，而 Action 算子负责数据的汇总

和保存等操作。此外，Spark 还实现了任务调度、RPC、序列化和数据压缩。相对于 Hadoop MapReduce，Spark RDD 可以缓存到内存中，每次 RDD 的操作结果都可以存储在内存中，下一个操作可以直接从内存中读取数据，节省了大量磁盘 I/O 操作。Spark 对于迭代运算效率明显，其架构如图 1-15 所示。

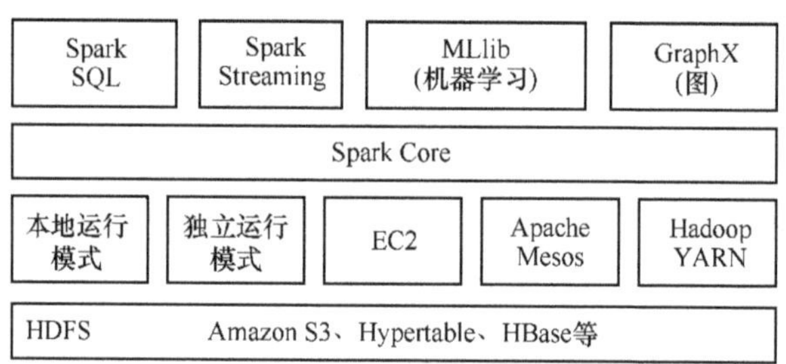

图 1-15 Spark 架构

参考文献

[1] VAVILAPALLI V K, MURTHY A C, DOUGLAS C, et al. Apache Hadoop YARN: yet another resource negotiator[C]//Symposium on Cloud Computing, October 1-3, 2013, Santa Clara, CA, USA. New York: ACM Press, 2013: 5.

[2] HINDMAN B, KONWINSKI A, ZAHARIA M, et al. Mesos: a platform for fine-grained resource sharing in the data center[C]//NSDI, March 30-April 1, 2011, Boston, MA, USA. Berkeley: USENIX Association, 2011: 295-308.

[3] HUNT P, KONAR M, JUNQUEIRA F P, et al. ZooKeeper: wait-free coordination for internet-scale systems[C]//USENIX Annual Technical Conference, June 23-25, 2010, Boston, MA, USA. Berkeley: USENIX Association, 2010: 8-9.

[4] HOWARD S G, GOBIOFF H, LEUNG S. The Google file system[J]. ACM SIGOPS Operating Systems Review, 2003, 37(5): 29-43.

[5] KARUN A K, CHITHARANJAN K. A review on Hadoop−HDFS infrastructure extensions[C]//2013 IEEE Conference on Information & Communication Technologies (ICT), April 11-12, 2013, Tamil Nadu, India. New Jersey: IEEE Press, 2013: 132-137.

[6] VAIDYA M. Parallel processing of cluster by MapReduce[J]. International Journal of Distributed and Parallel Systems, 2012, 3(1): 167.

[7] Wikipedia. GlusterFS[EB/OL]. [2017-04-10]. https://en.wikipedia.org/wiki/ GlusterFS.

[8] Tao Code. Taobao file system[EB/OL]. [2017-04-10]. http://code.taobao.org/p/tfs/.

[9] MongileFS[EB/OL]. [2017-04-10]. http://blog.csdn.net/xincai/article/details/78249090.

[10] LIU X, YU Q, LIAO J. FastDFS: a high performance distributed file system[J]. Icic Express

Letters Part B Applications an International Journal of Research & Surveys, 2014, 5(6): 1741-1746.

[11] WEIL S A, BRANDT S A, MILLER E L, et al. Ceph: a scalable, high- performance distributed file system[C]//The 7th Symposium on Operating Systems Design and Implementation, November 6-8, 2006, Seattle, WA, USA. Berkeley: USENIX Association, 2006: 307-320.

[12] Lustre. Welcome to the official home of the Lustre filesystem[EB/OL]. [2017-04-10]. http://lustre.org/.

[13] Wikipedia. Moose file system[EB/OL]. [2017-04-10]. https://en.wikipedia.org/wiki/Moose_File_System.

[14] Eventbrite. NoSQL meetup[EB/OL]. [2017-04-10]. https://www.eventbrite.com/e/nosql-meetup-tickets-341739151.

[15] Nosqleast conference[EB/OL]. [2017-04-10]. https://paulstamatiou.com/recap-nosql-east-coference-2009.

[16] CHANG F, DEAN J, GHEMAWAT S, et al. Bigtable: a distributed storage system for structured data[J]. ACM Transactions on Computer Systems (TOCS), 2008, 26(2): 4.

[17] BORTHAKU D. The Hadoop distributed file system: architecture and design[EB/OL]. [2017-04-10]. http://hadoop.apache.org/common/docs/.

[18] HBase development team. HBase: bigtable-like structured storage for Hadoop HDFS[EB/OL]. [2017-04-10]. http://wiki.apache.org/hadoop/Hbase.

[19] DECANDIA G, HASTORUN D, JAMPANI M, et al. Dynamo: amazon's highly available key-value store[J]. ACM SIGOPS Operating Systems Review, 2007, 41(6): 205-220.

[20] LAKSHMAN A, MALIK P. Cassandra-a decentralized structured storage system[EB/OL]. [2017-04-10].http://www.cs.cornell.edu/projects/ladis2009/.

[21] The document collection of tokyocabinet/tokyotyrant[EB/OL]. [2017-04-10]. http://www.162cm.com/p/tokyotyrant.html#toc5.

[22] Apache CouchDB. The apache CouchDB project[EB/OL].[2017-04-10]. http://couchdb.apache.org/.

[23] MongoDB. MongoDB atlas database as a service[EB/OL].[2017-04-10]. http://www.mongodb.org.

[24] Redis[EB/OL]. [2017-04-10]. https://redis.io/.

[25] GILBERT S, LYNCH N. Brewer's conjecture and the feasibility of consistent, available, partition-tolerant web services[J]. ACM SIGACT News, 2002, 33(2): 51-59.

[26] PRITCHETT D. BASE: an acid alternative[EB/OL]. [2017-04-10]. https:// queue.acm. org/.

[27] AGRAWAL R, AILAMAKI A, BERNSTEIN P A, et al. The claremont report on database research[J]. ACM SIGMOD Record, 2008, 37(3): 9-19.

[28] MONIRUZZAMAN A B M, HOSSAIN S A. NoSQL database: new era of databases for big data analytics-classification, characteristics and comparison[J]. International Journal of Database Theory & Application, 2013: 6.

[29] ASLETT M. How will the database incumbents respond to NoSQL and NewSQL[J]. San Francisco, 2011(451): 1-5.

[30] STONEBRAKER M. NewSQL: an alternative to NoSQL and old SQL for new OLTP Apps[J]. Communications of the ACM, 2011.

[31] HOFF T. Google spanner's most surprising revelation: NoSQL is out and NewSQL is in[R]. 2012.

[32] NuoDB. How to evaluate an elastic SQL database[EB/OL]. [2017-04-10]. http://www.nuodb.com/.

[33] ClustrixDB[EB/OL]. [2017-04-10]. http://www.clustrix.com/.

[34] VoltDB[EB/OL]. [2017-04-10]. http://voltdb.com/.

[35] Xeround[EB/OL].[2017-04-10].http://www.crunchbase.com/organization/xeround.

[36] MemSQL[EB/OL]. [2017-04-10]. http://www.memsql.com/.

[37] DEAN J, GHEMAWAT S. MapReduce: simplified data processing on large clusters[J]. Communications of the ACM, 2008, 51(1): 107-113.

[38] WOLF J, BALMIN A, RAJAN D, et al. On the optimization of schedules for MapReduce workloads in the presence of shared scans[J]. The International Journal on Very Large Data Bases, 2012, 21(5): 589-609.

[39] LIU Y, LI M, ALHAM N K, et al. HSim: a MapReduce simulator in enabling cloud computing[J]. Future Generation Computer Systems, 2013, 29(1): 300-308.

[40] RASOOLI A, DOWN D G. Guidelines for selecting Hadoop schedulers based on system heterogeneity[J]. Journal of Grid Computing, 2014, 12(3): 499-519.

[41] Grid gain in-memory data fabric[EB/OL]. [2017-04-10]. http://go.gridgain.com/.

[42] FANG W, HE B, LUO Q, et al. Mars: accelerating MapReduce with graphics processors[J]. IEEE Transactions on Parallel and Distributed Systems, 2011, 22(4): 608-620.

[43] YOO R M, ROMANO A, KOZYRAKIS C. Phoenix rebirth: scalable MapReduce on a large-scale shared-memory system[C]//IEEE International Symposium on Workload Characterization, October 4-6, 2009, Austin, TX, USA. New Jersey: IEEE Press, 2009: 198-207.

[44] RANGER C, RAGHURAMAN R, PENMETSA A, et al. Evaluating MapReduce for multi-core and multiprocessor systems[C]//International Symposium on High Performance Computer Architecture, Februay 10-14, 2007, Scottsdale, AZ, USA. New Jersey: IEEE Press, 2007: 13-24.

[45] MUNDKUR P, TUULOS V, FLATOW J. Disco: a computing platform for large-scale data analytics[C]//The 10th ACM SIGPLAN Workshop on Erlang, September 19-21, 2011, Tokyo, Japan. New York: ACM Press, 2011: 84-89.

[46] EKANAYAKE J, LI H, ZHANG B, et al. Twister: a runtime for iterative mapreduce[C]//ACM International Symposium on High Performance Distributed Computing, June 21-25, 2010, Chicago, Illinois, USA. New York: ACM Press, 2010: 810-818.

[47] PIETZUCH P R, BACON J. Peer-to-peer overlay broker networks in an event-based middleware[C]//The 2nd International Workshop on Distributed Event-Based Systems, March 21-23, 1994, Pittsburgh, Pennsylvania, USA. New York: ACM Press, 2003: 1-8.

[48] BU Y, HOWE B, BALAZINSKA M, et al. HaLoop: efficient iterative data processing on large clusters[J]. Proceedings of the VLDB Endowment, 2010, 3(1/2): 285-296.

[49] ZHANG Y, GAO Q, GAO L, et al. iMapReduce: a distributed computing framework for iterative computation[C]//2011 IEEE International Symposium on Parallel and Distributed Processing Workshops and PhD Forum (IPDPSW), May 16-20, 2011, Anchorage, Alaska, USA. New Jersey: IEEE Press, 2011: 1112-1121.

[50] ELNIKETY E, ELSAYED T, RAMADAN H E. iHadoop: asynchronous iterations for MapReduce[C]//2011 IEEE 3th International Conference on Cloud Computing Technology and Science (CloudCom), November 29-December 1, 2011, Athens, Greece. New Jersey: IEEE Press, 2011: 81-90.

[51] ZHANG Y, GAO Q, GAO L, et al. PrIter: a distributed framework for prioritized iterative computations[C]//The 2nd ACM Symposium on Cloud Computing, October 26-28, 2011, Cascais, Portugal. New York: ACM Press, 2011: 13.

[52] ZAHARIA M, CHOWDHURY M, FRANKLIN M J, et al. Spark: cluster computing with working sets[C]//Usenix Conference on Hot Topics in Cloud Computing, June 22-25, 2010, Boston, MA, USA. Berkeley: USENIX Association, 2010: 10.

第2章 查询平台

大数据查询自大数据诞生以来就备受关注，伴随着以 Hadoop 为首的大数据技术的发展与成熟，大数据查询技术也得到了空前的发展。本章主要关注大数据多维查询和概率查询问题，介绍了作者近期的研究工作：Haery（Hadoop based Query）和 Probery（Probability based Query）。前者通过一种渐增的高维数据模型实现大数据的分区，缩小查询范围，提高查询性能；后者通过降低查全的可能，提高查询性能。

|2.1　基本原理|

人、机、物三元世界的高度融合引发了数据规模的爆炸式增长和数据模式的高度复杂化，世界已进入网络化的大数据时代[1]。国际数据公司（International Data Corporation，IDC）的一项报道指出，在 2011 年全世界创造和复制的数据量是 1.8 泽字节（Zettabyte，ZB），相较过去 5 年的数据量增长了 9 倍之多。而且，互联网公司产生的数据量也急剧增长，在国外，Google 公司每月需要处理上百拍字节（Petabyte，PB）级的数据，Facebook 每月需要处理超过 10 PB 的日志数据；在国内，百度每天需要处理 10 PB 的数据，而淘宝每天在线交易数据量也达到了 10 太字节（Trillionbyte，TB）[2]。大数据时代的到来为人类带来了新的机遇和挑战，可以帮助人类深入理解数据背后所隐藏的价值，但同时也需要合理有效地组织和管理海量数据集。

分布式系统具有高扩展性、高吞吐量以及高并发性的特点，在海量数据存储与计算方面具有明显的优势，在大数据时代对大数据产业的发展起到了举足轻重的作用。近年来，以 Apache Hadoop 为首的开源分布式系统在工业界和学术界备受青睐，使得越来越多的人投入该系统的研究与实践之中，自 2007 年诞生以来，历经近十年的发展，至今已拥有完善的生态系统，用于大数据的存储、查询、分析以及计算。例如，在 Hadoop 生态系统中，HDFS 为应用数据的高吞吐访问提供了可能性，Hadoop YARN 提供了集群资源管理和作业管理框架，Hadoop MapReduce 提供了基于 YARN 的大数据并行计算框架。从 Hadoop 生态系统繁衍出的其他大数据开源系统还包括 Hive、HBase、Spark 等[3]。以 Hadoop 为首的大数据技术已经日渐成熟和完善，在学术界和工业界均得到了普遍认可和广泛应用。本节将对大数据查询系统及其架构组织进行简单介绍。

2.1.1 系统简介

查询处理是指通过一定的技术手段在数据集中获取有效数据。如何高效获取有效数据是查询处理面临的关键问题。

Hadoop 是一个开源的分布式系统基础架构，包括 HDFS 和 MapReduce 两个核心组件，其中，HDFS[3]为海量的数据提供存储，MapReduce[3,4]则为海量的数据提供计算。现如今，Hadoop 已经被广泛用于各种数据场景中，如网页数据搜索、联机分析处理（Online Analytical Processing，OLAP）、机器学习、数据挖掘、信息检索、社会网络分析等。然而，伴随着电子商务、社交网络以及移动互联网的盛行，数据应用系统对数据查询响应时间的要求越来越高，例如，由于产品和内容的流行度在时刻改变，搜索引擎需要根据用户在社交网络或实时搜索历史的内容，为用户实时推荐不同的内容；金融贸易公司需要快速地将当前证券价格与历史中细粒度的均值进行比较，以确定证券价格是否被过高或过低估值；在网络服务中，需要实时基于服务商确定哪些用户因为断电或较差的服务质量而获得较差的服务体验。因此提高大数据环境下数据的查询性能是必要的课题。

传统的数据库供应商、公司以及一些研究人员正在试图将结构化查询语言（Structured Query Language，SQL）功能移植到 Hadoop 平台，并提供交互式 SQL 查询功能，并且能够使响应时间达到秒级甚至次秒级。如果这个目标成功了，Hadoop 将不仅是一个面向批处理的探索性分析和深入分析的工具，也是一个能与 SQL 交互的大数据分析工具。这样做的原因有 4 个。

- 销售成本。Hadoop 可以运行在由廉价硬件构成的大型集群上，并且支持大数据处理；而大规模并行处理（Massive Parallel Process，MPP）、TeraData、Vertica、Netezza 等需要在昂贵的高端服务器上运行，不支持数千个节点的扩展。
- 输入/输出端口（Input/Output，I/O）瓶颈。当数据量非常大时，只有一部分的数据可以加载到内存，剩下的数据必须存储在磁盘上。MapReduce 的并行化处理能够将对 I/O 的需求分担到各个节点上，以此缓解了对 I/O 的需求。

- 除了 SQL 查询功能之外，业界还需要更复杂的分析，SQL-on-Hadoop 系统不仅提供 SQL 查询功能，而且也能够直接在数据上进行机器学习和数据挖掘功能。尽管关系数据库管理系统也提供某种形式的数据分析，然而 Hadoop-based 系统则更加灵活。
- 人们对半结构化的数据分析越来越感兴趣。Hadoop 已经是一个非结构化数据处理的标准工具。如果将结构化数据处理技术植入 Hadoop，所有的数据都可以在一个地方，不需要在不同的工具之间移动大数据。

2.1.2 架构组织

总体来说，图 2-1 展示的大数据查询系统架构是其他复杂的系统架构的基础，首先用户通过类似于 SQL 的查询接口（例如图形用户界面、命令行、编程方式）输入查询请求；随后此请求会传递给查询引擎，查询引擎将会对此查询请求进行解析，并且生成相应的可执行的查询计划；其次这些查询计划将会通过并行化计算框架，例如 MapReduce、Spark、MPP 等进行处理，在此过程中，一般会有一个主节点负责整个过程的运行管理，比如申请资源、观察进度等，同时主节点也负责最终聚合局部结果到全局结果；与此同时将 Hadoop 分布式文件系统作为数据的存储组件，由于并行处理框架将会从此文件系统中读取数据以及存入中间结果或者最终结果，因此并行处理框架将会与存储系统有频繁的 I/O 交流；最后再将具体的查询结果返回给用户。

2.1.2.1 查询接口

查询系统提供了丰富的 SQL 查询方式来分析存储在 Hadoop 分布式文件系统中的数据，虽然它与关系型数据库的 SQL 略有不同，但仍然为绝大多数不熟悉底层计算框架的用户提供了很大的便利。目前大数据查询系统还不能完全支持美国国家标准化组织批准的 SQL，但对数据库模式定义语言（Data Definition Language，DDL）、数据操纵语言（Data Manipulation Language，DML）、数据库控制语言（Data Control Language，DCL）以及常见的聚合函数、连接查询、条件查询都能够提供良好的支持。

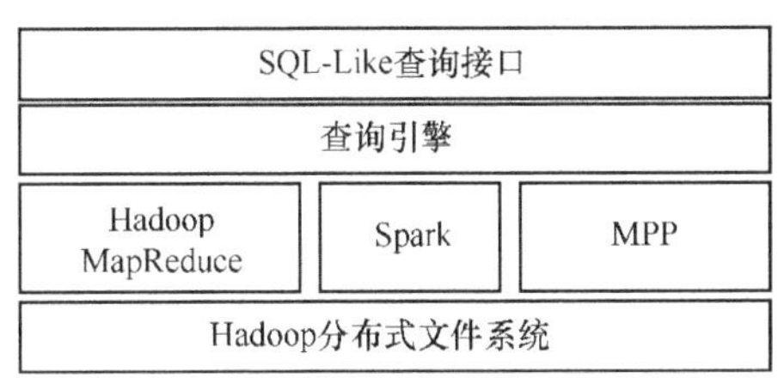

图 2-1　大数据查询系统架构

2.1.2.2　查询引擎

查询引擎主要负责对查询请求的解析以及查询优化工作。当接收到查询请求时，查询引擎将会对其进行抽象，并且进行语义分析，例如表是否存在、字段是否存在、SQL 语义是否有误等，随后生成具有逻辑操作符的逻辑执行计划，对其进行优化之后再转换成可以在机器上运行的物理计划，物理计划中的一个计算单元（或者说作业），由“输入、处理、输出”三要素组成，而逻辑执行计划中的操作符相对粒度更细，一个逻辑操作符一般处于这三要素之一的角色。

执行计划的优化研究成果层出不穷，优化效果越理想，用户在处理业务问题时就越轻松。在优化的早期，只对一些逻辑规则进行简单的优化，比如谓词下推（把过滤条件尽可能地放在全表扫描之后完成）、操作合并（连续的过滤器可合并成一个操作，连续的映射也可以进行合并操作）。后来逐渐增加了一些较复杂的规则，比如可将相同 Key 的连接和分组操作合并为一个 MapReduce。相关性优化是规则优化的一个高峰，它能够减少数据的重复扫描，具体来说，如果查询的两个部分用到了相同的数据，并且在各自进行连接或者分组操作的时候用到了相同的 Key，这个时候由于数据源和排序后的 Key 是一样的，可以把原来需要两个作业分别处理的地方合成一个作业处理。但是基于规则的优化并不能解决所有问题，因此对执行计划的优化仍需不断的努力。

2.1.2.3　计算模型

计算模型主要以 MapReduce、Spark、MPP 为主。MapReduce 采用“分而治之”的思想，把对大规模数据集的操作，分发给一个主节点管理下的各个分节点共同完成，然后通过整合各个节点的中间结果，得到最终结果。简单地说，MapReduce 就是“任务的分解与结果的汇总”。在 Hadoop 中，用于执行 MapReduce 任务的机器角色有两个：一个用于调度工作，另一个用于执行工作。在分布式计算中，

MapReduce 框架负责处理分布式存储、工作调度、负载均衡、容错均衡、容错处理以及网络通信等复杂问题，把处理过程高度抽象为两个函数：Map 和 Reduce，Map 负责把任务分解成多个任务，Reduce 负责把分解后多任务处理的结果汇总起来。

Spark[5,6]在保持 Hadoop MapReduce 具有的优点的同时，还对中间结果的输出做了相应的优化，Spark 不用像 MapReduce 中的 Job 一样将中间输出结果保存到 HDFS 中，而将其保存到内存中，从而减少了与硬盘频繁读写的 I/O，因此 Spark 能更好地适用于数据挖掘与机器学习等需要迭代的 MapReduce 的算法。

MPP[7,8]是由许多松耦合的处理单元组成的。每个单元内的 CPU 都有自己私有的资源，如总线、内存、硬盘等。在每个单元内都有操作系统和管理数据库的实例副本。这种结构最大的特点就在于各个处理单元不共享资源。通常，MPP 处理器使用一些通信接口进行通信。在某些实现中，多达 200 个或更多的处理器可以在同一个应用程序上工作。一个“互通”的数据路径允许处理器之间发送消息。一般说来，MPP 的设置比较复杂，需要考虑如何在处理器之间分配一个共同的数据库以及如何在这些处理器之间分配作业。

2.1.2.4 数据存储

大数据环境下的数据存储通常以目录和文件的形式组织数据。将数据存储到不同的目录和文件，实现数据的划分。在数据存储方面，大数据查询系统支持的数据类型多样，包括结构化数据、半结构化数据和嵌套数据类型；其文件格式大致分为两类：面向行的存储和面向列的存储。面向行的存储将同一行的数据存储在一起，即连续存储。SequenceFile、MapFile、Avro、Datafile 等都使用了这种存储方式。采用这种方式，当行中的某一小部分需要被访问，那么整行都需要被载入内存中，推迟序列化在一定程度上可以缓解这个问题，但是无法避免从磁盘读取整行数据的开销。面向行的存储适合需要同时处理整行数据的情况。面向列的存储将整个文件分割成若干列数据，每一列或几列数据存储在一起。其代表有 Parquet、RCFile 和 ORCFile 等。在面向列的存储格式中，读取数据时，可以跳过不需要的列，适用于只需要行中的一小部分字段的情况。但是这种格式的读写需要更多的内存空间，因为需要在内存中缓存行（以便能够获取到多行中的某一列）。同时这种文件格式也不适合流式写入，一旦写入失败，将无法恢复当前文件，而面向行存储的数据在写入失败时可以重新同步到最后一个同步点。

2.2　现有研究

伴随着以 Hadoop 为首的大数据处理技术的发展与成熟，依托 MapReduce、Spark 以及 MPP 计算架构，借助 HDFS 的分布式存储功能，大数据查询处理技术也得到了极大的发展，产生了适用于不同场景的大数据查询处理系统。根据大数据查询处理系统的应用场景不同，可将大数据查询处理系统分为精确查询系统和近似查询系统两种类型。这两种系统关于大数据查询的优化方案也不尽相同，大数据精确查询系统主要依托并行处理技术来优化大数据查询，而大数据近似查询系统，除了借鉴大数据处理技术强大的并行计算能力和存储能力之外，也借鉴了传统的近似查询技术，如分层采样等，进一步优化查询。

2.2.1　大数据精确查询系统

大数据精确查询系统在保证查询准确性的前提条件之下，优化数据的查询性能。当前，国内外关于大数据精确查询系统的研究较多，依据系统选用的数据处理引擎的不同，可将大数据精确查询系统分为基于 MapReduce 计算框架的大数据查询系统、基于 Spark 计算框架的大数据查询系统和基于 MPP 架构的大数据查询系统。这 3 类系统的整体架构基本一致，基本上均以 HDFS 作为底层存储数据系统，提供类似 SQL 的数据查询接口，但因 3 类系统选择的数据处理引擎不同，其数据查询组件也不尽相同。下面分别介绍这 3 类数据查询系统的研究现状。

2.2.1.1　基于 MapReduce 的大数据查询系统

基于 MapReduce 的大数据查询系统以 MapReduce 作为数据处理的执行引擎，对于给定的查询计划，查询引擎将查询计划转化为一系列的 MapReduce 作业，通过 MapReduce 作业查询满足查询条件的数据。基于 MapReduce 的大数据查询系统是最早诞生的大数据查询系统，国内外关于此类系统的研究与优化做出了极大的努力。

Apache Hive[9,10]是此类系统的典型代表，它是由 Facebook 发起的开源项目。Hive 提供了 HiveQL 的类似 SQL 的查询语言，并且使用 MapReduce 计算框架去执行查询。在查询执行时，Hive 通过查询引擎将 Hive 查询语言转化为一系列的

MapReduce 作业。然而，由于 Hive 使用 MapReduce 作为查询执行引擎，MapReduce 作业的启动和执行时延较高，因此基于 Hive 的数据查询时延较高。为了解决 Hive 的高时延，Hive 将查询执行引擎由 MapReduce 替换为 Tez，Apache Tez[11,12]起源于 MapReduce 框架，通过 Map 和 Reduce 两个操作进一步拆分，使得拆分后的操作可以任意灵活组合，产生新的操作，而且这些操作经过一些控制程序组装后，可形成一个大的有向无环图（Directed Acyclic Graph，DAG）作业，支持 DAG 作业的运行。替换为 Tez 计算框架的 Hive 拥有更高的查询执行效率，一定程度上缓解了基于 MapReduce 计算框架的 Hive 的高时延。Tenzing[13]是 Google 公司于 2011 年提出的更好的基于 MapReduce 的大数据查询系统，但为加快 MapReduce 的执行速度，Tenzing 做了许多优化，比如创建工作进程池，以避免初始化 Mapper/Reducer 工作进程的开销、避免在 Map 和 Reduce 阶段执行不必要的排序工作等。

2.2.1.2 基于 Spark 的大数据查询系统

Apache Spark[14,15]作为一个更加快速、更加通用的大数据计算平台，可以兼容运行在 Hadoop 平台之上，并且尽力去弥补 MapReduce 计算框架的缺点，比如，在多个 MapReduce 作业之间存在着冗余的磁盘读写开销和多次资源申请过程，而 Spark 得益于其在迭代计算和内存计算上的优势，可以自动调度复杂的计算任务，避免中间结果的磁盘读写和资源申请过程，基于内存读写的 Spark 相较 MapReduce 有 100 倍的提升，基于磁盘读写的 Spark 相较 MapReduce 也拥有 10 倍的提升。

得益于 Spark 的高效执行能力，基于 Spark 计算框架的大数据查询系统应运而生。目前为止，有 3 类不同的系统基于 Spark 计算平台实现了大数据查询系统，分别是 Shark[14,16]、Hive on Spark[17]和 Spark SQL[14,18]。三者均基于 Spark 计算框架实现，就查询性能而言，Spark SQL 最优[19]，且三者之间存在着一定的联系，Hive on Spark 是为了帮助 Hive on MapReduce 用户更好地过渡到 Hive on Spark 平台而提出的，Shark 是建立在 Hive 代码基础之上实现的大数据查询系统，通过将 Hive 的部分物理执行计划交换出来，使得 Shark 的用户可以加速 Hive 的查询，但由于 Shark 继承了 Hive 的大且复杂的代码基线，使得 Shark 很难优化和维护。由于这些原因，基于 Spark 计算框架重新设计了新的查询系统 Spark SQL，使得与用户之间的数据查询交互更加快速。

2.2.1.3　基于 MPP 的大数据查询系统

虽然基于 MapReduce 和 Spark 的大数据查询系统已经不断地进行维护与优化，然而这并不能阻挡人类对新技术、新挑战的追求与探索。为了进一步提高大数据系统的查询性能，实现在大数据环境下进行交互式查询的目标，Google 公司研究并设计了新的大数据交互式查询系统 Dremel[20]，该系统完全摒弃了前面所介绍系统采用的 MapReduce 计算框架的查询执行方式，转而使用基于 MPP 架构的大数据查询执行引擎，其查询引擎使用了 Multi-level Serving Tree[20,21]优化查询的执行。而且 Dremel 提出了基于列式的嵌套数据存储模型 Parquet[20,22]，该系统较 MapReduce 系统查询性能有数量级的提升，较 Spark 系统查询性能也有明显的提升[19,20]。

Dremel 在数据存储以及查询优化方面的强势表现引发了学术界的和工业界的强烈关注。大家纷纷效仿 Dremel 的设计模式，产生了许多类 Dremel 的大数据查询系统，其中，有开源的大数据查询系统 Apache Drill[23]和 Cloudera Impala[24,25]，有用于商业的大数据查询系统 Facebook Presto[26]。三者虽都采用了 MPP 架构作为查询执行引擎，但也有不同之处，其中，Apache Drill 提供数据模式自由的数据访问模式，支持众多数据格式，在进行数据查询时，Drill 首先将所需查询文件的数据模式加载到内存，分析并生成相应的数据处理代码，进行数据查询处理。Cloudera Impala 的一个主要特点是使用低级虚拟机（Low Level Virtual Machine，LLVM）产生运行代码，针对特定查询生成特定代码，同时使用 Inline 的方式减少函数调用的开销，加快执行效率。此外，Impala 用 C++实现，做了很多有针对性的硬件优化，例如使用指令集（Streaming SIMD Extension，SSE）指令。同时，Impala 也支持 Parquet、Text、Avro、RCFile、SequenceFile 等数据存储格式。Facebook Presto 所有的数据处理都是在内存中进行的，不同的处理端通过网络组成处理的流水线，这样会避免不必要的磁盘读写和额外的时延。这种流水线式的执行模型会在同一时间运行多个数据处理段，一旦数据可用的时候就会将数据从一个处理段传入下一个处理段。这样的方式会大大地减少各种查询的端到端响应时间。Presto 动态编译部分查询计划为字节码，Java 虚拟机（Java Virtual Machine，JVM）可将该字节码优化并生成本地机器码。

上述 3 类大数据查询系统整体架构类似，只是采用不同的数据执行引擎进行数据查询。大数据概率查询方法研究了一种基于概率的数据查询方法，该方法着重解决对于给定的查询条件，如何选择合适的查询计划进行查询，该任务属于查询引擎范畴的优化。因此，大数据概率查询系统在设计与实现的过程中可以充分利用上述系统中采用的数据处理引擎。

2.2.2 大数据近似查询系统

近似查询是一种不精确查询，其允许查询结果具有一定的误差，而且，近似查询技术主要应用于聚集查询。当前国内外关于大数据近似查询的研究相对较少，其主要思想是基于大数据精确查询系统的数据处理能力和存储能力，借助传统的近似查询原理，如采样、直方图、小波等技术，实现大数据的近似查询。参考文献[27]研究并设计了大数据近似查询系统 BlinkDB，BlinkDB 允许在一定的错误边界或相应时间内返回查询结果，如果在全数据集上执行过查询，将返回数据的查询误差。BlinkDB 基于分层采样技术实现数据的查询，其近似查询能力是通过在当前的大数据精确查询系统（如 Hive、Spark SQL 等）中添加了样本创建与维护一层实现的，如图 2-2 所示，所有数据查询处理均基于样本层的数据来执行，极大地缩小了所需查询的数据量，提高了数据的查询性能[28]。

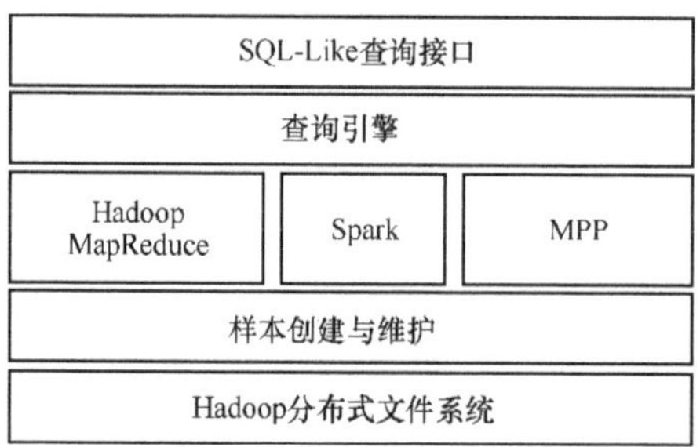

图 2-2 BlinkDB 系统架构

2.2.3 大数据多维查询系统

在大数据查询中，多维数据的范围查询仍然是一大挑战。对于此类问题的解决往往是通过建立多维数据索引或者相应的多维模型来加快查询。例如参考文献[29]提出了在对等计算（Peer-to-Peer Computing，P2P）网络中，基于 EIR-tree 的范围查询算法并将其运用到多维数据查询中。每一次范围查询都是由超级节点和普通节点相互协作完成。当超级节点收到范围查询请求，会将此请求发送到基于查询的值可能存在的区域，然后此请求会被发送到存在区域的超级节点，最后会在此超级节点维护的 EIR-tree 中进行查询。但是此方法会在节点间进行频繁的访问从而造成大量的通信代价。参考文献[30]提出了一种基于分布式散列表（Distributed Hash Table，DHT）的 P2P 系统，同时支持多维数据的范围查询。该系统使用两层体系结构，一层用于资源共享，另一层用于资源发现，以此促进多维数据查询处理。此方法使用一个有序的散列函数和一些 P2P 节点存储数据。对数据进行降维处理之后，将其映射到与一维数据范围接近的 P2P 节点。在此基础上，作者提出了多维数据查询算法，其中包括严格匹配查询，范围查询以此为基础。结果显示，在稳定的网络环境中，此模型能表现出良好的性能，然而，在现实中，网络环境并不是和实验室环境一样理想，因此不具适用性。参考文献[31]利用维层次树为各个维层次建立索引，然后利用各个维层次属性建立的维层次聚集树创建维层次聚集数据立方，并将多维数据根据逻辑划分后进行存储。虽然此模型考虑到了数据的渐增性，从而实现了模型的增量更新，但结果显示，在最坏的情况下，更新时需要对根节点进行更新，此时开销较大。

除此之外，索引技术也成为处理多维数据的一种常用方式。参考文献[32]提出了一个包含本地索引以及全局索引的两层索引框架，本地索引负责维护每个节点各自的信息，为了提高存储以及查询效率，全局索引由几个本地索引构成。Efficient B-tree[32] 采用 B+树构建本地索引，并且使用基于自适应策略的代价模型选择本地索引，以构成全局索引。全局索引被组织为一个 BATON 网络[33]。然而这种方式只适用于查询单个属性，对于多维属性值的查询并没有得到明显的优化。与 Efficient B-tree 类似，RT-CAN[34]采用 R 树的方式构建本地索引，使用控制器局域网络（Controller Area Network，CAN）构建全局索引。以上的查询优化都是基于 P2P 网络结构的，在大数据环境中使用最广泛的还是 EMINC[35]和 A-tree[36]这类主从式的索引结构，虽然它们在查询性能上得到了优化，但维护和构建索引的代价也是不可估计的。

ITHBase[37]和 IHBase[38]采用二级索引的方式优化多维查询。它们都根据索引键构建相应的索引表，索引表中的键值对都来自于原始数据集。在进行查询时，首先查询索引表，然后将根据索引表与索引键之间的映射定位所匹配的数据。当查询条件包含索引键时，二级索引能够有利于提高查询性能，为了减少随机查询的查询代价，参考文献[39]提出了 CCIndex，它将原始数据存储在索引表中，在查询时，只

需要扫描索引表即可，不再需要查看索引表与索引键之间的映射。虽然二级索引比双层索引更加灵活，也更加容易维护，但是二级索引很难保证容错性和一致性。除此之外，这两种方式都是基于某种特定的索引结构，当原始数据集频繁更新时，很难维护，在查询高维数据时，查询性能也是一大问题。

因此人们便把目光转向了多维索引。传统的多维索引技术包括 Grid Index[40]、KD-tree[41]和 R-tree[42]，它们将空间分为由网格组成的 K 维空间，并为每个网格分配相应的地址。通过查询某个符合特定条件的网格就可以定位所查询的结果，这种方式比原始的查询方式更有效率，基于此想法，MD-HBase[43]和 SHG-tree[44]被引入。然而由于高维数据的稀疏性，SHG-tree 在存储方面的代价较高；MD-HBase 在数据一致性方面比较薄弱，当数据分布不均匀时，将会带来额外的代价，并且具有时延。与此同时，一些研究者提出了新的索引结构来满足不同的需求。VAR-tree[45]通过压缩的方式提高查询性能，CSA-tree[46]主要是对内存查询，NV-tree[47]能提高邻近查询的效率。

总之，面对大数据的时变性、多样性以及大量性，基于索引的多维数据查询方式有以下 3 个缺点：第一，对于索引的存储所占空间是比较大的；第二，在多个键上建立索引的代价是昂贵的；第三，当对数据集进行大量的更新操作时，对索引信息的维护是比较复杂的。

另一种在多维查询中使用较多的方法是通过建立多维数据模型来提高查询效率。在非关系型数据库（Not Only SQL，NoSQL）中有 3 类多维数据模型。

- 基本的多维数据模型：它是一种最直观的方式，将数据属性划分成数据空间中的维，并把数据集视为多维空间中的点。例如参考文献[48]提出了一个 4 层的 OLAP 数据查询模型。
- 统计多维模型：比之前的数据模型更复杂一点，它利用一个特定的聚集函数来实现维中的层级。例如参考文献[49]将目前 SDB 和 OLAP 领域的研究进行了对比，提出了一个针对特定的统计分析问题的概念模型。
- 结构化多维模型：能够更友好地支持维中的层级操作，例如参考文献[50]提出了一个新的数据模型，它能完全地表示数据仓库中复杂的数据结构以及语义。通过使用层级聚集函数，定义层级游标来解决维层级选择的问题，并且它也能较好地支持在层级结构中复杂的聚集操作。

然而当引入一个新的维或者对当前的维层级进行更改时，以上所有的多维模型都需要被重构，与此同时，一方面，在大数据环境中，随着维的增长，重构的代价是不可预估的，另一方面，以上的工作都是为了针对某一特定问题、满足某种需求而研究出来的，不具有灵活性。

2.3 近期成果

基于现有研究成果，笔者创新性地提出渐增高维数据模型，对多维数据中的范围查询进行了优化。与此同时，还提出大数据概率查询方法，该方法适当降低查全置信度换取查询性能的优化。

对于多维数据的范围查询的优化，采用减少搜索范围并提高命中率的方式提高查询性能，如果数据能够根据某种规则进行良好的分区，则该查询可以仅扫描与条件匹配的分区，从而大大减少了查询时间。Haery（Hadoop Based Ruery）则是该想法的具体实现，它通过建立一个渐增式的多维数据模型，将相关数据聚集到一起，具有更细粒度，易于维护和扩展，并且索引技术在大数据环境中往往会带来巨大的存储和查询代价，然而 Haery 不依赖于任何预先计算和物化技术，存储代价比较低。

概率查询与近似查询一样都是通过在现有的大数据精确查询系统中添加相应的优化机制，提升数据的查询性能。不同的是，概率查询是一种准确的查询方式，仅仅是通过改变查全的置信度来缩小数据的查询范围，但基于概率查询所返回的查询结果均是准确的查询结果。例如查全率为 1、置信度为 0.8 的查询有可能查询到所有有效数据，也有可能查询不到所有有效数据，系统仅为查全率为 1 的数据提供 0.8 的保证。

2.3.1 Haery

随着大数据时代的到来，传统的关系型数据库已经不能满足大数据环境中对查询性能的要求。急需一个能适应大数据的时变性，并具有较高查询性能的有效存储方式。目前来说，在新兴的 NoSQL 数据库中，列存储是广泛应用于学术界和工业界的一种存储方式。列存储是将同一个数据列的各个值存放在一起，插入某个数据行时，该行的各个数据列的值也会存放到不同的地方。列存储的优势在于它的灵活性，它不依赖于预先定义的固定模式，因此可以存储任意的键值对数据。但也由于列存储的灵活性，使得对分区和索引的管理变得非常昂贵，在没有建立良好的分区以及索引的情况下，查询将会以全扫描的方式进行。除此之外，它将通过分片和并行计算技术来提高查询性能，虽然这种方式也会消耗大量的计算机资源（节点和网络），但在传统的数据库中，数据将会严格按照预先定义的模式进行存储，因此能够对数据进行很好的分区并建立索引。

在一般情况下，可以通过减少搜索范围并提高命中率的方式来优化查询性能，如果数据能够被良好地分区，则可以仅扫描与该查询条件匹配的数据块，从而大大减少了查询时间。但是列存储缺乏预定义模式，使得分区不易被维护。

Haery 在不损害列存储灵活性的基础上，在列存储之上建立分区，这些分区大大减少了查询范围，加快了查询时间。在列存储中，数据被组织为表头、宽列或者列族的形式，然后将其线性化到文本文件中。Haery 将 Key 对应的 Value 按某种方式进行细分，让 Key 成为逻辑中的维，按此规则，所有的数据将被组织成一个高维的数据模型（Key-Cube）。在执行查询时，Key-Cube 就是一个高维的索引，因此通过对查询条件的分析，可以将查询范围锁定到此数据模型中的某些相关单元格中。在查询优化方面，Haery 与其他 NoSQL 数据库之间的差异如下：目前分区技术面临着灵活性和可扩展性方面的挑战，然而 Haery 采用了比分片技术更细粒度的、具有模式依赖性的分区方式，并且易于维护和拓展；索引技术在大数据环境中往往会带来巨大的存储和查询代价，然而 Haery 不依赖于任何预先计算和物化技术，存储代价比较低，由于计算第一、查询第二的特性，避免了在大数据环境中查询的复杂性。当然这种解决方案也需要考虑到以下几个问题：怎样解决由不同记录中 Key 的多样性而引起的 Key-Cube 的稀疏问题；没有预定义的模式，如何扩展 Key-Cube 以适应新引入的键，映射机制（将逻辑空间上的 Key-Cube 映射到物理空间上的存储）又如何适应 Key-Cube 的扩展而不改变既定的存储；如何查询以及查询算法的实现也是一大挑战。

2.3.1.1 数据模型

数据模型描述了 Haery 中使用的一些定义与概念以及最终建立 Key-Cube 的主要方法与步骤，是理解 Haery 系统的基础。

1. Key-Value

Key-Value 模型是最简单的非平凡数据模型，通常，它是比较复杂的数据模型的基础。在 Key-Value 模型中，每一条记录都由不同的列组成，并且具有唯一的行键标识，每一列都是具有不同时间戳的 Key-Value。在同一列中，具有不同时间戳的 Key 没有发生改变，但 Key 所对应的值不一样。这与实体关系概念模型相似，一行数据其实就是一个实体，行中的每一列都是这个实体的属性，因此每一个 Key 就是一种属性，Value 就是此属性的取值结果。

2. 段（Segment）

定义 2.1 段（Segment）。在 Key-Value 模型中，Value 是在某一段范围内的文本型或数值型数据，为了对这些 Value 进行划分，Haery 定义段为属于相同范围的 Value 的集合，记为二元组$<a, b>$，a 是这个范围的下界，b 是上界。在此系统中有 3 种类型的段。

① $s_0=<-\infty,+\infty>$，代表所有的取值范围。

② $s_1=<-\infty,a>$且 $s_w=<b,+\infty>$，代表向下溢出段和向上溢出段。

③ s_e=NULL，代表空值。

定义 2.2 段细分（Segment Refinement）。Haery 中段 s 将按照等间距的方式，被再次细分为 w 个升序的、不相交的非空子段。通过这种方式，父段中映射的大量数据可以分散到子段中，由此避免了数据倾斜问题。虽然采用等间距的方式在细分段的时候会造成子段中某些段所映射的数据量不均衡，但通过不断地细分不均衡段，最终能够使子段映射的数据量达到均衡。

通过这种细分段的方式，能够将父段以及划分的子段之间组织成一种层级关系。第一层是 s_0（ALL），第二层是 s_0 的子段，第三层是 s_0 的子孙，由此可构成一棵树，如果每一次细分产生的子段的数量都是一定的，可形成一颗 n 叉树。在此层次中，从 0 开始，按照从左到右、从上到下的方式对段进行编码，由此可以得到每个段唯一的标识，称为段码。在编码的过程中，如果有些段不存在，仍然为它们保留其段码。与此同时，Haery 使用版本号来记录不同时刻进行的段的划分。

函数 f。根据二进制编码，通过给定段码就可以获得此段表示的取值范围，记为函数 f。因此 $s_j=f(j)=<a_j,b_j>=<f_a(j),f_b(j)>$，与此同时也可以得出 $j=f^1(s_j)=f^1(<a_j,b_j>)$。

定义 2.3 活动段和休眠段（Active Segment and Dormant Segment）。使用活动段来表示没有产生子段的段；与活动段相对应，经过分段操作，产生子段的段称为休眠段。

3. Key-Cube

Key-Cube 是一个高维的数据模型，此模型中的维来自于数据中的 Key，而模型中的单元格则代表逻辑空间中的文件，此模型最主要的特点是它的不稳定性，它能根据数据中的 Key 以及 Value 渐增地进行变化。

定义 2.4 维和维码（Dimension and Dimension Index）。通常情况下，在多维数据模型中，维会将所有的数据进行分类，并将数据组织到一个无重叠的数据结构中，提供数据的筛选、组织和标识方法。在 Haery 中，一个维包含了段层级中所有的可扩展段，用 s_e 表示维中的第一个段，段层级中所有其他的活动段表示此维中余下的段。与段码类似，每一个维都有唯一的标识符——维码，并且使用 *DTable* 来表示 Key 与维码的映射。

定义 2.5 单元格和单元格码（Cell and Cell Index）。数据模型中的一个单元格由各个维上的非空活动段组成。所有数据根据一定的规则被划分到相应的单元格中：如果在一条数据中，每一个维键所对应的 Value 能够被包含到所对应的维中的一个或几个活动段里面，那么这条数据将会被划分到由这些活动段所构成的单元格中。实际上，每一个单元格都能对应到物理空间中的存储地址映射，此映射由“地址树（Address Tree）”实现。而每个单元格也具有唯一的标识符，标识符可以通过线性化算法算出。

定义 2.6 段表（Segment Map）。实际上，段表是一个 HashMap，它的 Key 是维码，Value 是段码。不过在段表中，Key 与 Value 都是有序的，记 *m* 是一个段表，*m.keys* 是所有的维码，*m*[*i*].*values* 是相应维上的所有段码。

通常情况下，键值对是稀疏的，并不是所有的键都会被建模成维，因此，一个 Key-Cube 将会是一个具有一些空单元格的高维数据模型。但 Key-Cube 是逻辑数据模型，稀疏性只是浪费了逻辑地址空间，不会浪费实际的存储空间。

定义 2.7 维键和平凡键（Dimension Key and Trivial Key）。被选择成维的 Key 称为维键；没有被选择成维的 Key 称为平凡键。与索引中 Key 的选择方式不同，维键的选择不仅与查询条件的频繁程度有关，而且也与查询结果有关。相反地，平凡键是很少被查询的键，不会经常出现在查询条件或者查询结果里。Haery 规定在 Key-Cube 中的维都是维键，当一个键被选择成维键时，它的具体范围将通过上下文得出。

2.3.1.2 线性化

一个 Key-Cube 是一个高维的数据模型，存在着一定数量的空单元格，但仍需为其他大量的非空单元格保留其单元格标识，所以，Haery 需要一个成熟的线性化算法和寻址机制进行编码，并且管理好单元格与文件地址映射。线性化算法是将多维数据映射到一维数据的算法。空间填充曲线是一条范围包含整个 n 维超立方体的曲线，所以在设计线性化算法的同时需要选择合适的曲线。线性化之后的结果作为单元格标识，通过查询地址树能够将其映射到物理空间中的目录上。

在 Key-Cube 的寻址过程中，更有利于邻近单元格的查询，因为其与查询所匹配的单元格通常是相邻的，因此，它们可以一起被寻址。在寻址时，可以重复利用邻近单元格的寻址信息，因此，相邻单元格的标识应该是连续的。基于 Asano 等人[51]的分类，空间填充曲线可分为递归空间填充曲线和非递归空间填充曲线，比较普遍的递归空间填充曲线有 Z-order、Gray 和 Hilbert，非递归空间填充曲线有 Sweep 和 Scan。Sweep 和 Scan 比较简单，其时间复杂度和灵活性较好，但它们只能保持一个维度的连续性。与此同时，Z-order 在每个维上都是公平的、可扩展的，并且比 Gray 和 Hilbert 曲线相对简单。通过 Z-order[52]，单元格尤其是邻近单元格能够被连续地编码。就每个维上的公平性而言，Z-order 是更适合的选择。

然而，Z-order 必须同时在各个维上进行扩展，也就是说，它需要在每个维上具有相同数量的活动段，然而这在实际应用中是很难做到的。为了解决这个问题，提出了一种 flat Z-order 的算法，该算法只需要将各个维中活动段的数量设置成整数倍，就可比原始的 Z-order 更加灵活。如果自然条件下不能满足整数倍，可以用空段（s_e）进行填充。

图 2-3 显示了 flat Z-order 与其他空间填充曲线在二维空间的比较。图 2-3 中 flat Z-order 维度的交织比是 1:2，因此，从图 2-3 中可以看出，当曲线在一个维上扩展一个单元格时，在另一个维上就扩展了两个单元格，而原来的 Z-order 必须在每个维上扩展相同数量的单元格（交织比为 1:1）。

定义 2.8　二进制长度（Binary Length）。i 维的二进制长度是 $\lfloor \ln(\max\ (s_{ij})) \rfloor$，$\max(s_{ij})$ 表示 i 维上最大的段码，不失一般性，记 θ 是所有维中最小的二进制长度，则 θ_i/θ 必定是一个正整数。

分别给出第 1 维到第 n 维上的活动段，相应的单元格标识可通过如下计算。为了简单，列表中的数组下标从 1 开始。

1. 二进制化（Binarization）

将段 s_{ij} 的段码 j 转换成二进制码，并且存储在数组 x_{ij}[]中。在必要情况下，可

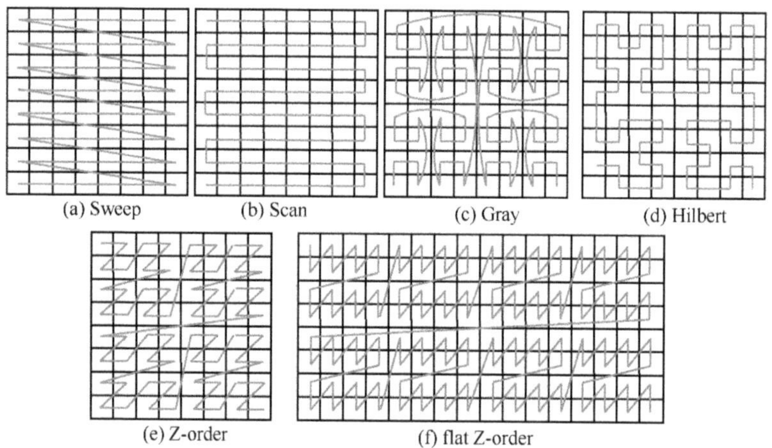

图 2-3 flat Z-order 与其他空间填充曲线在二维空间的比较

通过在二进制码前补“0”的方式确保 $x_{ij}[]$的二进制长度是 θ_i，$x_{ij}[p_i]$是“0”或者“1”（$p_i \in [1,\theta_i]$），例如 θ_i是 8，然后 $x_{i5}[](j=5)$的二进制码为“00000101”。

2. 分组（Grouping）

将 $x_{ij}[]$转换为长度为 θ 的 $y_{ij}[]$。“+”表示字符串连接运算符，则$\forall p \in [1,\theta]$，$y_{ij}[p]=x_{ij}[(p\theta_i/\theta)]+x_{ij}[(p\theta_i/\theta)+1]+x_{ij}[(p\theta_i/\theta)+2]+\cdots+x_{ij}[(p\theta_i/\theta)+\theta_i/\theta]$，例如，当 $\theta_i=8$、$\theta=2$ 时，$y_{i5}[0]$是“0000”，$y_{i5}[1]$是“0101”。

3. 交织（Interleaving）

依次按照维码的顺序交织每个维上的段，记 $z[]$表示依次每个维上的段的集合，例如 $z[1]=y_{1(z[1])}[1]+y_{2(z[2])}[1]+\cdots+y_{n(z[n])}[1]$，因此 $cell\_index=\sum_{p=1}^{\theta}\sum_{i=1}^{n}y_{i(z[i])}[p]$，当交织维上的段时需注意，不同的维顺序将会使得出的单元格的标识符不一致，因此，在交织时，需保持一致的维顺序。

原始的 Z-order 要求每个维上的活动段数量必须是一致的，这样才能实现在各个维上同时进行扩展，因此 Haery 使用二进制长度的方法来处理不规则的 n 维 Key-Cube，在二进制码前补“0”的方式只是消耗了地址空间，单元格实际的存储并没有受到影响。

图 2-4 显示了在二维的 Key-Cube 中使用交织比为 1:2 所得出的每个单元格的标识符，通过交织二进制的坐标值，得出了二进制的 z 值，再按照数值的大小依次顺序连接 z 值，产生了一条可递归的、扁平的 Z 形曲线。

	X: 0 000	1 001	2 010	3 011
Y: 0 000	000000000	000000001	000001000	000001001
1 001	000000010	000000011	000001010	000001011
2 010	000000100	000000101	000001100	000001101
3 011	000000110	000000111	000001110	000001111
4 100	000010000	000010001	000011000	000011001
5 101	000010010	000010011	000011010	000011011
6 110	000010100	000010101	000011100	000011101
7 111	000010110	000010111	000011110	000011111

图 2-4　flat Z-order 示例

函数 *g* ()。依次指定每个维度上的段，就可以得出一个或几个单元格。记 m 是一个包含 n 个维活动段段码的段表，则 $g(m)$返回由 m 所映射的单元格集合 $c[]$。函数的底层实现是由 flat Z-order 实现的，所得出 $c[]$的大小为 $\prod_{i=0}^{n-1}\left|m[i].values\right|$。

定义 2.9　单元格地址和地址树（Cell Address and Address Tree）。给定一个单元格，它映射的是所包含数据的物理空间地址。地址树是一个与 Key-Cube 相关联的有序树。它利用最长公共前缀的命名方式来映射单元格与物理上实际的文件存储。四叉树是一个树型的数据结构，其中每个内部节点都有 4 个叶子节点。一个地址树具有最大的 θ 个层级，从 0 级到（θ−1）级。一个具有 θ 个层级的地址树与四叉树相似，不同的是，地址树在（θ−2）层时，每个节点有 $\prod_{i=1}^{n}(\theta_i/\theta)$ 个叶子节点；并且地址树的一个内部节点代表子节点的最长前缀，而叶子节点代表一个单元格。因此，对于任意的地址树，内部节点会映射到单元格地址的父目录，叶子节点会映射到具体的单元格地址。地址树最多初始化为 θ 层级，或根据 Key-Cube 的规模适当减少层级数。

地址树的示例如图 2-5 所示。

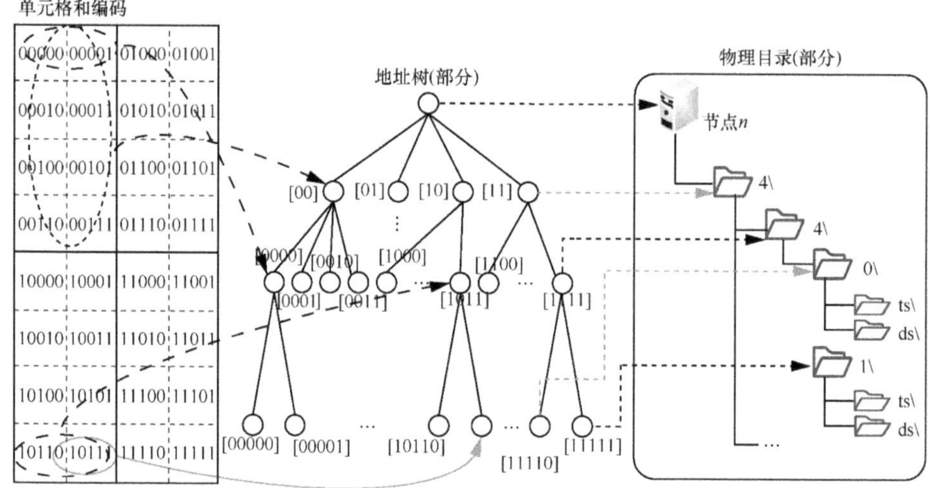

图 2-5 地址树的示例

函数 r()。给定一个地址树和单元格，并标记为数组 c[]，函数 r（c[]）将返回 c[]中单元格所包含的数据文件的物理目录。在 r（）中，通过比较节点以及单元格前缀能够定位到实际目录存储的地址。由于相邻单元格是连续的，因此它们实际存储的地址也是相邻的。假设在 c[]中单元格的格式是有序的，当 $c[i]$被寻址时，遍历路径（从根到匹配节点的节点列表）将会被缓存，然后再寻址 $c[i+1]$时，就可以反向从之前 $c[i]$的遍历路径寻址，以此减少寻址时间。具体的算法不再详述。

2.3.1.3 数据存储

传统的数据立方通常是采用多维数组的方式来进行存储，然而这种存储方式的代价较为昂贵，尤其是在数据立方具有大量的维和段、数据文件较为分散的情况下，此时的存储代价更是不可想象。就键值对模型而言，Key 将会随着数据被重复存储。通过既定的模式来存储数据的方式具有灵活性，但同时也浪费了存储。然而在 Haery 中，通过分离模式和数据的方式，省去了对重复数据的存储，从而节省了空间。本节将简要地介绍 Key-Cube 模型和数据的存储。

1. Key-Cube 元数据

高维的 Key-Cube 模型不会带来存储爆炸的问题，因为大多数信息是通过计算得出，而不是通过存储得出。每一个单元格，它不包含数据，只有对数据文件的映射，而单元格标识是通过线性化计算得出，而不是存储，地址树是在内存中的数据结构；每个段，只有活动段的段码被存储；每个维，只有维码、维名称（为了查询条件）、Value 的范围，以一个有序对 $<index,name,\alpha,\beta>$ 的形式被存储；每个 Key-Cube 模型，只有它的版本需要被存储。上述数据是 Haery 系统中 Key-Cube 的元数据。因此 Haery 的元数据是一个小的数据集，能够通过内存中的关系数据库进行存储，部署在主节点，作为元数据的物理存储。

2. 存储模式

Haery 采用分布式文件系统作为存储，如 Hadoop HDFS。一个 Key-Cube 将对应一个立方空间，此空间以它的版本命名，Key-Cube 的每一个单元格映射到一个单元格空间。在逻辑上，单元格包含多条数据，每条数据都包含了一系列键值对。Key 被分为维键和平凡键两大类，因此，一个单元格空间包含一个维空间和一个平凡空间，这两个空间和单元格空间都是逻辑概念，并通过目录命名约定来实现。

一个单元格空间包含许多物理存储目录，这些目录由地址树中的单元格索引进行映射。每个目录都属于维空间或平凡空间。块文件是在这些目录中存储键值对的数据文件。Haery 存储架构如图 2-6 所示。

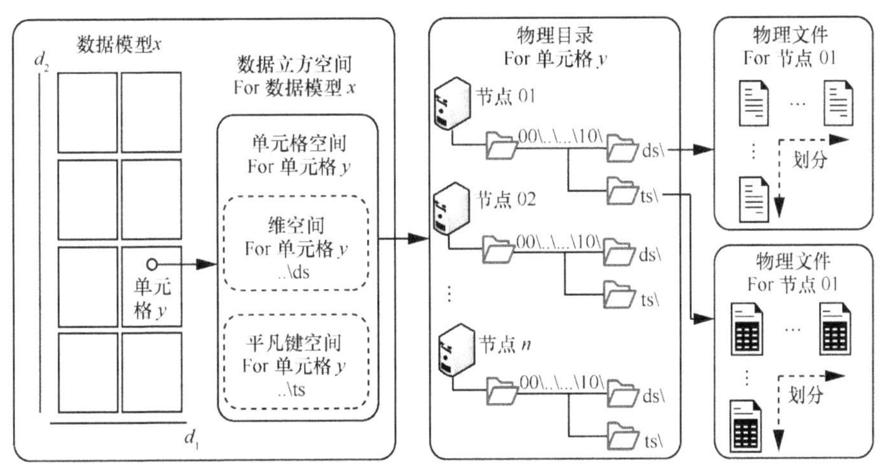

图 2-6　Haery 存储架构

由于列存储将数据集水平划分成许多块文件，每个文件包含了大量的数据。根据维键与平凡键可将块文件划分为一个维块文件和一个平凡块文件。一个维块文件只包含维键的值，不包含维键。由于维键是固定、有序的，并存储在元数据中，因此在维块文件中，可以按照维码的顺序将对应的 Value 进行组织。

一个平凡块文件包含平凡键和它们的值。由于数据的海量性，可将维块文件和平凡块文件进行垂直划分。水平分区提高了并行性，垂直分区带来了中间结果连接。

在 Hadoop HDFS 中，Arrayfile 用于存储数组，Sequencefile 用于存储二进制的键值对数据。Haery 采用改进的 Arrayfile 格式存储维块文件，采用 Sequencefile 格式存储平凡块文件。维块文件和平凡块文件如图 2-7 所示。

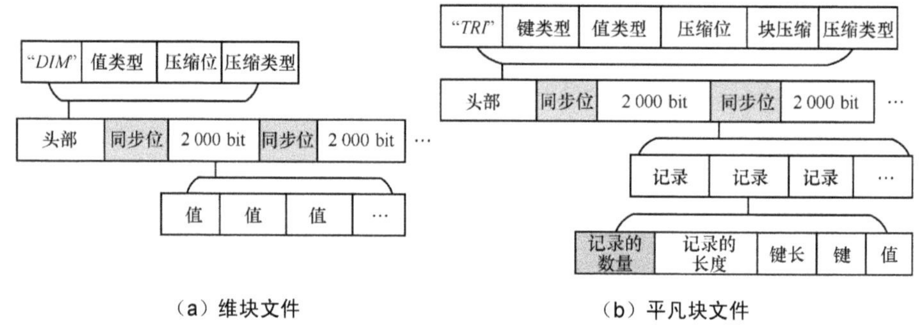

图 2-7 文件格式

3. 数据分布

作为一个数据模型，Key-Cube 在加载数据之前，需要进行初始化。装载数据的步骤如下。

步骤 1 将维键和平凡键进行分组。

步骤 2 通过查询 Key-Cube 能够定位到数据所属的单元格。

步骤 3 查询地址树和查找此单元格在物理空间中所映射的目录文件。

步骤 4 在存储介质中放置目录文件。

步骤 5 选择块文件，或创建块文件，进行写入工作。

在 Haery 装载数据时，需要进行额外的计算。但是一方面，数据加载只执行一次，而这些额外的计算将为数据的查询性能带来相应的优化；另一方面，额外的计算比通过网络和写入磁盘传输数据更有效。因此，相比较而言，此计算成本是可接受的。如果数据加载是由两台计算机执行，其中一台放置数据，另一台加载数据，那么前一台计算机永远不会阻塞后者。因此，装载性能主要在于 I/O 性能，由此看来，额外的计算成本是可以忽略的。

在 Hadoop HDFS 中，数据放置是数据在各个节点中的分布状态。在数据集上进行水平划分和垂直划分，其目的是为了提高并行性和 I/O 效率。在 HDFS 中，每个数据块的副本数量是 3 个，其中的 2 个副本将会被分配到同一机架的不同节点中，第 3 个副本被分配到不同的机架中。然而在 Haery 中，采用不同的策略放置副本。首先，数据放置是在数据装载过程中进行的，对于垂直分割后的文件，将会被放置到同一节点上，因为在不同文件中的 Key 有可能被同时访问，由此可以减少连接阶段网络 I/O 代价对于水平分割后的文件，为了提高并行性，此文件将会被放置到不同的节点上。

2.3.1.4　渐增模型

Haery 通过一个预定义的、进行良好组织的分区数据模型 Key-Cube 来提高查询性能，它有两个特性：首先它能够很好地支持高维数据，其次它是渐增的，这主要表现为对模型的扩展方面，图 2-8 展示了当数据集发生变化时 Key-Cube 所做的相应的变化。

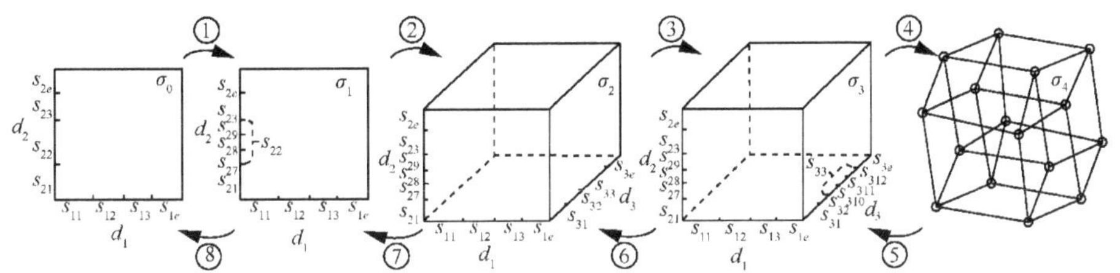

图 2-8　当数据集发生变化时 Key-Cube 所做的相应的变化

一方面，当维被初始化为 w 个段时，此时的粒度较粗，随着数据的增加，段中包含的数据量越来越大，最终将会使相对应的文件变大而不利于查询，因此 Haery 会采取段细分的方式，将段细分成 w 个子段来减少段中的数据量，例如图 2-8 中的①和③。

另一方面，新的 Key 在数据中出现的频率增加，平凡键出现的次数较为频繁，因此新的维将被引入模型中。例如图 2-8 中的②和④。

定义 2.10　Key-Cube 扩张（Key-Cube Expansion）。Key-Cube 扩张将根据之前的 Key-Cube 构建一个新的 Key-Cube，主要通过以下两个方式：增维（新的 Key 或者平凡键变成维键）或者段细分（一个或几个段细分为 w 个子段）。

定义 2.11　Key-Cube 版本（Key-Cube Version）。由定义 2.10，每一次 Key-Cube 的扩张，将会产生一个新的 Key-Cube，将这些 Key-Cube 按照产生的早晚

顺序进行排列，它们的顺序就是它们的版本号，初始版本从 0 开始。

定义 2.12 Key-Cube 回溯（Key-Cube Backtrace）。Key-Cube 回溯是根据 Key-Cube 的目前版本得到上一个版本的 Key-Cube 的过程，实际上，Key-Cube 回溯就是 Key-Cube 扩张的逆向操作，主要通过降维或者段合并（用父段代替子段）的方式进行，图 2-8 中⑥和⑧是段合并，⑤和⑦是降维。

函数 *h*。根据 Key-Cube 的版本，***h***(*cube*)将通过与元数据的比较与计算，从而返回当前 Key-Cube 的上一个版本。

实际上，每一次的 Key-Cube 扩张就是在新数据上的一次划分，然而 Key-Cube 扩张并不会对现有数据产生影响。当前版本的 Key-Cube 中管理着最新引入的数据，而历史版本的 Key-Cube 中管理着早期的数据，因此在查询时，将会遍历每一版本的 Key-Cube。在这种情况下，Haery 采用两个阶段的查询策略：首先是对 Key-Cube 的查询，找到相应文件的存储位置，然后是对目标文件中数据的查询。Key-Cube 回溯将会保证目标文件由符合查询要求的所有时期的数据构成。通过查询 Key-Cube，需查询的空间将大大减少，而 Key-Cube 扩张将保证在较大版本的 Key-Cube 中所作的优化效果大于或者等于在较小版本的 Key-Cube 中所作的优化。

2.3.1.5 查询处理

在查询过程中，Key-Cube 不仅在 Value（查询条件）上通过减少查询范围进行优化，而且在 Key（查询目标）上通过维键也能进行良好的管理。由于预定义的高维 Key-Cube，大大降低了查询范围，提高了查询性能，并且由于 Key-Cube 的渐增性，当引进新数据时，仍然能有效地进行性能优化。在这一部分中介绍了查询过程。Haery 的查询过程包括对 Key-Cube 的查询和对数据文件的查询，前者包括在第 2.3.1.4 节提到的 Key-Cube 的回溯问题。

定义 2.13 Haery 查询。Haery 的查询语句包括两部分：查询目标和查询条件。查询目标是一系列 Key，查询条件是 Key 以及所要求的范围。查询目标和查询条件都可以包含维键和平凡键。不管是在查询条件还是查询目标上对维键的查询，Key-Cube 都能进行相应的优化。在 Haery 中规定，包含在查询目标但没包含在查询条件中的 Key，它的查询范围是$<-\infty,+\infty>$。因此可将查询语句简化为 $query=\{<Key,range,is\_target>\}=\{<k_1,\alpha_1,\beta_1,true>,<k_2,\alpha_2,\beta_2,true>,\cdots,<k_c,\alpha_c,\beta_c,false>\}$，例如“select *a*,*b* from *table* where $a\in(0,8]$ and $c\in(0,10]$”的查询，可将其表示为$\{<a,0,8,true>,<b,-\infty,+\infty,$

true>,<*c*,0,10,*false*>}。查询过程可分为以下几步。

步骤 1　在最新版本的 Key-Cube 上进行初始查询。

步骤 2　回溯，在每个版本的 Key-Cube 上进行查询。

步骤 3　以分布式和并行的方式查询数据文件。

步骤 1 和步骤 2 减少了搜索范围（查询的文件），从而可以大大提高性能。至于步骤 1 和步骤 2 的细节可在原论文上进行查看。Haery 能支持不同的计算框架，如 Hadoop MapReduce，因此在步骤 3 中会有不同的机制或方法去查询。由于实现方法的多样性，步骤 3 的细节不再详述。

2.3.1.6　系统设计

Haery 的体系结构模块以及各个模块在体系中的作用将会被详细介绍。Haery 是在计算框架以及 HDFS 之上建立起来的，主要包括 4 个模块：元数据、代理、扩展器和计算元件。图 2-9 展示了 Haery 的体系结构。

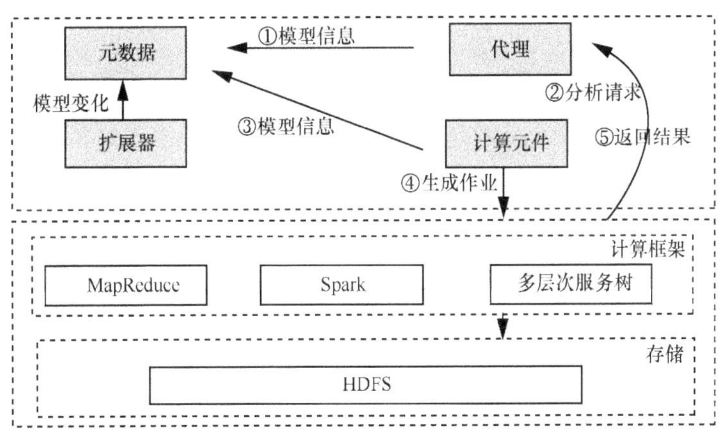

图 2-9　Haery 的体系结构

- 元数据：在这个模块中存储了关于段、维以及数据立方的所有元数据信息。段的元数据包括段码、段版本，维的元数据包括构成段的信息，数据立方的元数据包括维码、维版本等。与数据模型中存储的庞大数据量相比，这些元数据信息的存储代价可以忽略不计。
- 代理：代理将收到来自用户的请求。其工作流程是首先通过元数据的元数据信息分析和验证用户的请求；然后将用户的查询语句提交给计算元件，并且等待响应结果；最后代理将收到来自计算框架的计算结果，从而产生结果集，将结果返回给用户。

- 扩展器：扩展器是维扩展和数据立方扩展的触发器。它随时监听各个段，并且统计各个段被用户查询的频率，记录查询所需时间。通过对这些信息的分析，将会按照维扩展时机和数据立方扩展时机进行相应的扩展。最后将扩展导致数据模型发生的变化记录到元数据中。
- 计算元件：计算元件是 Haery 中最核心的模块，通过对用户查询条件的分析，运用维回溯以及段回溯的方法，计算出在各个数据模型版本中所有可能包含查询结果的单元格，然后将所需查询的文件快传递给计算框架。
- 计算框架：在学术界主要有 3 种频繁使用的计算框架，MapReduce、Spark 和 Multi-Level Serving Tree（多层次服务树），本文的研究工具可以安插在任意一种计算框架上。当计算框架接收到来自装载数据的请求时，将会向存储模块发送读取的请求；当计算框架进行数据装载时，将会向存储模块发送写入的请求。
- 存储：在物理空间中，所有单元格的数据都被存储在 HDFS 上。当接收到计算框架读取的请求时，HIDFS 会自动在存储介质上找到相应的文件；当接收到计算框架写入的请求时，会进行相关数据的写入操作。

2.3.2 Probery

大数据环境下，即时推荐、决策支持以及查询预览等商业应用对数据查询的响应时间要求越来越高。由此笔者有以下见解。

- 即使查询算法有着 $O(n)$的线性复杂度，但当 n 极大时，其时间开销也难以满足用户需求。
- 尽管一些特殊的查询算法，如 Top*k*、*K*NN、Skyline 等，算法本身存在优化的空间，但对于一般意义的查询，算法本身难以进一步优化。
- 缩小搜索范围（Search Space）是优化查询的主要思路，传统的数据分区和索引技术可以精确地缩小搜索范围，提高查询命中率，然而这些技术都依赖数据值域的良好划分和精细的数据结构，在大数据环境中维护一个精确的数据分区和索引的代价很高。
- 在很多实际应用中，人们并不需要精确的查询结果，仅需要满足一定精度要求的近似查询结果，或可以适当损失查询精度来满足性能要求。如人们在机场通过 GPS 定位服务寻找附近几个较近的餐馆时，他们并不需要非常精确的数据，相反他们对响应时间的要求会更高。

- 对于一般查询，查准率比查全率更为重要，如用户能够容忍查询返回的餐馆并非匹配条件的所有餐馆，但难以接受查询结果中包含不匹配查询条件的餐馆，这一点在大数据查询中尤为明显。

数据的不精确查询和不完全查询，在传统的数据查询中已经给出了相关定义，分别称之为查准率和查全率。两者的假想目标一致，均是通过损失查询结果提高查询的响应时间。查准率通过损失查询结果的精确程度而查全率通过损失查询结果的完整性。关于查准率的研究属于近似查询的研究范畴，当前大数据领域已有相关方面的少量研究，但是，关于查全率的研究属于精确查询的研究范畴，通过损失查询结果的完整性来提高查询的响应时间，但查询结果是准确的。

基于此，提出了大数据环境下基于概率的大数据查询方法，其核心思想是通过损失“查询结果是完整结果集的可能性”缩小搜索范围，提高查询的响应时间。作者提出查全概率这一概念，查全概率是查询结果包含所有结果集的概率，即查全率为 1 的置信度，查全概率描述了满足查全率的可靠程度。

定义 2.14　查全概率（Completeness Confidence）。查全概率 p_c 定义了查询得到的数据为满足查询条件的所有数据的置信度，也即查全率为 $r_c=1$ 的置信度。置信度描述了查全的可靠程度。置信度越高，查全的可靠程度就越高；相反，置信度越低，查全的可靠程度就越低。

查全概率 p_c 不同于查全率 r_c。例如，当查全概率为 0.9 时，表示查全的可能性为 0.9，而非查全率为 0.9，当未能查全时，查全率 r_c 可能为任意值。当样本足够大时，可以认为有 90%的查询返回了所有结果。查全概率是概率查询方法优化查询的核心思路，也是理论基础。概率查询提供了基于查全概率的数据查询，查全率 r_c 描述了查询结果的不完整程度。概率查询的一般形式为 SELECT clause RECALL *Pc* AT CONF α，其中，SELECT clause 为标准的 SELECT 语句，RECALL *Pc* 为概率查询条件，AT CONF 描述查全概率 p_c。

2.3.2.1　数据模型

数据模型描述了概率查询方法中，数据的逻辑划分及其物理组织方式。合理有

效的组织数据是实现数据有效查询的基础。数据分区（Partition）是解决数据高效查询的主要方法，也是组织数据的有效方法。不同的数据分区方法决定了数据的查询方式以及查询性能。水平分割和垂直分割是当前最为流行的两种数据分区方法。介于概率查询需要给予查询概率保证，Probery（Probability based Query）采用水平分割的方式组织数据，并根据概率查询的特性做了相应的改进。下面对数据的逻辑划分和物理组织方式进行详细介绍。

1. 逻辑模型

大数据环境下，数据的结构复杂多变，结构化数据、半结构化数据以及嵌套数据等多种数据结构并存，不论何种数据结构，其基本元素均为属性与值的组合。基于数据的这种特性，大数据环境下，通常采用 Key-Value 作为数据的典型表示方式。Key-Value 所表示数据的典型特征是：不论嵌套数据或者结构化/半结构化数据，每条数据均由多个 Key-Value 数据对组成。概率查询方法是应用于大数据环境下的查询方法，对于数据的组织方式也应基于 Key-Value 的数据表示形式。

通常，用集合来表示拥有共同特征的多个对象，数据集是拥有多个共同特征的数据的集合。概率查询方法主要应用于不同数据集的概率查询。概率查询基于这些对象的共同特性对数据进行组织。概率查询数据模型的设计需要满足以下前提假设：了解数据集的分布特征，包括各个 Key 的取值值域以及值域分布，当然，数据集的分布也可以通过采样的方法进行估计；对于数据集查询应用拥有一定的先验知识或者专家经验，已知数据集中经常用于查询条件的 Key。

基于上述假设条件，对数据集的逻辑划分与编码方法进行介绍，由于概率查询支持基于多个 Key 的概率查询，因此数据集的水平划分是在高维数据空间的划分，水平划分将高维数据空间划分为多个子空间，基于 Z 曲线对每个子空间进行编码，然后利用概率查询方法进行数据的逻辑划分与编码。下面将通过以下定义以及用例对数据集的逻辑划分与编码进行详细介绍。

定义 2.15　查询字段（Query Field）。查询字段是数据查询时所需依赖的字段。查询字段的选择依赖于数据集的先验知识或者专家经验，通常应选择数据集中的一个或者多个 Key 作为数据集的查询字段。

定义 2.16　概率字段（Probability Field）。概率字段是特殊的查询字段，用于数据的概率分布。查询字段中至少有一个字段为概率字段。

概率字段是概率查询方法的重要特性，也是概率查询实现的关键所在，能有效避免数据倾斜。关于概率字段的选择方法描述如下：依据数据集在各个查询字段的数据分布情况，选取分布不均匀的字段作为数据集的概率字段，如果数据集在各个查询字段的分布都比较均匀，则随机选择查询字段作为数据集的概率字段。概率字段可以为多个，本节为描述方便，将单独选择一个查询字段作为概率字段，该概率字段可以视为 Key-Value 存储中的行号（Row ID）字段。

定义 2.17　域（Region）。基于等宽划分（trie-based）方法，对每个查询字段（不包括概率字段）的值域进行划分，基于这些查询字段的联合划分，将数据集划分为多个子区域，将这些子区域称为域。

每个查询字段的值域基于等宽划分的方法进行划分，根据查询字段的取值类型不同，可将查询字段的等宽划分方法分为以下两种。

- 数值型数据：数值型数据可分为离散型数值数据和连续型数值数据，对于连续型数值数据，等宽划分可根据划分区间个数对值域进行等大小分割，对于区间 x 和 y，使得 $x_{end}-x_{start}=y_{end}-y_{start}$；对于离散型数值数据，可将数据按照由小到大的顺序排序，根据最小值与最大值得到值域[start, end]，然后根据连续型数据等宽划分方法对值域[start, end]等宽划分，每一个离散的取值 x 将落到其相应的划分区间[x_{start}, x_{end}]中，离散型数值数据等宽划分，每个划分区间对应的离散值个数不等，有的区间可能包括多个离散值，而有的区间可能不包括任何离散值。
- 文本型数据：文本型数据的等宽划分方法与离散型数值数据的等宽划分方法类似，首先将文本型数据取值按照其字典序进行排序，然后按照划分区间个数对排序所得值域进行等大小划分，每个离散值将落到相应的划分区间中。

定义 2.18　域编码（Region Encoding）。对于除概率字段之外的查询字段，对每个查询字段的划分区间从 0 开始进行二进制编码，每个查询字段的二进制位数相同。然后，基于 Z 曲线的编码方式对每个域进行编码，编码得到的值称之为域编码。

定义 2.19　段（Segment）。基于等宽划分（trie-based）方法，对概率字段的值域进行划分，由于概率字段与查询字段正交，基于概率字段的划分，将每个域划分为更小的子区域，将这些子区域称之为段。

定义 2.20　段编码（Segment Encoding）。段是由域沿概率字段所在维等宽划分所得，一个域中所有的段线性排列，沿着概率字段所在维由低到高对每个段进行编码，编码得到的值称之为段编码。

上述定义抽象地描述了数据集在逻辑上的组织方式，下面将通过具体实例描述多维划分及其编码的过程。例如，对于数据集 D，共有 3 个查询字段，分别为 d_1、d_2、d_3，选择 d_3 为概率字段，用 p 表示。基于 d_1、d_2、p 3 个维，数据集 D 中的数据分布在一个三维数据空间 S 中，如图 2-10 所示。首先，对 d_1、d_2 的值域区间进行等宽划分，沿 d_1、d_2 维组成的平面将数据空间 S 划分为多个子空间，每个子空间称之为域，如图 2-11 所示。图 2-11 中的子空间 $ABCD$-$A'B'C'D'$ 是数据空间 S 的一个域，数据空间 S 中的数据沿 d_1、d_2 分布在二维数据空间中，子空间的编码方式基于 Z 曲线编码方法实现，因此可基于二阶 Z 曲线编码方式进行编码，其编码结果如图 2-12 所示。最后，对概率字段 p 的区间进行等宽划分，沿划分点对域进行切割，每个域将被切分为多个段，如图 2-13 所示，其中，$EFGH$-$E'F'G'H'$ 是域 $ABCD$-$A'B'C'D'$ 等宽划分得到的一个段。

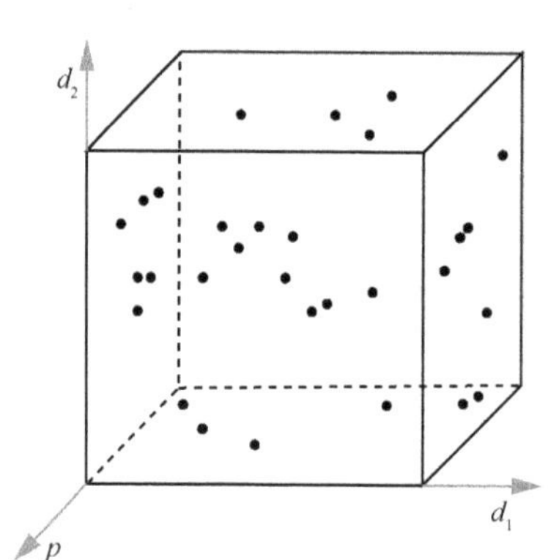

图 2-10 数据空间 S

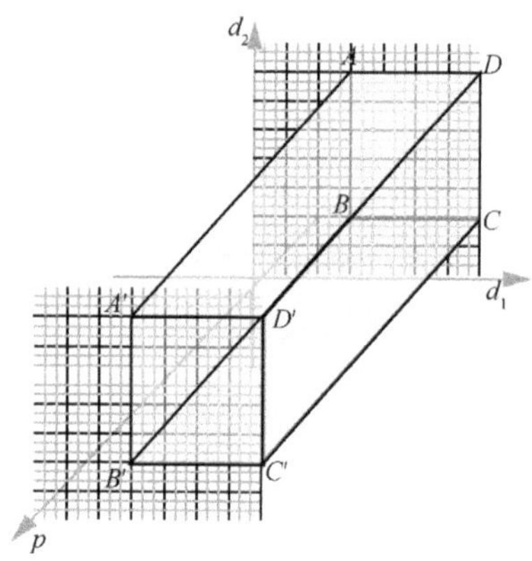

图 2-11 域划分

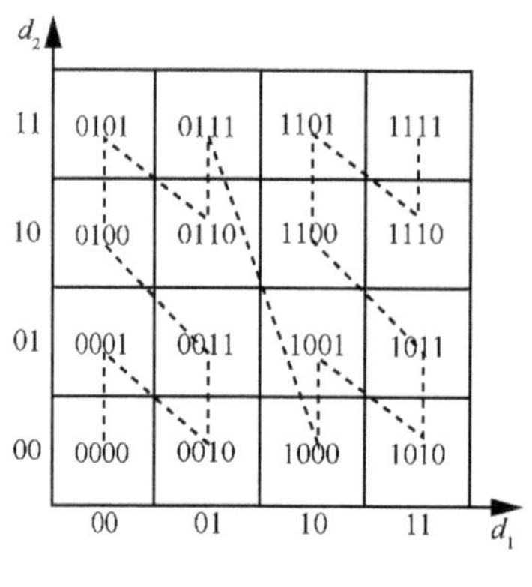

图 2-12 维编码

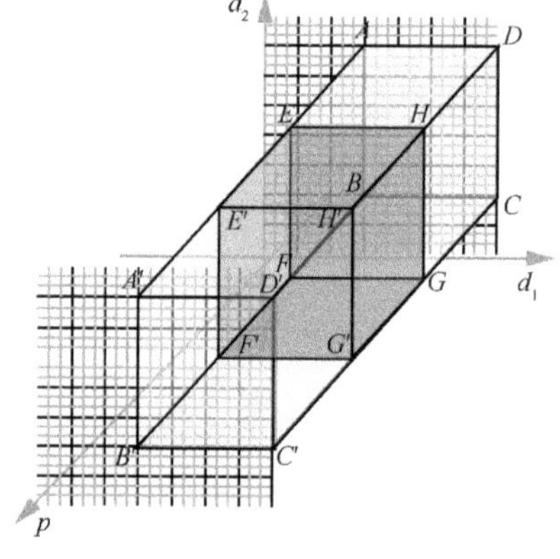

图 2-13 段划分

2. 物理模型

概率查询方法在物理上以目录和文件的形式来组织数据的存储，分别称之为表（Table）、桶（Bucket）和块（Tablet），其定义描述如下。

定义 2.21　表（Table）。表用来存储一个特定数据集，在文件系统中通过目录来表示，表名称（即目录名称）以指定数据集的名字来命名，表命名需唯一。

定义 2.22　桶（Bucket）。桶用来存储表中一个指定域中的数据集，在文件系统中通过目录来表示，桶名称（即目录名称）以对应域的域编码值来命名。

定义 2.23　块（Tablet）。块是拥有固定大小的文件，用来存储域中的数据，每个桶中有多个块，每个块中存储的数据与域中的段存在函数映射关系，该函数映射关系将在下节进行说明。

通过表、桶和块组织的数据物理存储结构如图 2-14 所示。其中，./表示查询系统的根目录（即物理命名空间），其下有多个表子目录，如 table_1、table_2、table_3 等，每个表子目录下有多个桶子目录，如在表 table_1 目录下有 0000、0001、0010 等多个桶子目录，每个桶子目录中包含多个存储实际数据的文件块，如在桶 0001 目录下有 00、01、10 等多个文件块。

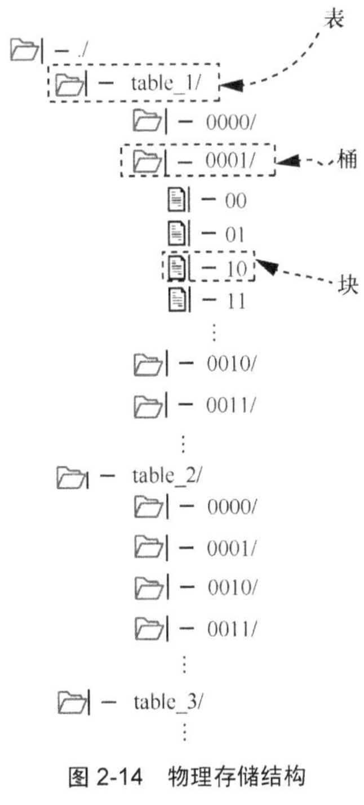

图 2-14　物理存储结构

概率查询方法是大数据环境下的一种数据查询方法，主要应用于数据的概率查询，关于数据在文件中的存储格式与概率查询方法无关，而是取决于查询方法所应用的实现机制。例如 Hive 使用 MapReduce 进行查询处理，支持的文件类型有文本文件、SequenceFile 文件以及 HFile 文件。Probery 的概率查询方法可基于各种各样的数据处理机制或查询系统实现，例如，第 2.3.2.4 节实现了支持 Drill 的概率查询系统 Probery。与此同时，不同的应用需求可能需要不同的数据存储格式，因此数据存储格式的选定与数据系统的实现机制以及应用系统的需求有关。

Apache Parquet 是一种支持高效压缩的列式数据存储格式，它既能支持简单的数据类型（如关系型数据），又能支持复杂的嵌套数据类型（如日志数据）。同时，Parquet 能够适配多种数据处理框架，如查询引擎 Hive、Impala、Drill 等，计算框架 MapReduce、Spark 等。Parquet 拥有丰富的数据表达能力、高效的数据压缩和模式编码能力、数据处理框架的普遍使用能力，已经在大数据界得到普遍认可和广泛应用。Probery 的概率查询方法可基于各种各样的数据处理框架实现，支持不同场景下的不同数据类型，Parquet 具有普遍使用性和丰富的表达性，因此，Probery 采用 Parquet 作为数据存储格式。

Parquet 在数据存储的过程中，将文件按层次划分为 Row group、Column chunk 以及 Page，以下分别对这 3 个概念进行描述。

- Row group：数据文件在逻辑上的水平划分，一个 Row group 由数据集每个列的 Column chunk 组成。
- Column chunk：Column chunk 是 Row group 组中每个列的数据存储单元，数据在 Column chunk 中连续存储。
- Page：Column chunk 划分为多个 Page，Page 中的数据在压缩和编码上被视为不可分割的单元。

通过上述描述可知，Parquet 将文件水平划分为多个 Row group，行组中的数据按列存储格式进行存储，在 Row group 中，每列数据被存储在 Column chunk 中，而每一个 Column chunk 可进一步划分为多个 Page，Page 是一个不可分割的单元，用于数据的压缩与编码。图 2-15 展示了一个 Parquet 文件格式用例，该用例文件共包含 N 列，被划分为 M 个 Row group。由图 2-15 可知，Parquet 依次对 M 个 Row group 的数据进行存储，在每个 Row group 中，又分别对 N 列数据的 Chunk 进行存储。关于 Parquet 存储格式的研究与应用远远不止于此，本节仅对 Parquet 文件存储格式进

```
4-byte magic number "PAR1"
<Column 1 Chunk 1 + Column Metadata>
<Column 2 Chunk 1 + Column Metadata>
...
<Column N Chunk 1 + Column Metadata>
<Column 1 Chunk 2 + Column Metadata>
<Column 2 Chunk 2 + Column Metadata>
...
<Column N Chunk 2 + Column Metadata>
...
<Column 1 Chunk M + Column Metadata>
<Column 2 Chunk M + Column Metadata>
...
<Column N Chunk M + Column Metadata>
File Metadata
4-byte length in bytes of file metadata
4-byte magic number "PAR1"
```

图 2-15　Parquet 文件格式

行简单的介绍，若需更加深入理解 Parquet 的原理以及应用方法，仍需参考官方网站（http://parquet.apache.org/）以及参考文献[7]。

3. 映射函数

数据模型描述了数据集在逻辑上和物理上的组织方式，数据集在逻辑上被划分为多个域，每个域包含多个段；在物理上通过文件和目录进行组织和存储。概率查询将数据集在逻辑上的组织方式称之为数据集的逻辑结构，将数据集在物理上的组织方式称之为数据集的物理结构。为实现数据集的概率查询，需要将数据集的逻辑地址映射到数据集的物理地址，数据集的逻辑结构与物理结构之间存在 3 种映射关系，分别是数据集与表之间的映射、域与桶之间的映射以及段与块之间的映射，下面分别对这 3 种映射关系进行介绍。

（1）数据集与表之间的映射

数据集与表之间的映射关系是双射关系，每个数据集有且仅有一个表与其对应。数据集与表之间的映射函数是一个一元函数，$t=n(d)$，$t\in T$，$d\in D$ 描述了该映射关系，d 是数据集集合 D 中任意数据集，t 是表集合 T 中的一个表。数据集与表之间的映射函数 $n(d)$通过数据集命名来实现，即对于一个指定名称的数据集，在其物理空间中有且仅有一个与其命名相同的表存储，例如，对于数据集 dataset，其在物理空间的存储目录为./dataset/，前缀./表示查询系统的物理命名空间。

（2）域与桶之间的映射

域与桶之间的映射关系也是双射关系，数据集中每个域在表中有唯一的桶与之对应。域与桶之间的映射函数是一个二元函数，需要通过数据集名称和域编码共同决定，其函数表示为 $b=z(r,t)=z(r,n(d))$，$r\in T$，$b\in B$。r 是数据集 d 中划分所得域集合 R 中任意一个域，b 是桶集合中的一个桶。域与桶之间的映射函数 $z(r,t)$通过域编码来实现，每个域拥有唯一的域编码，该编码值将被映射到拥有相同名称的桶中，例如，对于数据集 dataset 中的域 0101，其在物理空间的存储目录为./dataset/0101/，其中子目录 0101/表示桶目录。

（3）段与块之间的映射

段与块之间的映射关系是多对多的关系，即域中的段可能与多个块对应，每个块也可能与多个段对应。段与块之间的映射函数是一个三元函数，段所对应的数据块需要通过段、段所在的域以及域所在的数据集来共同决定，其函数表达式为：

$$t_a = g(s,b) = g(s,z(r,t)) = g(s,z(r,n(d))),\ s\in S,\ t_a\in T_a \tag{2-1}$$

其中，函数 $z(r, t)$决定数据所在的桶，再通过函数 $g(s, b)$决定数据所在的块，s 表示段集合中任意一个段，t_a是块集合 T_a 中的一个块。例如，对于段 02，它是数据集 dataset 0101 中的段，其在物理空间对应的块可能为./dataset/0101/01，./dataset/0101/02,…，./dataset/0101/0n。段与块之间的映射通过函数 $g(s, b)$实现，函数 $g(s, b)$是概率散列函数。

定义 2.24 概率散列函数（Probability Hash Function）。概率散列函数是指将段中的数据以不同概率映射到不同的块中，其不同于随机散列函数，随机散列函数的数据分布是均匀的，而概率散列函数的数据分布是不均匀的。

概率散列函数是基于概率查询方法自身的特性设计，概率散列函数的设计原因主要有以下两方面：由于段是沿着数据分布相对不均匀的概率字段划分所得，域中各个段的数据分布极不均匀，若将特定的段映射到特定的块中，极可能引起数据倾斜，因此将每个段的数据概率映射到多个不同块中，能有效避免数据倾斜；概率散列函数是实现概率查询的基础所在，概率分布算法基于概率散列函数设计。

概率散列函数的概率散列特性是基于概率密度函数实现的，概率密度函数描述了段中数据在各个块的概率分布情况，选择合适的概率密度函数是实现概率散列函数的关键所在。对于段 s，设有 n 个块与之对应，分别为 $t_{a1}, t_{a2}, t_{a3},\cdots, t_{an}$，段 s 在这 n 个块的概率密度函数为 $f(s)$，则数据在这 n 个块的概率分布可由式（2-2）求解，p_m 表示段 s 在第 m 个块的概率分布，值 p_m 是在 n 个块概率分布归一化的结果。通过归一化，

可实现将段 s 中的数据以 100%的概率映射在 n 个块中。基于段数据在各个块的概率分布，将段中数据以不同的概率映射到不同的块中，即可实现概率散列函数：

$$p_m = \frac{\int_{m-1}^{m} f(s)\mathrm{d}s}{\int_{0}^{n} f(s)\mathrm{d}s},\ 1 \leqslant m \leqslant n \tag{2-2}$$

概率密度函数描述了数据集在各个块的概率分布情况，是概率散列函数实现的依据所在，Probery 选取线性分布作为概率密度函数，即 $f(s)=as+b$，其主要原因如下。

- 数据查询优化的核心思想是分区（Probery 将此称为域），为避免数据倾斜，通常将分区数据均匀分布在多个文件中存储。
- 概率查询将域进一步划分为段，要求段数据在各个块的概率分布不均等，但域中数据的总体分布仍是均匀分布，符合数据查询的优化思路。
- 容易证明，n 次概率密度函数的概率分布函数为（n+1）次函数，段数据概率分布仍为 n 次函数，概率查询选取线性函数作为概率密度函数，能有效避免因 n 次概率密度函数造成的数据分布急剧倾斜，影响概率查询。
- 概率查询作为一种新型的数据查询方式，线性分布是概率查询本身特有的素有需求。

2.3.2.2　数据分布

1. 相关定义

根据第 2.3.2.1 节数据模型的介绍，本节首先定义数据分布和查询算法应用的查询模型，其次对 Probery 涉及的一些相关概念进行描述。

应用模型是实际用例的抽象描述，是实际问题的符号化表示，通过定义应用模型，可以对概率分布算法和概率查询算法更加全面、通俗地表述。应用模型假设数据集 D 共有一个查询字段 d 和一个概率字段 p，将查询字段等宽划分为 n 个区间，那么数据集 D 共有 n 个域，分别为 $r_1, r_2, r_3,\cdots, r_n$，用集合 $R=\{r_1, r_2, r_3, \cdots, r_n\}$表示；将概率字段等宽划分为 m 个区间，则每个域共有 m 个段，对于 $\forall r_i \in R(1 \leqslant i \leqslant n)$，有 m 个段与其对应，分别为 $s_{i1}, s_{i2}, s_{i3},\cdots, s_{im}$，域 r_i 中的 m 个段用集合 $S_i=\{s_{i1}, s_{i2}, s_{i3},\cdots, s_{im}\}$表示，$r_i$ 中的第 j 个段用 s_{ij}（$1 \leqslant i \leqslant n,\ 1 \leqslant j \leqslant m, s_{ij} \in S_i$）表示。基于查询字段 d 和概率字段 p，共将数据集 D 划分为 $n \times m$ 个段。

数据集 D 中的 n 个域沿查询字段 d 线性化编码，所有的域沿一维线性空间排列，其编码值为 1~n。数据集 D 在物理上由一个目录 table 表示，目录地址是./d/。将线性化的域向物理空间映射，各个域分别映射到./d/中的 n 个桶中，每个桶有

l 个块，用于域中 m 个段的概率映射，域中任意一个段分别以不同的概率分布到 l 个块中。

在概率分布与概率查询算法的介绍中，将可能涉及段分布、段变换、块分组等概念，下面结合上述应用模型分别对这些概念进行介绍。

定义 2.25 段分布（Segment Distribution）。段在各个块的概率分布称之为段分布。段分布在各个块的取值是离散的。各个段在 l 个块的概率分布可基于概率密度函数求解，各个段在 l 个块的概率分布集相同，用 $P=\{p_1,p_2,p_3,\cdots,p_l\}$ 表示段的概率分布集。

定义 2.26 段变换（Segment Exchange）。段变换是指应用一定规则变换段分布集的顺序，使得相邻两个段的段分布顺序不同。应用段变换的目的在于避免数据倾斜，由于段在各个块的概率分布呈线性分布，多个段数据可能映射到相同的块，如果所有段在同一个块的概率分布都非常高，那么多个段同时高频率读写同一个块可能引起数据倾斜。

Probery 采用一种朴素的段变换规则，对于 $\forall s_{ij}$， $s_{ij+1}\in S_i$， s_{ij} 在 l 个块的段分布线性递增，s_{ij}+1 在 l 个块的段分布线性递减。也就是说，如果段编号是偶数，段分布线性递增，如果段编号是奇数，段分布线性递减，或者相反。

定义 2.27 块分组（Tablet Group）。段中数据同时概率分布到 l 个块中，这同时参与数据存储的 l 个块称之为块分组。一个桶中可能存在多个块分组，用 T_w=$\{t_{w1}$, t_{w2}, t_{w3},$\cdots$, $t_{wl}\}$ 表示第 w 个块分组。

定义 2.28 段堆积（Segment Accumulation）。段堆积表示一个段在一个块分组的数据放置次数。对于 $\forall s_{ij}\in S_i$， s_{ij} 的段堆积用 $G_{ij}=\{g_{ij}^1,g_{ij}^2,g_{ij}^3,\cdots,g_{ij}^w\}$ 表示，其中 g_{ij}^w 表示 s_{ij} 在块分组 T_w 的数据放置次数。

定义 2.29 存在率（Presence Probability）。存在率表示段中的数据在某一个块存在可能性的大小。存在率的大小与段堆积以及段在该块的段分布相关，有关存在率大小的求解方法将在概率分布小节进行详细介绍。

2. 概率分布

数据从逻辑区间到物理存储是一个概率映射的过程，同一段数据可能被分布到不同的块存储，数据概率分布存储虽然避免了数据倾斜，但一定程度上也增加了数据存储的不确定性，需要一定的数据保证机制。本节介绍大数据概率查询的数据概率分布算法，包括数据概率分布存储的过程以及数据不确定性存储的保证机制。

数据概率分布算法包括单段数据的概率分布算法和多段数据的概率分布算法。

多段数据的概率分布是单段数据概率分布在多个段的混合应用，单段数据概率分布是多段数据概率分布设计的基础，概率分布算法主要使用多段数据的概率分布。

（1）单段数据概率分布

单段数据概率分布描述任意一个段 s_{ij} 在块分组 T_w 中的数据概率分布。由第 2.3.2.1 节介绍可知，段 s_{ij} 在 l 个块的概率分布为 $P=<p_1, p_2, p_3,\cdots, p_l>$ $(P = P_o \| P_e)$，即段 s_{ij} 中的数据以 p_δ（$1\leqslant\delta\leqslant l$）的概率分布到块 $t_{w\delta}$ 中。

单段数据概率分布如图 2-16 所示，段 s_{ij} 在同一块分组中各个块的段堆积相同，段 s_{ij} 在不同的块分组中的段堆积不同，这是因为段 s_{ij} 中的数据是概率分布到不同的块中，单次概率映射可能映射到块分组不同的块中，因此应该以块分组为单位来计量段堆积。单段数据的概率分布过程描述如下。

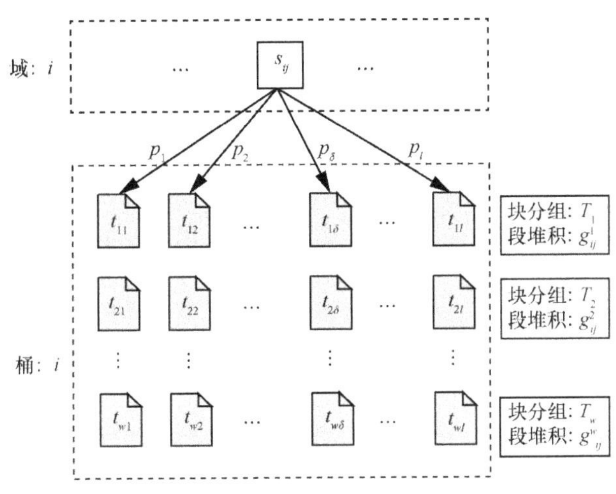

图 2-16　单段数据概率分布

步骤 1　将 s_{ij} 的段分布通过段变换求解其在各个块的概率分布。

步骤 2　判断物理存储空间是否有保存段 s_{ij} 的桶，若没有，执行步骤 3；若有，则执行步骤 4。

步骤 3　在与段 s_{ij} 对应的表中创建桶 i，执行步骤 4。

步骤 4　通过概率散列函数分别以不同的概率将 s_{ij} 映射到桶 i 不同的块中，判断对应的块是否存在，若不存在，执行步骤 5；若存在，执行步骤 6。

步骤 5　创建块分组 T_w，即分别创建 $t_{w1}, t_{w2},\cdots, t_{wl}$ 共 l 个块，执行步骤 7。

步骤 6　判断块分组 T_w 的最大文件块是否达到指定文件大小，若没有，执行步骤 7，若有，执行步骤 5，令 $w=w+1$。

步骤 7 将数据添加到相应的块中，并将段 s_{ij} 在该块分组的数据放置次数加 1，即 $g_{ij}^{w}=g_{ij}^{w}+1$。

在介绍单段数据概率分布之后，进一步介绍多段数据概率分布。

（2）多段数据概率分布

多段数据概率分布是单段数据概率分布在相同域空间中多个段上的应用。对于 $\forall s_{ij},s_{ij+1}\in S_i$，段 s_{ij} 和段 s_{ij+1} 分别以 P_o 或者 P_e 概率映射到对应桶的 l 个块中。多段数据概率分布如图 2-17 所示，块分组中的块可能接收其对应域的任意一个段放置的数据，因此每个块存储的是域中所有段的混合数据。

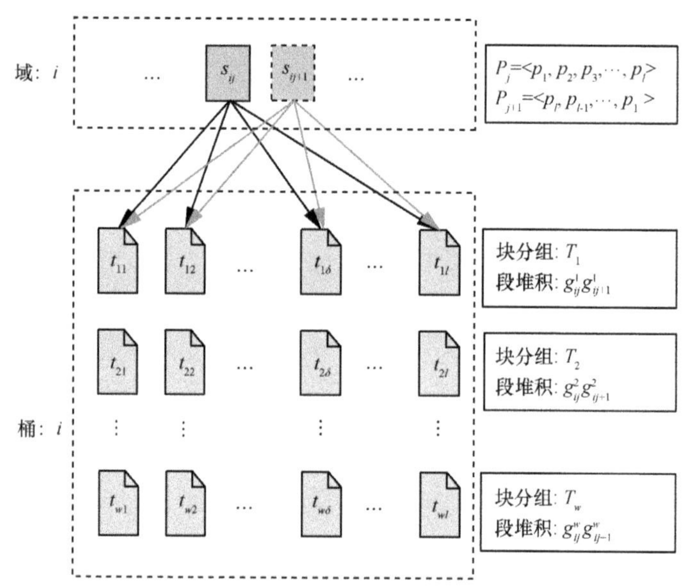

图 2-17 多段数据概率分布

相同域中多段数据之所以能够混合存储，原因如下。

- 这些段中的数据基于查询字段属于相同的划分区间，其在查询字段取值邻近。
- 单段数据概率分布使得物理存储空间文件碎片过多，块数量相对于段数量以 l 倍的量级递增，使得文件系统命名空间压力过大。
- 域中相邻两个段在同一个块的概率分布取值顺序相反，一定程度上规避了数据倾斜，使得域中各个段数据存储的负载均衡均等化。
- 概率查询算法的需求，单段数据的概率分布使得数据查询仅能支持查全率，而无法给予查全概率的保证。

基于上述理由，概率分布算法应采用的数据分布方法是多段数据概率分布方法。

多段数据概率分布算法流程与单段数据概率分布算法流程相似，唯一不同之处在于，单段数据的概率分布存储块分组仅接收某一段中的数据，而多段数据概率分布存储块分组接收来自相应域所有段的数据，并记录各个段的段堆积。除此之外，两者之间完全相同，在此不再赘述。

3. 概率分布保证

概率分布算法允许多个段中的数据概率分布在相同的多个块上，使得特定段中数据的存储具有不确定性，即数据可能在段所对应桶中所有的块中都存储数据。数据存储的不确定性是概率查询方法的独特之处所在，关于该设计的理由已在多段数据概率分布小节阐明，同时，数据存储的不确定性也为概率查询算法的研究奠定了基础。

当然，数据的概率分布存储并不是随意分配数据的存储，其拥有一套完整的概率分布保证机制，保证数据的不确定性存储。概率分布保证机制主要通过块命名、块分布以及存在率 3 个机制来实现。

根据数据概率分布存储小节的描述可知，同一域中多个段的数据概率分布在对应桶中的多个数据块中，这些数据块以块分组的形式进行划分，多个块分组之间互不影响，因此可通过矩阵来描述桶中块的分布情况，如图 2-18 所示，该矩阵的每一行表示一个块分组，对于特定的段，每一列中各个块的概率分布大小相同。

$$\begin{bmatrix} t_{11} & t_{12} & \cdots & t_{1l} \\ t_{21} & t_{22} & \cdots & t_{2l} \\ \vdots & \vdots & & \vdots \\ t_{w1} & t_{w2} & \cdots & t_{wl} \end{bmatrix}$$

图 2-18 块分布矩阵

顾名思义，块命名机制是在块的创建过程中为每个块命名，块命名规则描述如下。假设块分组个数 l 是 m 位整数，块分组号用 w 表示，块分组中每个块的块编号用 n 表示，则每个块的块名可用 $name=w\times10^m+n$ 计算求出。例如，每个块分组中块的个数是 10，2 位整数，块分组号为 2，块编号为 5 的块命名为 205。

块分组机制不仅是为了更好地区分块分组以及寻找块分组中的各个块，而且每个块都有其存在的独特意义，需要通过命名加以区分。这是由于各个块分组的段堆积以及块分组中各个块的概率分布不相同，决定了块分布以及各个块的数据存在概率不同，因此对于每一个块通过命名进行区分是必要的。

块分布机制描述了特定段中数据在各个块的数据分布情况。对于 $\forall s_{ij} \in S_i$， s_{ij} 在各个块的数据分布情况与该段数据的概率分布以及该段数据在各个块分布的段分布有关。图 2-19 表示了段 s_{ij} 在各个块分组的段堆积以及在各个块的概率分布，段 s_{ij} 在各个块的数据分布大小可用式（2-3）求解，段 s_{ij} 在块的数据分布用 d_{ij}^{name} 表示：

$$d_{ij}^{name} = \frac{g_{ij}^{x}}{\sum_{1}^{w} g_{ij}^{x}} \times p_n, \ 1 \leqslant x \leqslant w \tag{2-3}$$

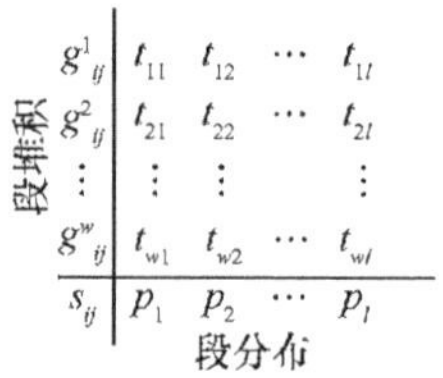

段堆积				
g_{ij}^{1}	t_{11}	t_{12}	$\cdots$	t_{1l}
g_{ij}^{2}	t_{21}	t_{22}	$\cdots$	t_{2l}
$\vdots$	$\vdots$	$\vdots$		$\vdots$
g_{ij}^{w}	t_{w1}	t_{w2}	$\cdots$	t_{wl}
s_{ij}	p_1	p_2	$\cdots$	p_l
	段分布			

图 2-19 s_{ij} 的段堆积与段分布

块分布描述了段中数据在各个块所占的比例，即段中数据在该块的查全率。Probery 采用基于查全概率的查询方法，已知块中数据在各个块的查全率是概率查询保证查全的关键所在，也是确定数据查询误差的主要工具。

存在率描述了段中数据在各个块存在可能性的大小。存在率的大小与段分布以及段堆积有关，对于段 s_{ij}，其段分布以及在各个块分组的段堆积如图 2-19 所示，段 s_{ij} 在各个块的存在率用 p_{ij}^{name} 表示，则段 s_{ij} 在块 *name* 的存在率求解如式（2-4）所示，p_{δ} 表示段 s_{ij} 在块 *name* 的段分布。

$$p_{ij}^{name} = 1-(1-p_{\delta})^{g_{ij}^{w}} \tag{2-4}$$

概率查询给予查全概率的保证，即在给定置信度下查全数据，查全率由块分布来保证，而置信度则由存在率来保证。综上所述，概率分布保证机制通过块命名机制对各个块进行区分表示，通过块分布确定段中数据在各个块的查全率，而存在率则给予查全概率的保证。

2.3.2.3 概率查询

置信搜索算法能提供查全概率保证，该算法的核心思想是：通过查全概率决定是否应该舍弃一些存在率较低的块，如果查全概率为 1，则需要处理所有块，返回查询结果；如果查全概率不为 1，则可以舍弃部分存在率较低的块，使查全概率满足保证。

置信搜索算法分为启发式置信搜索算法和非启发式置信搜索算法，算法分为两种的目的在于不论什么情况下，基于置信度的概率查询能够保证所有的块均能被查到。其中，启发式置信搜索算法从 m 个块中随机舍弃一些存在率较低的块，使剩下的块满足查全概率的保证；而非启发式置信搜索算法从 m 个块中直接舍弃存在率最低的一些块，使剩下的块满足查全概率的保证。

非启发式置信搜索算法步骤如下。

步骤 1　对段所对应桶中所有块的存在率进行归一化处理，使得段数据在与其相对应的桶中存在概率为 1。

步骤 2　对查全随机填充算法所选择的 m 个块按照存在率从小到大的顺序排序，假设其顺序为 $d_1, d_2, d_3,\cdots, d_m$。

步骤 3　依次求解 $d_{1\sim m}$ 块的不存在概率（即 $1-p_{ij}^{name}$），并判断不存在概率是否大于 α，若大于则将该块放入 T 中，直至块的不存在概率小于 p_c 终止，将剩下的所有块放入 S 中。

步骤 4　在 T 中按不存在概率由大到小的顺序对不存在概率进行迭代相乘，直至不存在概率之积小于 α 停止，将迭代相乘乘积大于 α 的块从 T 中删除。

步骤 5　若 T 中有剩余元素，则令 $S=S\cup T$，S 即需要查询的数据块。

启发式置信搜索算法步骤如下。

步骤 1　对段所对应桶中所有块的存在率进行归一化处理，使得段数据在与其相对应的桶中存在概率为 1。

步骤 2　对查全随机填充算法所选择的 m 个块按照存在率从小到大的顺序排序，假设其顺序为 $d_1, d_2, d_3,\cdots, d_m$。

步骤 3　依次求解 $d_{1\sim m}$ 块的不存在概率（即 $1-p_{ij}^{name}$），并判断不存在概率是否大于 α，若大于则将该块放入 T 中，直至块的不存在概率小于 α 终止，将剩下的所有块放入 S 中。

步骤 4　在 T 中随机选择两个块放入 G 中，求解这两个块的不存在概率之积 q。

步骤 5　判断其不存在概率之积 q 是否大于 α，如果大于 α，则执行步骤 6，若小于 α，则执行步骤 7；如果 $q\approx\alpha$ 或者 T 为空，则执行步骤 8。

步骤 6 从 T 中删除所选的块，并从中再随机选择一个块放入 G 中，将其不存在概率与之前的积相乘，使 $q=q\times p_{ij}^{name}$，执行步骤 5，如图 2-20 所示。

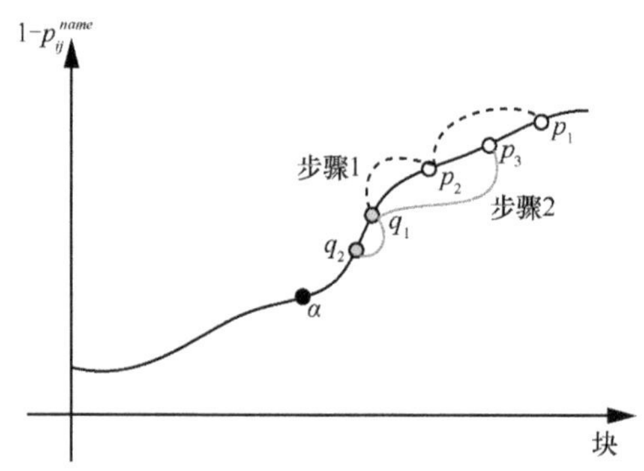

图 2-20　不存在概率之积大于 α 情形 1

步骤 7 放弃 G 中不存在概率较小的块，将其放入 S 中，继续从 T 中选择不存在概率较大的块，将其不存在概率与之前的积相乘，使 $q=q\times p_{ij}^{name}$，执行步骤 5，如图 2-21 所示。

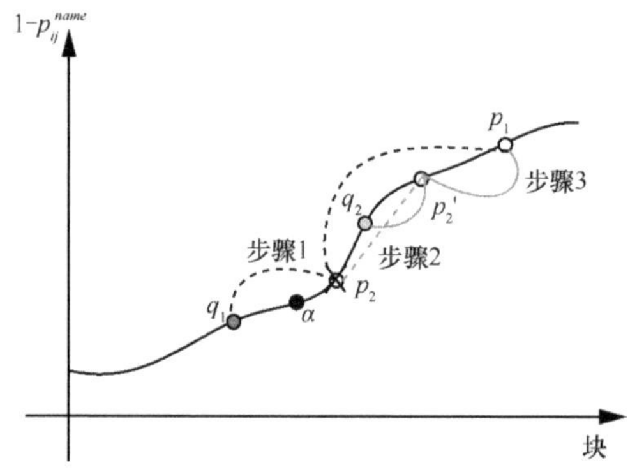

图 2-21　不存在概率之积大于 α 情形 2

步骤 8 若 T 中有剩余元素，则令 $S=S\cup T$，S 即需要查询的数据块。

不论启发式置信搜索算法还是非启发式置信搜索算法，置信搜索算法实现的物理意义是一致的。查全概率保证通过数据在块上的存在概率来实现，也就是说，在一个块上不存在数据的可能性的大小决定了数据完全存在于其他块上的可靠程度。对于 $d_1, d_2, d_3,\cdots, d_m$ 这 m 个块，段 s_{ij} 在各个块的存在概率分别为 $p_1, p_2,\cdots,p_m$，那么段 s_{ij} 中的数据完全存在于块 $d_{1\sim m-1}$ 的概率为 $1-p_m$，段 s_{ij} 中的数据完全存在于

块 $d_{1\sim m-2}$ 的概率为 $(1-p_m)\times(1-p_{m-1})$，段 s_{ij} 中的数据完全存在于块 $d_{1\sim m-n}$ 的概率为 $\prod_{m-n+1}^{m}(1-p_i)$。

查询误差（Query Error）描述了实际查询结果数据量与满足查询条件的所有数据量的差距，查询误差主要使用查询误差公式对查询误差进行估计。通过查询误差估计求解公式可知，求解查询误差的关键在于求解实际查全率，实际查全率可通过块分布来估计。

通过置信搜索算法，概率查询可以获取查询实际应该处理的块，设共有 n 个块，其中 m 个块需要查询处理，剩余（$n-m$）个包含待查数据的概率很低，但仍然存在这种可能，因此概率查询的实际查全率很可能不为 1。对剩余（$n-m$）个块采样或同级可以获得的实际查全率，也就是概率查询的误差。综上，概率查询算法提供的查询误差仅是理论查询误差，是对真实查询误差的估计，真实查询误差与实际数据分布和查询有关。

2.3.2.4　系统设计

图 2-22 描述了 Probery 系统实现栈，Probery 系统包括 SQL-Like 查询接口、元数据、概率查询组件和数据装载组件 4 个组件。底层拥有丰富的大数据存储组件与计算组件的支持，Probery 支持将数据存储在各种分布式文件系统中，如 HDFS、GFS、Amazon S3 等。同样，Probery 也支持不同的计算框架，如 MapReduce、Spark、MPP 等。Probery 也可基于现有的大数据精确查询系统来实现，如 Hive、Spark SQL 以及 Drill 等。

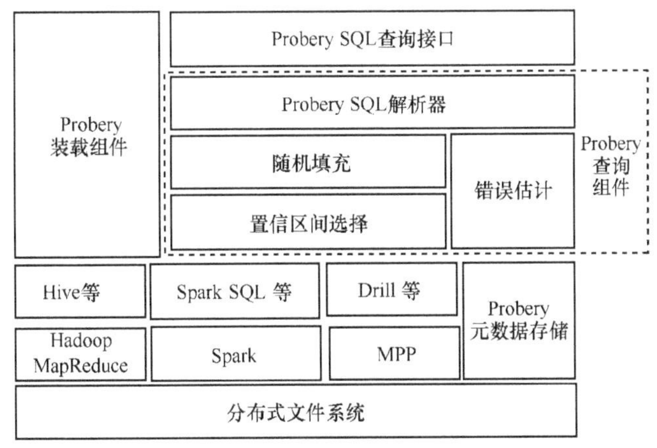

图 2-22　Probery 系统实现栈

在存储组件方面，Probery 选择 Hadoop 分布式文件系统作为大数据概率查询系统的存储组件。这是因为 Hadoop 作为大数据技术中备受瞩目的开源系统，已经经过近十年的发展与使用，现在广泛应用于各种各样的工业环境。HDFS 作为 Hadoop 的存储组件，具有高扩展性、高可用性以及高吞吐量等特性，在业界已经得到广泛使用，例如阿里巴巴、腾讯等公司的大数据平台均采用 HDFS 作为数据存储组件，此外，产业界已有许多基于 HDFS 封装的组件，如 Pail（DFS-Datastore）[53]等，以方便 HDFS 的使用。

在计算组件方面，Apache Drill 是受 Google Dremel 的启发而设计的大数据交互式查询系统，Probery 选择 Drill 作为计算组件来实现大数据查询处理。Probery 选择 Drill 作为计算组件主要有以下 4 方面的原因：相较于 MapReduce、Tez 以及 Spark 等计算框架，Drill 采用多级执行树的 MPP 技术，而且通过基于规则以及基于代价的技术对查询处理进行优化，使得 Drill 具有高吞吐量、低时延的特性，性能优于 MapReduce、Tez 以及 Spark 等计算框架；Drill 支持丰富的数据源，允许将分布式文件系统、HBase、MongoDB 等作为数据存储系统，支持多个数据源的并发访问，而且，Drill 支持实现满足自身需求的存储组件插件；Drill 支持模式自由的数据类型，如 Parquet、JSON（JavaScript Object Notation）以及 CSV（Comma-Separated Value）等文本文件，也就是说，Drill 可以直接查询各种各样的数据类型，而不需要在查询时进行格式转换；Apache Drill 已经是经过 Apache 认证的开源项目，现在已经更新到 1.9 版本，而与其具有同样特性的 Impala，现正处于 Apache 孵化项目阶段。基于上述原因，Probery 选择 Apache Drill 作为系统的计算组件。

Probery 的系统架构如图 2-23 所示，共包括 SQL-Like 查询接口、元数据、数据装载组件、数据查询组件以及 Hadoop 分布式文件系统 5 个组件。

① SQL-Like 查询接口：该组件是 Probery 的访问接口，Probery 支持类 SQL 的查询语句，该组件主要用于接收来自用户的 SQL-Like 查询请求，并对查询语句的语法以及语句进行验证，若请求合理，则将查询请求发送给 Probery 查询组件④，进行进一步的分析与查询；若请求不合理，则要求用户重新发送查询请求。

② 元数据：Probery 在数据装载与查询的过程中，需要对元数据进行管理与维护，Probery 的元数据主要包括数据集的段分布、段堆积等。Probery 将元数据以 JSON 文件的形式存储在 Hadoop 分布式文件系统⑤中，允许 Drill 对元数据进行访问。

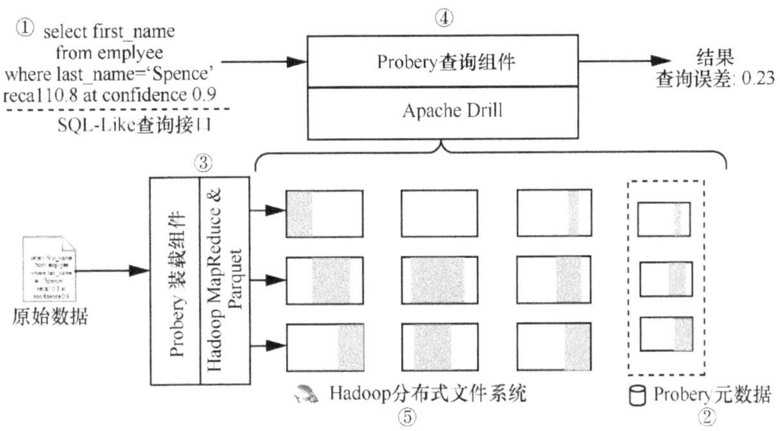

图 2-23　Probery 的系统架构

③ 数据装载组件：Probery 数据装载组件主要负责将系统外部的原始数据装载到系统中。数据装载组件基于数据概率分布算法实现，利用 Hadoop MapReduce 将数据装载到 Hadoop 分布式文件系统⑤中，并将产生的元数据存储在元数据组件②中。

④ 概率查询组件：该组件主要负责数据的概率查询工作。概率查询引擎接收来自 SQL-Like 查询接口①的查询请求，对查询请求进行一系列查询优化，转换为 Drill 可识别的查询语句，由 Drill 查询存储在 Hadoop 分布式文件系统⑤中的数据，并将查询结果返回给用户，同时，概率查询引擎也负责计算查询误差。

⑤ Hadoop 分布式文件系统：该组件主要负责数据集以及元数据的存储。HDFS 作为 Probery 系统的存储组件，部署在多个机器上，支持数据的高并发读写访问。HDFS 需要接收来自数据装载组件③的数据批量写操作以及来自数据查询组件④的数据批量读操作。

参 考 文 献

[1] LI G J, CHENG X Q. Research status and scientific thinking of big data[J]. Bulletin of Chinese Academy of Sciences, 2012, 27(6): 647-657.

[2] CHEN M, MAO S W, LIU Y H, et al. Big data: a survey[J]. Mobile Networks and Applications, 2014, 19(2): 171-209.

[3] Apache Hadoop[EB/OL]. [2017-04-10]. http://hadoop.apache.org/.

[4] DEAN J, GHEMAWAT S. MapReduce: simplified data processing on large clusters[J]. Communications of the ACM, 2008, 51(1): 107-113.

[5] BELL J. Apache Spark[M]. Hoboken: John Wiley & Sons, 2015.

[6] ZAHARIA M, CHOWDHURY M, FRANKLIN M J, et al. Spark: cluster computing with working sets[C]//Usenix Conference on Hot Topics in Cloud Computing, June 22-25, 2010, Boston, MA, USA. Berkeley: USENIX Association, 2010: 10.

[7] MELNIK S, GUBAREV A, LONG J J, et al. Dremel: interactive analysis of web-scale datasets[J]. Proceedings of The VLDB Endowment, 2010: 330-339.

[8] DEAN J. Challenges in building large-scale information retrieval systems: invited talk[C]//International Conference on Web Search and Web Data Mining, February 9-12, 2009, Barcelona, Spain. New York: ACM Press, 2009: 1.

[9] THUSOO A, SARMA J S, JAIN N, et al. Hive-a petabyte scale data warehouse using Hadoop[J]. Inproc Icde, 2010, 41(3): 996-1005.

[10] Apache Hive[EB/OL]. [2017-04-10]. http://hive.apache.org/.

[11] SAHA B, SHAH H, SETH S, et al. Apache tez: a unifying framework for modeling and building data processing applications[C]//ACM SIGMOD International Conference on Management of Data, May 31-June 4, 2015, Melbourne, Victoria, Australia. New York: ACM Press, 2015: 1357-1369.

[12] Apache Tez[EB/OL]. [2017-04-10]. http://tez.apache.org/.

[13] CHATTOPADHYAY B, LIN L, LIU W R, et al. Tenzing a SQL implementation on the MapReduce framework[J]. DBLP, 2012(4): 1318-1327.

[14] Apache Spark[EB/OL]. [2017-04-10]. http://spark.apache.org/.

[15] ZAHARIA M, CHOWDHURY M, FRANKLIN M J, et al. Spark: cluster computing with working sets[C]//Usenix Conference on Hot Topics in Cloud Computing, June 22-25, 2010, Boston, MA, USA. Berkeley: USENIX Association, 2010: 10.

[16] XIN R S, ROSEN J, ZAHARIA M, et al. Shark: SQL and rich analytics at scale[C]//ACM SIGMOD International Conference on Management of Data, June 22-27, 2013, New York, USA. New York: ACM Press, 2012: 13-24.

[17] Hive on Spark[EB/OL]. [2017-04-10]. https://cwiki.apache.org/confluence/.

[18] ARMBRUST M, XIN R S, LIAN C, et al. Spark SQL: relational data processing in spark[C]//ACM SIGMOD International Conference on Management of Data, May 31- June 4, 2015, Melbourne, Victoria, Australia. New York: ACM Press, 2015: 1383-1394.

[19] ZHAN J, HAN R, WENG C. Big data benchmarks, performance optimization, and emerging

hardware[M]. New York: Springer International Publishing, 2014.

[20] MELNIK S, GUBAREV A, LONG J J, et al. Dremel: interactive analysis of web-scale datasets[J]. Proceedings of the VLDB Endowment, 2010, 54(6): 330-339.

[21] DEAN J. Challenges in building large-scale information retrieval systems: invited talk[C]//International Conference on Web Search and Web Data Mining, February 9-12, 2009, Barcelona, Spain. New York: ACM Press, 2009: 1.

[22] Apache Parquet[EB/OL]. [2017-04-10]. http://parquet.apache.org/.

[23] Apache Drill[EB/OL]. [2017-04-10]. http://drill.apache.org/.

[24] KORNACKER M, BEHM A, BITTORF V, et al. Impala: a modern, open-source SQL engine for Hadoop[C]//7th Biennial Conference on Innovative Data Systems Research (CIDR' 15), January 4-7, 2015, Asilomar, California, USA. [S.l.:s.n.], 2015: 1-10.

[25] Cloudera Impala[EB/OL]. [2017-04-10]. http://www.cloudera.com/.

[26] Facebook Rresto[EB/OL]. [2017-04-10]. https://prestodb.io/.

[27] AGARWAL S, MOZAFARI B, PANDA A, et al. BlinkDB: queries with bounded errors and bounded response times on very large data[C]//ACM European Conference on Computer Systems, April 15-17, 2013, Prague, Czech Republic. New York: ACM Press, 2013: 29-42.

[28] AMPLab UC Berkeley BlinkDB[EB/OL]. [2017-04-10]. http://blinkdb.org/.

[29] SHEN X P, LI Z H. Multi-dimensional queries in DHT-based peer-to-peer systems[C]//International Conference on Semantics, Knowledge and Grid, Octember 12-14, 2009, Zhuhai, China. New Jersey: IEEE Press, 2009: 60-65.

[30] OTOO E J, ROTEM D. Efficient storage allocation of large-scale extendible multi-dimentional scientific datasets[C]//International Conference on Scientific and Statistical Database Management, July 3-5, 2006, Vienna, Austria. New Jersey: IEEE Press, 2006: 179-183.

[31] CHANG C, FERREIRA R, SUSSMAN A, et al. Infrastructure for building parallel database systems for multi-dimensional data[C]//13th International Parallel Processing Symposium and 10th Symposium on Parallel and Distributed Processing, April 12-16, 1999, San Juan, Puerto Rico, USA. New Jersey: IEEE Press, 1999: 582-587.

[32] WU S, JIANG D W, OOI B C, et al. Efficient B-tree based indexing for cloud data processing[J]. Proceedings of the VLDB Endowment, 2010, 3(1/2): 1207-1218.

[33] JAGADISH H V, OOI B C, VU Q H. BATON: a balanced tree structure for peer-to-peer networks[C]//International Conference on Very Large Data Bases, August 30-September 2, 2005, Trondheim, Norway. New York: ACM Press, 2006: 661-672.

[34] WANG J, WU S, GAO H, et al. Indexing multi-dimensional data in a cloud system[C]//ACM SIGMOD International Conference on Management of Data, June 6-10, 2010, Indianapolis, Indiana, USA. New York: ACM Press, 2010: 591-602.

[35] ZHANG X, AI J, WANG Z, et al. An efficient multi-dimensional index for cloud data management[C]//International CIKM Workshop on Cloud Data Management, November 2, 2009, Hong Kong, China. New York: ACM Press, 2009: 17-24.

[36] PAPADOPOULOS A, KATSAROS D. A-tree: distributed indexing of multidimensional data for cloud computing environments[C]//IEEE Third International Conference on Cloud Computing Technology and Science, November 29-December 1, 2011, Athens, Greece. New Jersey: IEEE Press, 2011: 407-414.

[37] HBase transactional extension[EB/OL]. [2017-04-10]. https://github.com/hbase-trx/.

[38] IHBase[EB/OL]. [2017-04-10]. https://github.com/ykulbak/ihbase.

[39] ZOU Y, LIU J, WANG S, et al. CCIndex: a complemental clustering index on distributed ordered tables for multi-dimensional range queries[C]//IFIP International Conference on Network and Parallel Computing, September 13-15, 2010, Zhengzhou, China. Berlin: Springer-Verlag, 2010: 247-261.

[40] NIEVERGELT J, HINTERBERGER H, SEVCIK K C. The grid file: an adaptable, symmetric multikey file structure[J]. ACM Transactions on Database Systems, 1984, 9(1): 38-71.

[41] BENTLEY J L. Multidimensional binary search trees used for associative searching[J]. Communications of the ACM, 1975, 18(9): 509-517.

[42] GUTTMAN A. R-trees: a dynamic index structure for spatial searching[J]. ACM SIGMOD Record, 1984, 14(2): 47-57.

[43] NISHIMURA S, DAS S, AGRAWAL D, et al. MD-HBase: a scalable multi-dimensional data infrastructure for location aware services[C]//IEEE International Conference on Mobile Data Management, June 6-9, 2011, Lulea, Sweden. New Jersey: IEEE Press, 2011: 7-16.

[44]LIU Y T, LIU Y M, XU K K, et al. SHG-tree: an efficient index structure of spatial database[J]. Journal of Frontiers of Computer Science & Technology, 2009, 3(1): 68-90.

[45]DONG D G, LIANG L H, XUE X Y. VAR-tree-a new high-dimensional data index structure[J]. Journal of Computer Research & Development, 2005, 42(1): 10-17.

[46] LIANG J J, FENG Y C. CSA-tree: an optimized high-dimensional index tree for main memory access[J]. Chinese Journal of Computers, 2007, 30(3): 415-423.

[47] LEJSEK H, AMSALEG L, JONSSON B P, et al. NV-tree: an efficient disk-based index for approximate search in very large high-dimensional collections[J]. IEEE Transactions on

Pattern Analysis & Machine Intelligence, 2008, 31(5): 869-883.

[48] GYSSENS M, LAKSHMANAN L V S. A foundation for multi-dimensional databases[J]. VLDB, 1997: 106-115.

[49] SHOSHANI A. OLAP and statistical databases: similarities and differences (abstract)[C]// International Conference on Information and Knowledge Management, November 12-16, 1996, Rockville, Maryland, USA. New York: ACM Press, 1996: 185-196.

[50] LI J Z, GAO H. Multidimensional data modeling for data warehouses[J]. Journal of Software, 2000, 11(7): 818-822, 916-917.

[51] ASANO T, RANJAN D, ROOS T, et al. Space filling curves and their use in the design of geometric data structures[J]. Theoretical Computer Science, 1997, 181(1): 3-15.

[52] MOKBEL M F, AREF W G, KAMEL I. Analysis of multi-dimensional space-filling curves[J]. GeoInformatica, 2003, 7(3): 179-209.

[53] GitHub Pail (DFS-datastores)[EB/OL]. [2017-04-10]. https://github.com/.

第3章 分析平台

随着大数据时代数据规模的膨胀与对数据分析的需求的增长，联机分析处理（Online Analytical Processing，OLAP）技术也不断发展。OLAP 技术能够通过上卷、下钻、切片、切块等操作，帮助企业做出关键决策，高效地为分析师与管理者提供有价值的信息。而对于如今大数据环境下的 OLAP 分析需求，如何保证其查询性能需要依赖很多传统 OLAP 工具中没有利用到的技术与方法。

本章从 OLAP 与大数据平台的基本原理出发，首先介绍了 OLAP 系统的基本属性与整体架构，并且从存储引擎、计算引擎与查询优化技术方面进行了介绍。然后介绍了大数据环境下 OLAP 技术的通用性优化方法，包括预计算、浓缩数据立方、优化存储结构和优化算法。最后介绍了一个由笔者独立开发与维护的近期成果 HaoLap（Hadoop based OLAP），HaoLap 采用了一种大数据分析的分布式 MOLAP 技术。该成果中对 OLAP 的多个概念进行了约束，并依照这些约束设计了数据立方分块算法、优化数据存储方法以及在此之上的 OLAP 算法。

3.1 基本原理

本节将从传统 OLAP 分析角度，结合大数据环境，介绍 OLAP 平台的基本原理。

3.1.1 OLAP 技术

随着科技发展，数据无处不在。使用者在任何一个时间的任何一个操作都可以是一条数据。然而，很多数据对于用户来说是没有直接意义的，例如使用办公软件的人员不会关心游戏玩家的操作数据。对用户来说，数据难于发现、难于获得、难于理解、难于使用，其想要得到的是自己需要的、可以理解的、对自己的决定有用处的信息。例如“本季度至今为止的总收入”就是一个商人会关心的信息，这让商人能够直观地理解，并且对其接下来的销售计划有帮助。为用户呈现的就是从数据中得到的信息，而具体数据是以何种结构组织、如何进行计算等这些细节，用户不会在意。

随着数据的存储与管理的复杂化，其技术也从原始的文件管理技术中发展出了数据库技术，即关系型数据库（Relational Database）。关系型数据库通常应用于事务处理系统，数据以表结构组织，对数据的组织与事务的处理性能是衡量事务型系统的标准。

在数据库技术建立并逐渐成熟之后，数据仓库技术也发展起来。数据仓库技术的目的在于对不同数据源中的数据进行集成并进行统一的分析，以支持决策。数据仓库的分析依赖于 OLAP 技术。

OLAP 以多维的视角聚集数据、分析数据，并为用户提供其所需要的信息。

OLAP 工具的使用者包括管理者、分析人员和主管等，使用者可以以多维的视角查看数据，并依靠这些工具获取帮助自己决策的信息。OLAP 对数据的存储通常借助数据仓库技术。

OLAP 委员会在其白皮书中指出，应该将 OLAP 从数据仓库中区分出来，他们认为数据仓库是依靠关系型的技术存储并管理数据，而 OLAP 则是将数据转化为策略信息提供给用户，二者是互补的关系。很多实际的 OLAP 系统中并没有将两者完全区分开来，而是作为同一个体系结构下的两个层次。数据仓库向下负责从数据源中抽取得到的原始数据并进行存储和管理，而 OLAP 系统则向上为用户提供信息的多维聚集。

OLAP 的功能应用范围很广泛，从基本的导航与浏览，到数据的聚集计算以及更加复杂的模型，都涵盖在 OLAP 的功能范畴内。OLAP 的高级能力可以让使用者将访问的数据转化为信息，进而转化为知识，来辅助其进行决策。OLAP 应用的主要指标是提供对用户有用处的信息的能力，也就是及时地为实际决策提供有效信息的能力。这类信息提供的能力要比“数据”层次高得多。

OLAP 方便了管理者对策略信息的获取，好的 OLAP 应用能够增加整个组织的生产力。OLAP 功能庞大，应用场景众多，但是都包含以下主要特性。

- 多维视图。多维视图是对于决策者而言数据模型的内在表示，真实的商业模型维度数通常不小于 3。例如，管理者会对不同产品在不同地点、不同渠道和不同时间下的销售数据进行分析。数据之间多维组织的表结构显然非常复杂，而 OLAP 的多维视图特性将用户从这些复杂的关系中解放出来，提高了系统对信息访问的灵活性。
- 复杂计算。聚集计算对于 OLAP 系统至关重要，然而 OLAP 系统却不能止步于简单的聚集计算，而是要更多地进行复杂计算以对数据进行分析，例如数据直方图分析和趋势预测等。与事务处理系统收集并组织数据的功能不同，复杂计算特性要求 OLAP 系统具备从数据创造信息的能力。
- 时间智能性。任何一个 OLAP 应用中都需要包含时间这一维度。不仅如此，OLAP 系统还需要理解时间维度的特殊性，如时间的顺序性。例如，对于一个商品的销量数据，管理者会要“今年前 5 个月”的销量数据，这是一个有意义的信息，但他一般不会要“前 5 个省份”的销量数据，因为其他维度并不具备时间维度特有的顺序特性。

3.1.2 系统架构

OLAP 先于数据仓库提出，但数据仓库为 OLAP 提供了理想的数据环境。OLAP 以多维分析为基础，刻画出了管理和决策过程中对数据进行多层面、多角度的分析处理要求。决策分析需要从不同的观察角度分析数据，以多维数据为核心的多维数据分析就成了决策的主要内容。OLAP 要求其所依托的数据环境必须按照多维方式来组织数据，传统的关系型数据库难以胜任。由于数据仓库的资质形式适合于 OLAP，所以当它一出现，便迅速与 OLAP 结合在一起。实践表明，数据仓库技术是实现将数据转换为信息和知识并支持有效决策的重要手段，而数据架构设计作为数据仓库技术中的一项根本性基础工作，是对系统逻辑体系结构和建模方式的描述，直接决定了数据仓库系统的管理性和可扩展性，在数据仓库的建设中具有极其重要的作用。

通常来说，数据仓库采用三层架构，如图 3-1 所示。

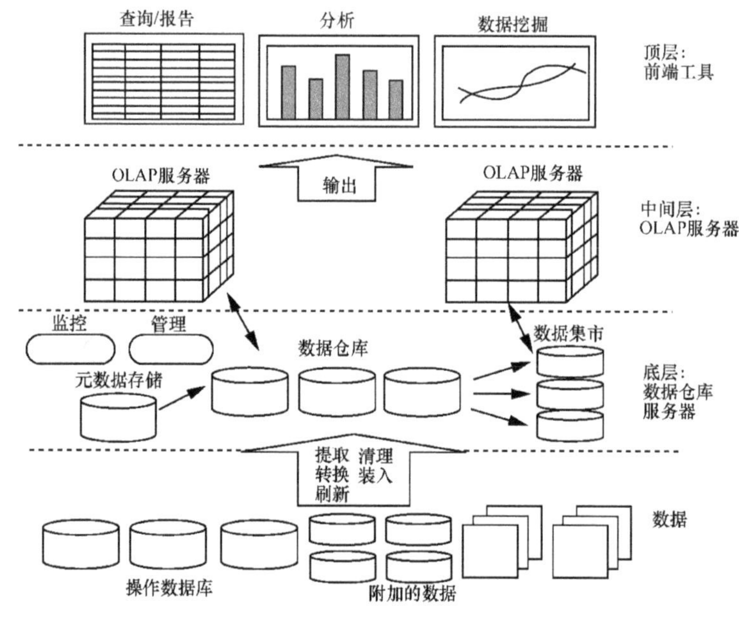

图 3-1 数据仓库的三层结构

底层是数据仓库服务器，它几乎总是一个关系数据库系统。通过对原始数据的 ETL（Extract, Transform, Load）操作（即对数据源的抽取、转换、加载），构建出一个包含大规模数据的数据仓库。完成这项工作的是被称作网间连接程序的应用程序，它由底层的 DBMS（Database Management System）支持，允许客户程序产生 SQL 代码，在服务器上执行。网间连接程序的例子包括开放数据库连接（ODBC）和微软的数据库开放连接和键入（OLE-DB）、Java 数据库连接（JDBC）。

中间层是 OLAP 服务器。这一层次主要是选取部分维度的数据构建数据立方和数据集市，用于帮助快速分析数据。典型的 OLAP 服务器主要包括以下 3 种。

- ROLAP 服务器（关系服务器），这是一种中间服务器，包括每个 DBMS 后端优化、聚集导航的逻辑实现、附加的工具和服务，相比 MOLAP 有更大的规模。
- MOLAP 服务器（多维服务器），这些服务器通过基于数据的多维存储引擎，支持数据的多维视图，将数据视图直接映射到数据立方结构。
- HOLAP 服务器（混合服务器），它结合了 ROLAP 和 MOLAP 技术，吸取了 ROLAP 大规模和 MOLAP 快速计算的优点，因而得到了广泛的使用。

顶层是客户，是完成支持管理决策的最后一步。基于目标决策的需求，底层选取相关的数据属性及规模，并提供服务器支持，用相对应的工具进行分析，对最终的决策提供有效的支持。它包括查询和报告工具、分析工具、数据挖掘工具（例如趋势分析、预测等）。

此外，典型的数据仓库架构方法包括集线器架构和总线架构。这两种架构分别由数据仓库的创始人 Bill Inmon 和数据仓库行业的思想开拓者 Ralph Kimball 提出，代表着以数据驱动的自顶向下的设计方法和以应用驱动的自下而上的设计方法。

集线器架构采用自顶向下的设计方法，第一步是进行全企业的数据建模和数据整合，按照 ER（Entity Relationship）模型建立原子级数据仓库，然后对于各部门级的应用再建立相应的数据集市（可以把数据集市理解为整个数据仓库系统的逻辑子集），数据集市中的数据来源于企业级统一的数据仓库。这种架构需要初始阶段站在整个企业环境的角度考虑数据模型和设计工作，还需要企业内每个业务线的参与，进而保证数据构建的完整性。原子级数据仓库的数据是高质量的、标准化的数据，所有应用的数据都来源于统一的数据仓库，因此数据是高度一致的。

总线架构采用自下而上的设计方法，按用户的需求通过螺旋发展的过程设计数据仓库。第一步是根据特定业务过程按照维度模型建立数据集市，然后通过一系列维度相同的数据集市递增地构建数据仓库，数据仓库仅仅是构成它的全部数据集市的集合。其中分阶段建立数据集市是实现大规模数据仓库的基础，而且每一阶段建立的数据集市都是可以兼容并最终能够联合实现数据仓库的。不同数据集市之间通过创建一致性维度来集成，每次增加数据集市，都必须整合一致性维度，并将整合好的一致性维度同步更新到所有的数据集市。脱离了一致性维度的黏合，数据集市只能是一个孤立的应用。正因为预先建立的总线架构和一致性维度，这种架构才能在逐步建立数据集市的过程中保证企业数据的一致性。

总的来说，两种架构各有优势。集线器架构建设周期长且设计复杂，初始阶段建立企业级数据模型和数据标准以及相关的数据清洗整合工作，需花费大量的人力和时间，但是一旦建立起企业级数据模型，数据的一致性和完整性问题就能够得到根本性解决，针对需求进行变化易于扩展，后续的成本也比较低。总线架构首先着重于对某几个业务过程进行构建，以增量演进的方式简化企业级数据仓库的实现过程，启动成本低，设计方法比较简单，通过维度建模方式将原子层和汇总层合二为一，可以快速创建分析应用，但企业级的稳定性和数据集市之间数据的一致性需要持续维护一致性维度来保证，后续扩展数据集市的工作量巨大。

由此可见，OLAP 架构具有清晰的分层结构，其最终目的都是为了方便后续的 OLAP 分析操作。本节介绍的架构是传统的数据仓库系统结构，在大数据环境中，Lambda 架构是一个与传统数据仓库类似的架构，本书第 5.2.1 节中将对其加以介绍。

| 3.2 现有研究 |

目前已有很多关于大数据或云计算环境下的 OLAP 优化方法研究，本节主要从以下 3 个方面介绍相关工作：传统的 OLAP 优化方法、大数据环境中的 OLAP 存储引擎和计算引擎的优化方法、大数据中的 ROLAP 和 MOLAP。

3.2.1 传统 OLAP 优化方法

在对数据仓库的存储进行优化时，可以从以下两个角度进行处理：最大化系统性能；最小化资源需求。这两类优化方式相互制约，又相互联系。在对数据仓库进行优化的同时需要在两者之间寻求一个平衡点，同时需要顾及网络操作的开销、数据库的查询操作、事务处理以及聚合的粒度等因素。接下来从预处理、预计算与物化操作、数据立方优化这 3 个方面进行优化策略的介绍。

3.2.1.1　预处理

预计算可以改进数据的质量，从而有助于提高其后的挖掘分析过程的精度和性能。由于高质量的决策必然依赖于高质量的数据，因此数据预处理是知识发现和决策分析过程的重要步骤。检测数据异常，尽早地调整数据，并进行数据的规约分析，将获得更准确的决策支持。而一般的预处理包括数据清理、数据集成、数据变换、数据规约这 4 个过程。

数据清理过程试图填充遗漏的值，识别局外者，消除噪声，并纠正数据中的不一致。其常规的方法包括使用属性的平均值（或者最可能的值）来填充遗漏值；采用数据的平滑技术除去偏差较大的噪声数据。数据集成和变换在 OLAP 和数据挖掘中经常使用。数据集成是将多个数据源的数据整合、存放在一个一致的数据存储工具中。在集成的过程中，需要做好实体识别，实现数据匹配，并去除冗余的、重复的数据，还需进行数据值冲突的检测与处理，以减少或避免数据集中数据的冗余和不一致性，提高后续挖掘分析的精度和速度。数据变换是将数据转换成易于挖掘或分析的形式，可以将属性数据按比例缩放，使之落在一个易于分析的特定区间内，也可以就原属性情况构造新的属性以帮助决策分析。数据规约是解决数据规模太大而不利于分析的问题，数据规约技术可以用得到的数据集规约表示，虽然它小得多，但仍接近于保持原数据的完整性。其主要是对原数据进行聚集操作，删除掉不相关、弱相关或冗余的属性或维，并使用编码机制压缩数据集，此外，数值规约和离散化也可以用来得到数据的规约表示，使得信息内容的损失最小。

3.2.1.2　预计算与物化操作

OLAP 必须支持各种可能的查询，相当一部分查询可能要涉及大量的数据，并需要对数据进行选择、投影、连接处理，这是一个非常耗时的过程，然而一个决策支持系统要求它的查询能够被快速响应，解决这一矛盾的一个有效的方法是进行预计算和建立物化视图。预计算是将经常使用到的操作或者耗时的操作经计算之后把结果存储，当后续的查询需要对该部分进行操作时，可以直接将保存的结果传递给它们，这样就避免了重复的耗时操作，提高了性能。物化视图不同于视图的概念，

视图只是一个虚表、一个定义，查询的时候需要重复计算。物化视图是用于预计算并保存表连接或聚集等耗时操作的结果的物理存储，这样，在执行查询时，就可以直接得到结果，避免耗时操作。有了物化视图，OLAP 基本上不再需要对原始数据进行处理，而只需要在物化视图的基础上进行一些简单的计算，便可以完成复杂的查询。区别于物化视图，预计算是计算结果的直接保存，后续的操作直接使用该结果，并不需要在此基础上进行进一步的计算操作。因此，物化视图是提高数据仓库查询响应能力的工具，是有效支持决策分析的重要手段。

现如今物化视图的主要研究方向在于物化视图的选择、物化视图改写查询、物化视图的动态调整和物化视图的维护等。

- 物化视图的选择。因为物化视图也需要占用存储空间，这样就带来了大量存储空间和视图维护的开销，必须在缩短响应时间和资源限制二者之间进行权衡，选择恰当的物化视图，使得查询的计算代价和维护代价之和最小。物化视图的选择是一个复杂的问题，一般可以从用户查询的分布、查询的概率、磁盘存储空间、视图更新代价等角度来考虑，因而研究的关键点就在于算法的设计。
- 物化视图改写查询。数据仓库中，给定一个查询和一个物化视图，若查询既可以由基本的关系计算得出，又可以由物化视图集中计算得出，那么就需要判断哪种执行方式的计算开销比较低，以决定是否通过查询视图来得到查询结果。这个过程即查询重写。对这方面的研究提出了一系列的方法，主要从以下 3 个方面进行讨论：第一是利用查询树的优化来考虑用视图改写查询问题；第二是直接根据 SQL 语法来考虑问题；第三是用形式化方式（如逻辑表达）描述视图改写聚合查询问题。
- 物化视图的动态调整。若采用基于已知的查询部分情况选择物化视图集的方法，则随着新查询的增加，数据仓库系统中查询的分布情况也可能发生变化，使得原有的物化视图集不再适应新的查询分布情况，这时就需要选择新的物化视图集。如何判断查询分布情况的变化以及重新选择物化视图集合的时机是物化视图动态调整问题研究的重点。
- 物化视图的维护。由于数据仓库的底层数据源是经常变化的，为了使数据仓库中的物化视图与底层数据保持一致，显然必须对物化视图集进行维护。广义地说，物化视图的动态调整是对物化视图集本身模式的维护，也属于物化视图的维护的范畴[1]。

3.2.1.3　数据立方优化

数据立方体是 OLAP 技术体系中的重要研究内容，它把在 OLAP 中用户可能用到的汇总数据部分或全部数据计算并存储，从而在查询时加快响应速度。但是这也导致了数据立方体的体积和构建速度成为需要解决的问题。现在国内外的学者已经提出了多种立方体的物化策略，力求在保证一定查询速度的条件下减小数据立方体的存储空间，加快物化速度。

自数据立方体的概念被提出后，学者们纷纷投入对数据立方体的研究，并提出了许多设计。由于完整地计算整个数据立方体也就是完全物化后会消耗大量的存储空间，人们提出了冰山立方体[2]、Dwarf[3]、Quotient Cube[4]以及封闭数据立方体等数据模型。

冰山立方体是一种部分物化的立方体。由于现实数据中，完全立方体在许多情况下都会有大量的空间被具有较低度量值的元组所占据，而这些低度量的元组又有可能是 OLAP 中所不关心的，因此冰山立方体提出了利用最小支持度阈值对立方体元组进行过滤的思想。

对于冰山立方体的构建，学者们提出了 BUC[5]、Star-Cubing[6]、MM-Cubing[7]等算法。BUC 采用自顶向下的计算方式，能够利用 Apriori 性质，当发现某一单元不满足冰山条件时，直接过滤掉其后代元组。这种算法的缺点是不能利用父子关系共享计算结果以减少开销。Star-Cubing 是将自顶向下计算和自底向上计算相结合的冰山立方体计算方法，既采纳了 BUC 中的剪枝特点，又结合了自底向上计算中可以利用父子关系共享计算结果的优点。缺点是 Star-Cubing 算法在稀疏数据集上由于频繁的树操作会导致效率下降，而且非常耗费内存。MM-Cubing 是一种基于分解格空间的构建算法。它认为原始数据集是倾斜的，既含有稀疏的子集，也含有稠密的子集，并设计将整个格空间划分为 1 个稠密子空间和 3 个稀疏子空间。在稠密子空间中直接用多路聚集方法进行计算，而将稀疏子空间当成一个数据集，认为其可以继续划分为 1 个稠密子空间和 3 个稀疏子空间，从而利用递归调用此算法进行计算。

冰山立方体虽然能够加快构建和查询速度，减小立方体的体积，帮助聚焦更有价值的数据部分，但是冰山立方体毕竟筛掉了大量的元组，其结果的不完全性导致其功能受限。而且冰山立方体是建立在 Apriori 性质下的立方体，如果定义的聚集运算不满足这条性质，则冰山立方体就无法使用。此时需要用到另一类部分物化的策略，即紧凑数据立方体，包括 Dwarf、Quotient Cube 和封闭数据立方体等。

Dwarf 采取共享具有相同前缀或后缀元组的前缀或后缀的方法进行压缩；Quotient Cube 是找出数据立方体中一些元组共同的上界和下界，并只保存上下界，从而压缩数据立方体。封闭数据立方体比 Quotient Cube 更进一步，仅保留上界，从而进一步压缩了数据立方体。对于封闭立方体，由于初时不便于查询，限制了封闭立方体的使用，参考文献[8]给出了一种方便的封闭立方体存储和查询方法，从而极大提高了封闭立方体的可用性。

由于封闭数据立方体能够极大压缩数据立方的体积，因此受到了广泛重视，关于其构建算法也受到大量关注。在参考文献[8]中给出了朴素的封闭立方体构建算法，其形式可类比于 BUC 算法。在 MM-Cubing 算法的基础上，参考文献[9]给出了用于构建封闭数据立方体的算法 C-Cubing。由于封闭立方体中的单元等价于商立方体中的上界，对商立方体的一些研究也可以应用于封闭立方体。比如参考文献[10]中提出的 QC-DFS 方法，它是一种以自顶向下的方式计算商立方体上界的方法，也可以用于封闭立方体的计算。参考文献[11]中提出了一种基于集合的计算封闭立方体的方法。

由于数据规模的日益庞大，出现了并行的封闭立方体计算方法。参考文献[12]中研究了并行的冰山立方体构建方法。参考文献[13]中并行化了 Pipesort 算法。参考文献[14]中提出了一种基于 MapReduce 的分布式构建封闭立方体的方法，它构建了多个局部的、不完全的子封闭立方体，当查询来临时需要从这些局部子封闭立方体中综合查询，然后返回结果。参考文献[15]中提出了一种基于 MapReduce 的计算完整的封闭数据立方体的方法。参考文献[16]中提出了将计算封闭数据立方体的过程分解成多个阶段的基于 MapReduce 的方法。

3.2.2 OLAP 存储计算优化

针对大规模数据量，主要采用分布式文件系统（HDFS）进行应对，其采用了批处理的方式，可部署运行于廉价的 PC 集群，具有很强的通用性和简单高效的工作原理，因而得到了广泛的应用。本节重点介绍 HDFS 在存储策略上的优化以及对 OLAP 分析的性能改进情况，包括优化小文件存储、副本均衡放置策略、数据压缩和缓存、统计直方图以及分布式 OLAP。

3.2.2.1　适应小文件

HDFS 框架的设计十分适用于规模较大的文件的流式存储，而在小文件处理时效率较低。一个原因是 HDFS 将整个系统的命名空间存储在 FSImage 中，当集群启动时会将这个文件加载到内存中，所以大量小文件会消耗掉主节点大量内存，从而降低了整个系统的性能；另一个原因是 HDFS 文件是分块存储的，默认每个块的大小是 64 MB，而小文件通常小于 64 MB，但也会占用一个文件块，因而造成空间资源浪费，也降低了后续查找的效率。

由于 HDFS 对海量小文件的不适应性，现在已经有了一些解决方案。例如，可以将小文件存储到 HBase 中，其设定了阈值，可以进行自动的分解和合并；可以利用 Hadoop 本身提供的文档归档工具和序列化文件进行文件的合并；可以建立多个主节点存储小文件的元数据信息。除了这些常规的优化方案，时下还有很多学者在文件存储的各个阶段甚至小文件的存储架构方面做出了改进。比如，可以在用户与 HDFS 集群之间添加一个接口，该接口将小文件进行分组，再将同一组的小文件归档成大文件，在归档过程中生成相关元数据信息，后续查找可以先找到大文件，再进一步细化找到对应的小文件；可以将访问频繁的小文件添加到用户端缓存中，这样下次查找就可以直接从缓存文件中查找；可以设计高效的数据结构与算法，加快小文件的查找速度；针对小文件的删除操作，系统只是简单地将文件删除标志设置为真，并没有进行文件碎片的真实处理，所以可以设定阈值对文件碎片进行实际的清理，提高集群的存储效率。

3.2.2.2　数据布局

大数据存储的数据布局有 3 个特点：数据是分布的；数据在节点之间复制；各个节点中的数据被并行地处理（尤其是在 MapReduce 环境下）。数据布局决定了节点的数据特征（如数据量、值域分布等）；另外，由于“迁移计算而非迁移数据”，计算被移动到距离数据最近的节点上运行，因此数据布局也决定了 MapReduce 的执行效率。一个负载均衡的数据布局可以提高 MapReduce 程序的并行性，进而提高执行效率。在 MapReduce 模型中，作业会被分解成若干种顺序执行的任务（如 Map 任务执行完毕后 Reduce 任务才开始执行），同种任务（实例）则部署到各个节点并行执行，任务的执行时间取决于最后执行结束的节点，与此同时其他节点均会处于等待状态。虽然部分研究优化了 MapReduce 的执行过程，但这种节点间的等待仍会

发生，并且是影响作业执行效率的重要因素。

不同节点执行的任务算法相同，因此任务的执行时间取决于输入的数据量以及数据特征，即数据布局决定 MapReduce 任务的分派方式和执行时间。由此可见，要想提高计算的并行性，减少节点间的等待，就必须尽可能地实现负载均衡的数据布局。数据布局问题是一个经典问题，在不同的存储环境中有不同的设计目标，如公平性、自适应性、冗余性、容错性、时间有效性和空间有效性等。传统的负载均衡研究多位于应用层而非数据层，如请求转发的负载均衡。MapReduce 和数据密集型计算是近几年新兴的研究领域，且仅在 MapReduce 这种编程模型下，数据布局才会反过来决定计算效率，以负载均衡为目标的数据布局研究是一个崭新的研究课题。

基于数据布局目标以及存储环境的同构和异构特性，数据布局方法可以分为同构的数据布局方法、非冗余的异构数据布局方法、冗余的异构数据布局方法以及高可用的数据布局方法。其中，同构的数据布局方法包括标准 Hash 方法、一致 Hash 方法和基于单位区间分割方法；非冗余的异构数据布局方法包括一致 Hash 的简单扩展方法、线性方法和对数方法；冗余的异构数据布局方法增加了冗余的特性，包括冗余方法和动态区间映射方法；高可用的数据布局方法主要关注数据的可用性和可靠性，不关注其他目标，包括爬山算法[17]。由此可见，数据布局的目标不同、存储环境不同，数据布局方法也不同。

MapReduce 环境下对数据布局有着多种新的要求，比如“减少跨删除处理数据中心的数据传输”“保持数据间的依赖性”以及“提高效率的同时兼顾全局的负载均衡”等[18]。参考文献[19]更多地从网络数据传输的角度研究了数据布局问题。参考文献[20]和参考文献[21]提出了一种适用于并行文件系统，且与应用相关的基于数据访问代价的数据布局和访问数据的方式；参考文献[22]基于对数据访问特征的观察，提出了一种数据分段存储的数据方式并确定了最佳的分段大小。但这两者都针对具体的非 MapReduce 应用，是“移动”数据而非“移动”计算的传统数据访问方式。此类研究都提出了复杂的数据布局方法。

3.2.2.3 数据压缩和缓存

为节约存储空间和有效提升信息的传输速度，可以对所存储的数据进行压缩。数据压缩从表面含义来理解，就是通过对原始消息或数据编码，用最少的数码来表述信号。目前，主流的压缩方法可分为无损压缩（Lossless Compression）

和有损压缩（Lossy Compression）。相对于有损压缩，无损压缩占用的空间大，压缩比不高，但是它百分百保存了原始信息，没有任何信号丢失。因为数据所包含的所有信息都有可能对 OLAP 分析产生影响，因而无损压缩是必然的选择。无损压缩可分为基于字典的压缩算法和基于统计的压缩算法，每种都包含了多种改进算法，例如基于统计的香农–法诺算法、自适应哈夫曼算法、基于字典的 LZ77 算法、LASS 算法等。每个压缩算法都有各自的优缺点和适用范围，不同算法的复杂性对空间的要求及压缩率也不同。它们不仅依赖于压缩算法本身，也依赖于被压缩的对象。在具体应用中，要根据实际情况进行针对性的选择，尽最大可能发挥压缩算法的优势，以达到减少空间占用和加快数据传输的目的。

数据缓存优化的主要研究目标是缓存数据的选择与保存，在上一次查询结束后，通过确定该查询结果以后使用的可能性，将可能性大的或者查询费时的结果保存到缓存结果内，使得下一次的查询能够直接从缓存结果内取出，从而大大减少了查询所需要的时间，进而提高了查询性能。例如增量学习缓存机制，它不仅可以对目标结果进行缓存，并且对其划分了级别。

级别 1：对此次查询用到的全集数据结果进行缓存。

级别 2：对此次查询用到的部分数据结果进行缓存。

级别 3：所有的相关数据都不缓存。

划分级别是为了更加高效地对使用可能性高的数据进行缓存，相比于全部结果的缓存，这样既可以减少空间资源的浪费，在后续的查找中也能够拥有更加高效的查询性能。OLAP 缓存处理流程如图 3-2 所示。此外，该思路实现的核心是算法的选择，所选择的算法需要能够对所缓存的数据有一个清晰可靠的度量，保证后续的查询能够使用到该结果，真正做到性能的优化，现如今使用较为广泛的是朴素贝叶斯算法，它拥有理想的选择效果，一般可以达到人们的预期。

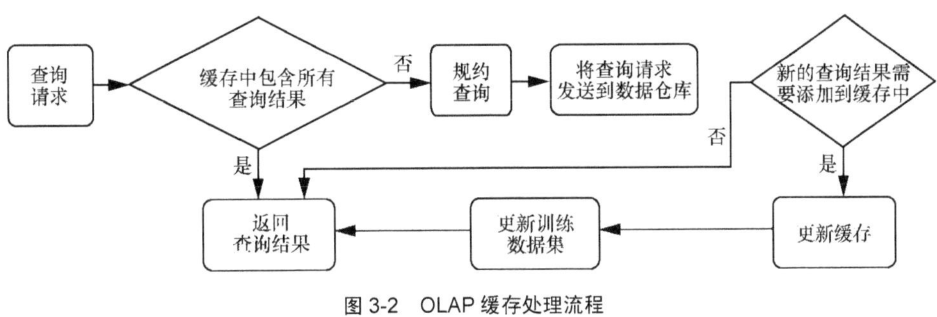

图 3-2　OLAP 缓存处理流程

3.2.2.4 统计直方图

另外，在参考文献[23-26]中研究了利用直方图技术或者采样技术等概率统计技术的近似聚集查询算法，这样可以有效提升 OLAP 对查询的响应速度，同时也可以降低存储的开销。

在数据立方体中，求整体式度量是一种复杂的运算，参考文献[27-30]中研究了不同类型的整体度量的计算。参考文献[31]提出了基于 MapReduce 的计算部分代数式整体度量冰山立方体的方法。

数据立方体的构建需要花费极大的时空开销，因此在已经计算出了数据立方体后，当新的数据来临时，能够进行增量更新而不是完全从头计算是一个比较好的选择。参考文献[8]中提出了封闭立方体简易的增量维护，参考文献[32]中提出了基于查询的对封闭立方体的增量维护方法，参考文献[33]中提出了对商立方体的中位数度量的增量维护方法。

直方图数据立方体是以直方图作为度量的一种数据立方体。直方图是一种聚集方式，它的聚集结果是对设计的度量值的频数的一种统计，相当于统计学中的直方图，可以作为中间结果。通过直方图可以进行求和、求均值、求最大值、求方差，不要求得出具体元组的 Top*k* 等多种聚集结果，也可以在进一步聚集前进行条件过滤。这是从另一种角度诠释了数据立方体。直方图数据立方体和封闭立方体的结合就是封闭直方图立方体，这种方式极大削减了直方图立方体的存储空间。构建封闭数据立方体的算法也适用于构建封闭的统计直方图立方体。

直方图数据立方体与普通数据立方体唯一的不同是度量。在直方图数据立方体中，一个单元的度量被定义为求这个单元的统计直方图。假设关系 R 的模式是 $R(A_1,A_2,\cdots,A_n, M)$，其中，A_i 是维属性，$1\leqslant i\leqslant n$，M 是度量属性。其中一个元组 $t=(t_1, t_2,\cdots, t_n,m_t)$。记 $t(A_i)$为元组 t 在 A_i 维上的取值，记 $M(t)$为元组的度量值。记 $T(t)=\{t(A_1), t(A_2),\cdots, t(A_n)\}$。若 S 是元组集合，则 $t(S,i)=\{t(A_i)|t\in S\}$，$T(s)=\{T(t)|t\in S\}$。记数据立方体为 C。

那么，对单元 $t\in C$，t 的基本元组集为 $BTS(T(t))=\{t'|\ t'\in R$,被 t 覆盖$\}$。S 是 $BTS(t)$ 中所有元组的事实的多重集。将 S 中所有相同元素合并，以元素值和频数的方式表示出的结果就是元组 t 的直方图。

如表 3-1 中 t_1、t_2、t_3 这 3 个元组，对它们计算数据立方体，度量用的聚集函数分别为求最大值和求统计直方图，节选其中一部分，见表 3-1。

表 3-1　事实表

元组	时间	产品	供应商	销量
t_1	T_1	P_1	S_1	12
t_2	T_1	P_1	S_2	10
t_3	T_1	P_2	S_2	10

从表 3-1 可以看出，求出统计直方图后，根据直方图可以很轻松地计算出单元的最大值。比如单元（T_1,P_1,*），其直方图中最大值为 12。额外地，在直方图的基础上还可以计算出更多内容，比如平均值、众数、最小数、方差等。

很显然，计算直方图是一种分布式的聚集函数，方便计算。在使用中，直方图可以作为最终结果，但更可以作为计算其他度量的中间结果。比如在一个统计直方图数据立方体中，用户需要分析的是最大销量，则立方体在返回所有需要分析的单元前，需要根据每个单元的直方图计算出这个单元内的最大值，并呈现给决策者，见表 3-2。

表 3-2　部分数据立方体

聚集单元	ID	最大值	统计直方图
（T_1,P_1,*）	1	12	{12=1,10=1}
（T_1,P_2,*）	2	10	{10=1}
（T_1,*,S_1）	3	12	{12=1}
（T_1,*,S_2）	4	10	{10=2}
（*,*,S_2）	5	10	{10=2}

利用直方图可以极大提高数据立方的灵活性。对一个定义了求和聚集函数的普通数据立方，如果不重新定义一个最大值聚集函数，则当面对求最大值的即席查询时，就不能提供有效支持；而使用直方图立方体，就可以在求和和求最大值之间灵活地切换。由于保存的聚集结果是直方图，含有所有度量值的统计数据，因此对于带有过滤条件的聚集查询，可以先对直方图进行过滤，然后根据过滤结果进行聚集。不仅如此，当需要计算整体式的聚集函数，比如众数、Top*k*、*N* 分位数时，也可以在直方图中找到出现次数最多的度量、Top*k* 个度量、处于 *N* 分位位置的度量等。尤其值得注意的是，直方图立方体虽然能够求得聚集单元的 *N* 分位度量，但是无法得出此度量相应的基本单元。另外，直方图是分布式度量，是非常容易计算的，而整

体度量都是必须在整个数据集上进行计算的，计算代价高昂，通过先计算直方图再计算整体度量的方式可以大幅提升数据立方体的计算性能。虽然一些整体度量可以通过直方图算出，但是这并不代表这些整体度量是代数式的，因为整体度量需要在整个数据集上进行计算，需要获得整个数据集的全局信息，而统计直方图变相地提供了这个全局信息，因此可以计算这些整体度量。

与普通的直接从事实表中进行即时的聚集查询生成结果的方式相比，直方图立方体的优越性在于性能的巨大提升，所有分组操作都已经预计算完成，可以直接在当前结果上计算聚集函数。与普通的数据立方体相比，因为直方图数据立方体是牺牲空间换取灵活性的，实现这个模型需要的存储开销会比只保存一个聚集结果的数据立方大，而且由于进行实际聚集查询时，是先查询出直方图再根据直方图计算聚集函数，因此也会比普通的数据立方慢一些。但是由于直方图能够极大地提升数据立方的灵活性，有效缓解数据立方的缺陷，无疑直方图数据立方体是有其巨大价值的。

3.2.3.5 分布式 OLAP

现如今使用基于 MapReduce 框架的主要算法有 MRNave、MR2D、MRGBLP[34]、MRPipeSort[35]和 MRDataCube[36]。其中，MRNave 是最为基本的数据立方体计算算法，该算法只扫描一次数据集，由于其在 Shuffle 阶段有过多的映射进而导致其在中间阶段有较高的处理成本。相比之下，MR2D 可以处理更大规模的数据，但由于该算法将 MR 阶段划分得太过详细，因而就增加了任务处理的工作量。MRGBLP 算法是由 GBLP 算法扩展而来，它计算的数据来源是立方体，而不是原始数据，通过计算不同级别的立方体数据来得到结果，该方式减少了扫描数据集的过程，相对提高了性能。每种算法都有其优劣之处，很难有一个兼顾所有优点的算法，因而处理问题的关键在于对每种算法优劣的把握，权衡出最适合的一种方案。

参考文献[37]提出了 OLAP 查询中的 SPAJG-OLAP 子集，在存储、查询、数据分布、网络传输和分布式缓存等方面研究海量数据大规模并行处理框架的优化策略和实现技术，实验证明效果良好。该研究基于并行数据库技术优化 ROLAP 性能，通过对 OLAP 查询以及存储的优化达到加速 OLAP 的目的。参考文献[38]指出在 Web 应用中需要同时提供对海量数据的事务操作和决策分析，并介绍了一种能够同时有效支持 OLTP 和 OLAP 的数据存储系统，通过建立索引、数据分块、预计算等方式，有效地提高了 OLAP 的性能。

参考文献[39]指出传统的 OLAP 分析无法很好地适用于数据，该文根据短消息数据的特点，设计了一种基于 Hadoop 的有效存储格式，并使用 MapReduce 实现了 OLAP 操作，更好地适应了 SMS（Short Message Service，短消息业务）中对短消息进行数据分析的需求。该文利用了特殊的数据结构来优化 OLAP 操作的性能，但适用面较窄。参考文献[40]基于 MapReduce，通过数据的筛选策略，减少了数据在网络中不必要的传输，从而优化了复杂云环境中的 OLAP 性能。该研究重点关注云环境的复杂性以及网络时延等因素对 OLAP 性能的影响，是大数据环境下 ROLAP 的一种优化策略，其优化方法与本章所涉及的 DOLAP 和 HaoLap 存在本质区别。

3.2.3 大数据 OLAP 引擎

一些基于 Hadoop 的数据库系统，例如 Hive、HadoopDB、HBase、MongoDB、OLAP4cloud 等，都支持 OLAP 分析。Hive 是一个基于 Hadoop 的数据仓库系统，为数据分析人员提供了类 SQL 接口，支持大数据分析。HadoopDB 将 MapReduce 和关系数据库技术结合起来以管理和分析大数据。HBase 则是面向列存储的开源数据库系统。这些数据库将海量数据存储在分布式文件系统中，通过 MapReduce 完成上卷下钻等操作，属于分布式的 ROLAP 技术，其中维表和事实表的连接运算是一个性能瓶颈。OLAP4cloud 是基于 HBase 的 OLAP 引擎，其将维表直接压缩到事实表中，并提供一种特殊的索引来加快寻址，采用数据立方体的预计算方法，属于一种近似 MOLAP 实现。与分布式的 MOLAP 技术最为相关的是参考文献[41]，该文尝试使用多维数组存储海量数据，并将建立的存储模型运用到了基于 Hadoop 的数据分析工具 Pig[42]中，且通过实验证明该存储模型在占用大量存储空间的同时提高了 OLAP 分析性能。为减少存储开销，后文的 HaoLap 使用多维数组存储维信息而非事实数据，除此之外还提出了维相关的遍历算法以及数据筛选算法。

Apache Kylin 是一个开源的分布式分析引擎，提供 Hadoop 之上的 SQL 查询接口及多维分析（OLAP）能力以支持超大规模数据，最初由 eBay 公司开发并贡献至开源社区。它能在亚秒内查询大规模数据集。Apache Kylin 的架构如图 3-3 所示。

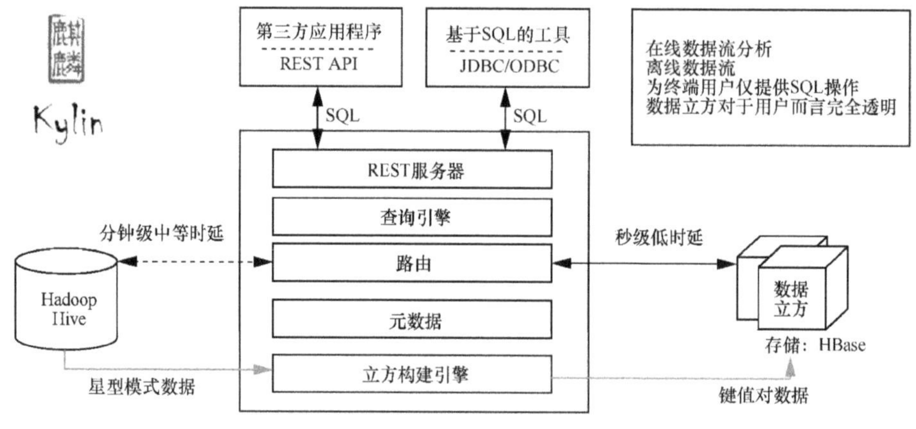

图 3-3 Apache Kylin 的架构

Apache Kylin 允许用户在 Hadoop 上确定一个星型模式，并依据指定的表创建立方，最后通过 SQL 在亚秒级的时间内得到响应，并支持 ODBC、JDBC 及 RESTful 这些 API。

Kylin 是为减少在 Hadoop 上百亿规模数据查询时延而设计的，是一种可扩展的、超快的 OLAP 引擎；Kylin 为 Hadoop 提供标准 SQL，支持大部分查询功能；Kylin 具备交互式查询能力，通过 Kylin，用户可以与 Hadoop 数据进行亚秒级交互，在同样的数据集上提供比 Hive 更好的性能；Kylin 提供多维立方体（MOLAP Cube），使用户能够在 Kylin 里为百亿以上数据集定义数据模型并构建立方体；Kylin 提供与 BI 工具的整合能力，目前支持 Tableau、PowerBI 与 Excel 等，对其他工具的整合也在逐步发布；此外，Kylin 还具备 Job 管理与监控、压缩与编码、增量更新、利用 HBase Coprocessor 减少时延、基于 HyperLogLog 的 distinctCount 近似算法、友好的 Web 界面以及管理、监控和使用立方体、项目及立方体级别的访问控制安全、支持 LDAP 集成等特性。

3.3 近期成果

大数据的规模效应给数据存储、数据管理以及数据分析带来了极大的挑战，学术界和产业界广泛采用分布式文件系统和 MapReduce 编程模型来应对这一挑战。而本文提出了一种分布式 MOLAP 技术，称为 DOLAP，描述了基于 Hadoop 分布式文件系统(HDFS)和 MapReduce 编程模型的 DOLAP 实现，最后介绍了 HaoLap(Hadoop OLAP) 系统。

3.3.1 DOLAP

按照实现方式不同，可以将 DOLAP 分为 3 种类型，分别是 ROLAP、MOLAP 和 HOLAP[43]。其中，ROLAP 采用关系表存储维信息和事实数据，MOLAP 则采用多维数据结构存储维信息和事实数据，而 HOLAP 称之为混合 OLAP，该方法结合了 ROLAP 和 MOLAP 技术[44]。无论是何种 OLAP，都需要存储和计算平台的支持，尤其是在大数据环境下。

为了解决大数据所带来的诸多挑战，学术界和产业界涌现出许多新技术，如分布式文件系统[45]、NoSQL 数据库系统[46]、MapReduce 编程模型[47]以及相关的优化方法，这些技术都被广泛地运用到大数据分析中。MapReduce 编程模型是广为人知的可扩展、灵活且高效的分布式编程框架。Hadoop 是 MapReduce 的开源实现，可对海量数据进行可靠、高效、可扩展的并行处理。基于 Hadoop 的实现，涌现出大量的分布式数据管理系统，并广泛地运用在大数据管理和分析领域，如 Hive[48]、HBase[49]、HadoopDB[50]等。一方面，尽管这些数据管理系统均可以支持 OALP，但是性能往往不尽如人意。例如，基于 HBase 的 OLAP 引擎 OLAP4cloud 框架属于一种基于云计算技术的 OLAP 实现，它采用列存储数据存储结构以及索引等技术优化 OLAP 的性能。但是 OLAP4cloud 并不提供维信息的管理，也无法直接支持上卷下钻操作，因此 OLAP4cloud 仅限于支持对度量数据的查询和简单的聚集操作。另一方面，这些数据库系统均没有针对 OLAP 进行特殊的优化。之前的研究[51]表明，连接操作在 ROLAP 中是非常频繁且相当耗时的操作，当数据量或维数量增加时，连接操作会成为 OLAP 的瓶颈。MOLAP 可以避免数据集的连接操作，因此在性能方面有着天生的优势，但 MOLAP 需要集中式存储多维数据模型，耗费大量空间，如何基于分布式文件系统和 MapReduce 模型实现 MOLAP 模型是一个难题。

基于此，提出了在大数据环境下基于 MapReduce 的分布式 MOLAP 技术，称为 DOLAP (Distributed OLAP)。DOLAP 采用一种特殊的多维模型完成维和度量的映射；采用维编码和遍历算法实现维层次上的上卷下钻操作；采用数据分块和线性化算法将维和度量保存在分布式文件系统中；采用数据块选择算法优化 OLAP 的性能；

采用 MapReduce 编程模型实现 OLAP 操作。

3.3.1.1 维定义

OLAP 采用的多维数据模型包括维和事实两部分，其关键操作是找到维和事实的映射关系。ROLAP 采用关系数据库以及星型模式或雪花模式，将维信息和事实数据分别存储于关系数据库表中，并使用外键完成维信息和事实数据的映射。但是 ROLAP 涉及大量的连接操作，性能较低。MOLAP 采用多维数组存储维和事实，通过对维进行编码和对事实数据直接寻址的方式获得其映射关系，从而避免了连接操作的开销。但 MOLAP 需要以一种集中的方式维护维和事实的映射，由于一个维可以包含多个层次，每个层次可以包含若干个级别，维和事实又是一对多的关系，所以维模型具有复杂性，为了避免额外的存储和维护代价，DOLAP 首先对维进行了简化，以适应分布式环境，同时降低 OLAP 算法的复杂程度。DOLAP 重新定义维和事实数据，同时也定义了其他相关术语。

定义 3.1 维（Dimension）。在多维数据模型中，维将所有的数据项分类至一个无重叠的数据结构中，并且提供数据项的筛选、组织和标识方法。DOLAP 对维的定义进行了简化，简化后的维基于多维模型的维定义，设 d 为维，其遵循以下 3 个约束。

- d 有且仅有一个维层次。
- d 是 m 个维级别所组成的集合，记为$\{l_1, l_2,\cdots, l_m\}$。设 $l_i(i\in[1,m])$为任意一个维级别，则 l_i 仅包含一个维属性，且包含 n_i 个维值。
- 将 d 视作由各级别的维属性取值所组成的树型结构（维值树），则同一级别的兄弟节点，包含相同数目的子节点。

基于上述假设，维 d 由以下两个部分组成。

（1）维模式（Dimension Schema）

包含：m 个维级别的有限集 $L(d)$，且这些维级别仅包含一个概念层次（Concept Hierarchy）。在集合 $L(d)$上存在一个全序关系$>_d$，上卷（Roll-Up）操作指沿着概念层次向上攀升，如果有关系 $l_j>_d l_i(i,j\in[1,m],i<j)$成立，那么认为 l_j 可以上卷到 l_i。

（2）维实例（Dimension Instance）

包含：函数 m_d 可以获得维级别的维属性取值集合。对于 l_i 而言，仅包含一个维属性，该维属性包含 n_i 个取值，$|m_d(l_i)|=n_i$。上卷函数 $\rho_d^{l_j\to l_i}=m_d(l_j)\to m_d(l_i)$，对每个关系 $l_j>_d l_i$：$\forall v^j\in m_d(l_j)$，$\exists v^i\in m_d(l_i)$满足 $\rho_d^{l_j\to l_i}(v^j)=v^i$，且$\forall v^i\in m_d(l_i)$，$\exists v^j\in m_d(l_j)$满足

$\rho_d^{l_j \to l_i}(v^j)=v^i$。$\forall v_x^i, v_y^i \in m_d(l_i)$，$|\{v_x^{i+1}|\rho_d^{l_{i+1} \to l_i}(v_x^{i+1})=v_x^i\}| = |\{v_y^{i+1}|\rho_d^{l_{i+1} \to l_i}(v_y^{i+1}) = v_y^i\}|$。

为简便起见，如果不加说明，本章后续部分的“维”均指符合定义 3.1 的维。

定义 3.2 度量（Measure）。度量 u 是一个独立变量，它们参照每个维的某一维值，并作为 OLAP 的分析对象。度量的粒度是度量参照的维值所在的维级别。最细粒度的度量参照每一维 d 中最低维级别的某一维值。设 u 参照维集合 $D=\{d_1,d_2,\cdots,d_n\}$，$\forall d \in D$，即集合 D 可以确定度量 u，记作 $D \to u$，则满足：$D \to u \Leftrightarrow \exists! v \in m_d(l_m^d) \wedge v \to u$（$d$ 有 m 个维级别），其中，$v \to u$ 指维值 v 可以确定度量 u。

定义 3.3 单元格（Cell）。在逻辑视图中，单元格是由若干不同的度量组成的原子单元，这些度量都参照相同的维值。对于维集合 D 而言，单元格可以表示为度量的集合，记作$\{u|D \to u\}$。

定义 3.4 数据立方（Cube）。根据定义 3.1~3.3，数据立方是 OLAP 中的多维数据结构，简称立方。数据立方的维符合定义 3.1，且由若干单元格组成。

定义 3.5 块（Chunk）。块是数据立方的逻辑划分。一个数据立方可以根据维的取值分成多个块。

图 3-4 是由 3 个维（x, y, z）所组成的立方，图 3-4 中较小的方格代表单元格，较大的方格代表块。在实际操作中，块中有可能包含一些空的单元格，即该单元格中没有任何度量。在实际应用中，为了减少立方占用物理空间的大小，若单元格内没有任何度量，则在该块文件中不保存该单元格的记录。

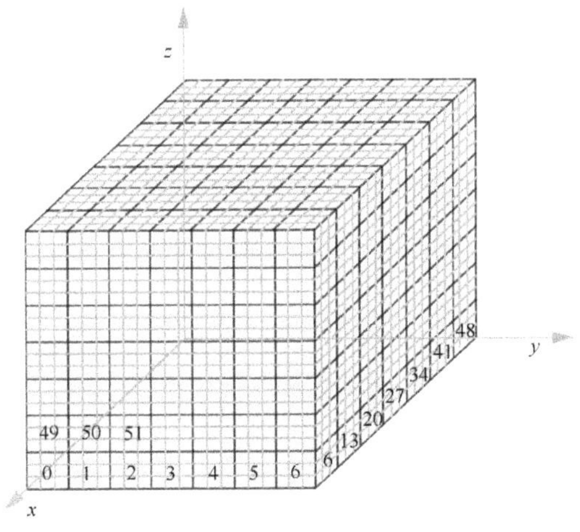

图 3-4 数据立方示例

3.3.1.2 维算法

在 OLAP 操作中，对维的操作是非常频繁的。维的编码和遍历算法是 MOLAP 的关键技术。本节将对 DOLAP 技术中维的编码和遍历算法进行阐述。

1. 维编码方法

维编码方法主要包括二进制编码和十进制编码。二进制编码也称作位图编码，通过编码的拼接可以包含维的级别信息，通过编码的移位实现维的遍历，但是二进制编码会造成很大程度上的稀疏[52]。十进制编码是对每个维级别的维值依次使用十进制数编码，但是无法直接获得编码和维值的映射。在大数据环境中，为了避免稀疏，DOLAP 采用十进制的编码方法，同时提出了维的遍历算法，来计算编码和维值间的映射关系。设 l 是维 d 中的某个维级别，对 $\forall x\in[1, |m_d(l)|]$，$v_x\in m_d(l)$，$v_x$ 的编码为 $code(v_x)$，则 $code(v_x)=x-1$。该编码方法如下。

input: *Dimension d*: a target dimension

function: *DimensionCoding*

  for $i = 1$ **to** $|L(d)|$;

    for $j = 0$ **to** $|m_d(l_i)|-1$;

      Dimension value of $v_j^i\in m_d(l_i)$

      $v_j^i.code=j$;

    end for

  end for

在实际应用环境，绝大部分维是数值型的，例如高度、经度、价格、流水号等。数值型的维可以按照其值域进行划分，不同的划分步长可以确定不同的维级别，因此数值型的维可以很容易地满足定义 3.1 的约束条件。但是还存在一部分非数值型的、枚举型的维，例如日期、城市、部门等。为使枚举型维符合定义 3.1，可以使用一些空值填补维值树，使同一级别的兄弟节点包含有同数目的子节点。图 3-5 展示了日期维的编码结果。在“月”级别上，每个月的天数是不同的，为了满足定义 3.1，设每个月有 31 天，所以在图 3-5 中的 2 月插入了“29 日”“30 日”和“31 日”3 个空值。

对于实际应用中更为复杂的维，采取化简、划分维层次使之形成维值树，使用空值填补维值树的方法使之满足定义 3.1 的约束条件。例如，针对 TCP-H（三利判决 TCP）

数据集中的维模式，处理方法如下：通过取舍和合并的方法，化简 TCP-H 的雪花模式为星型模式，其结果为 SSB[53]数据集中的维模式；针对 *SUPPLIER* 维表，使用区域属性（*Nation,Region,City*）作为划分维层次的依据，得到维层次 *Nation-Region-City*；在维 *Nation-Region-City* 的维值树中添加空值，使之满足定义 3.1 的约束。

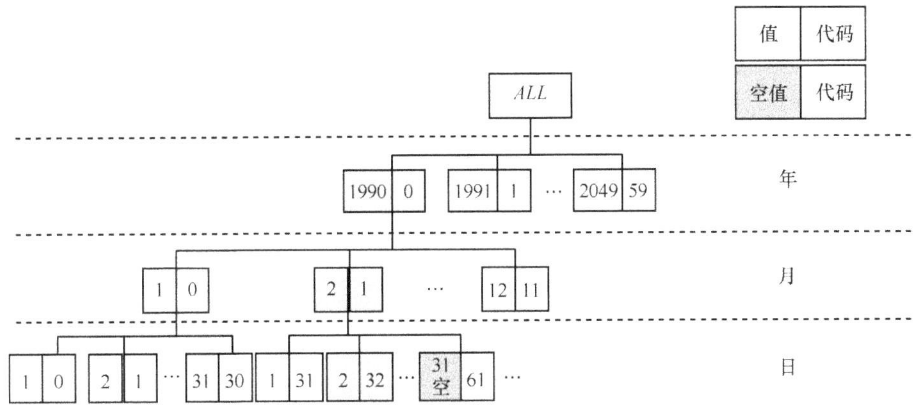

图 3-5 日期维的编码结果

2. 维遍历算法

DOLAP 的维可以看作一棵特殊的单根树，记作 T^d，其中，*ALL* 是 T^d 的根节点，记为第 0 级别。每个维级别中的维值可以看作维值树中的节点，同时每一个兄弟节点都有相同数目的子节点，如图 3-5 所示。OLAP 操作中，涉及大量对维值树 T^d 的遍历操作，例如：沿着 T^d 攀升（即上卷）或沿着 T^d 下降（即下钻）。设有关系 $\forall\ i\in[1,m-1]$，$l_{i+1}>_d l_i$，$v^i\in m_d(l_i)$，$v^{i+1}\in m_d(l_{i+1})$，那么 v^i 和 v^{i+1} 之间的上卷关系 $\rho_d^{l_{i+1}\to l_i}(v^{i+1})=v^i$ 是 OLAP 中的关键操作。编码机制将能够表征这种上卷关系，可通过编码运算实现 T^d 中的上卷操作。本节首先引入维级别规模的概念，并通过对节点 v^i 和 v^{i+1} 的编码运算，获得关系 $\rho_d^{l_{i+1}\to l_i}(v^{i+1})=v^i$。至于从 v^i 到 v^{i+1} 的下钻操作，可以等同视为从 v^{i+1} 至 v^i 的上卷操作，此处不再赘述。

定义 3.6 维级别规模（Dimension Level Size）。设 d 是一个维，由 m 个维级别组成，第 i 个维级别记作 l_i（$i\in[1,m-1]$），维级别规模记作$|l_i|$，则$|l_{i+1}|=|\{v^{i+1}|\forall\ v^i\in m_d(l_i), \rho_d^{l_{i+1}\to l_i}(v^{i+1})=v^i\}|$，其中，$\{v^{i+1}|\forall\ v^i\in m_d(l_i), \rho_d^{l_{i+1}\to l_i}(v^{i+1})=v^i\}$指维级别中符合条件的维属性取值的集合，$|\{v^{i+1}|\forall\ v^i\in m_d(l_i), \rho_d^{l_{i+1}\to l_i}(v^{i+1})=v^i\}|$指该集合的大小。

根据定义 3.6，维级别规模是指在维值树中上层维级别中任意节点的子节点的个数。

设<$v^1, v^2,\cdots,v^i, v^{i+1},\cdots, v^m$>是 T^d 中自上而下的一条分析路径，v^i 在其兄弟节点间的位置记为 $order(v^i)$（兄弟节点拥有共同的父节点，且其位置计数从 0 开始，从左至右），则编码与位置的关系可表述为：

$$code(v^i) = (\cdots((0 + order(v^1))\times | l_2 | + order(v^2))\times | l_3 | + order(v^3))\cdots)\times | l_i | + order(v^i) \tag{3-1}$$

对于图 3-5 中的路径<$1990^1,2^2,2^3$>，$code(2^3)=32$、$order(2^3)=1$；$code(2^2)=1$、$order(2^2)=1$；$code(1990^1)=0$、$order(1990^1)=0$。

同理，当给出 $code(v^i)$时，$order(v^1)$到 $order(v^i)$的值可通过式（3-2）计算得到：

$$\begin{aligned} &temp_i = code(v^i) \\ &order(v^i) = temp_i \% | l_i | \, temp_{i-1} = \left\lfloor \frac{temp_i}{| l_i |} \right\rfloor \\ &order(v^{i-1}) = temp_{i-1} \% | l_{i-1} | \, temp_{i-2} = \left\lfloor \frac{temp_{i-1}}{| l_{i-1} |} \right\rfloor \\ &\cdots \\ &order(v^1) = temp_1 \% | l_1 | \end{aligned} \tag{3-2}$$

联合式（3-1）和式（3-2），对于给定 $code(v^i)$，可以计算出其对应的所有父节点的编码，即 $code(v^{i-1})$到 $code(v^1)$的值，从而可以进行上卷操作。例如，图 3-5 中在“日”维级别中，已知 $code(2^3)=32$，其路径为<1990^1, 2^2, 2^3>，根据式（3-2），已知 $code(2^3)=32$、$|l_3|=31$、$|l_2|=12$、$|l_1|=50$，则 $order(2^2)=1$、$order(1990^1)=0$；再根据式（3-1），可以计算得到 $code(2^2)=1$、$code(1990^1)=0$。

3.3.1.3 数据立方分块

将数据立方划分为块的目的是在 OLAP 过程中对数据进行筛选，从而优化 OLAP 的性能；同时，块也可以作为数据立方的存储单元。本节首先定义维、数据立方以及块的规模和容量，而后讨论数据立方的分块策略。

定义 3.7　维规模（Dimension Size）。维规模是指最底层维级别的维值个数。设 d 是一个维，包含 m 个维级别，记作 l_1, l_2,⋯, l_m。记$|d|$为维 d 的规模，则 $| d |=| m_d(l_m) |= \prod_{i=1}^{m} | l_i |$。

定义 3.8　立方规模（Cube Size）和立方容量（Cube Capacity）。立方规模是

由组成立方的维规模构成的元组；立方容量则是立方内包含的单元格的个数。设立方由 n 维组成，其中，第 i 个维记作 d_i($i\in[1,n]$)。立方规模为$|cube|=<|d_1|,|d_2|,\cdots,|d_n|>$，立方容量为$|cube|^n=\prod_{i=1}^{n}|d_i|$。

定义 3.9 块规模（Chunk Size）和块容量（Chunk Capacity）。块规模是一个由该块包含的每个维最底层维级别上维值的个数构成的元组。块容量是块包含的单元格的个数。设块由 n 维组成，其中，第 i 个维记作 d_i（$i\in[1,n]$），且 d_i 被划分为 p_i 份。记块的规模为$|chunk|$，则$|chunk|=<\lambda_1, \lambda_2,\cdots, \lambda_n>$，其中，$\lambda_i=\left\lceil\frac{|d_i|}{p_i}\right\rceil$，块容量为$|chunk|^n=\prod_{i=1}^{n}\lambda_i$。

DOLAP 的性能与$|chunk|^n$的取值密切相关。$|chunk|^n$取值越小，并行性越好，实际参与运算的单元格数量越少，但此时调度代价变高，如何折中地确定$|chunk|^n$ 的取值将变得十分关键。借鉴参考文献[54]，DOLAP 采用一种通过查询条件及其出现的概率来确定块容量的方法，但难以穷举所有查询条件及其出现的概率，所以该方法采用随机抽样，抽取一些查询条件及其出现的概率。除此之外，$|chunk|^n$ 的取值还应该考虑算法的运行环境。DOLAP 利用 MapReduce 实现，所以$|chunk|^n$ 的取值还需考虑 MapReduce 的一些特性，例如文件寻址时间、数据处理时间等。表 3-3 列出了相关符号的定义，其中，λ_i 为变量，T 和 N_a 是计算结果，其他为已知常量。

表 3-3 相关符号的定义

符号	含义描述
T	一个 OLAP 操作消耗的平均时间
n	多维数组维的个数
λ_i	维 d_i 上的块规模
N_a	平均一个查询命中的块个数
v	Map 任务的处理速度（个/s）
t_0	文件寻址时间
t_1	Map 任务消耗的额外时间
q	所有可能的查询条件个数
a_{ij}	查询条件 j 在维 d_i 上的取值个数
ξ_j	查询条件 j 出现的概率

平均一个查询命中的块个数 N_a 可以通过每个查询条件出现的概率得到：

$$N_a = \sum_{j=1}^{q}\left(\prod_{i=1}^{n}\left\lceil\frac{a_{ij}}{\lambda_i}\right\rceil \xi_j\right) \tag{3-3}$$

考虑 MapReduce 相关的一些影响因素之后，可以得到一个 OLAP 操作消耗的平均时间：

$$T = \left[\sum_{j=1}^{q}\left(\prod_{i=1}^{n}\left\lceil\frac{a_{ij}}{\lambda_i}\right\rceil \xi_j\right)\right]\left(t_0 + t_1 + \frac{\prod_{i=1}^{n}\lambda_i}{v}\right) \tag{3-4}$$

通过式（3-4）可以计算出 T 取最小值时的 λ_i，也就得到了块规模。每个维上的块规模均可通过上述方法计算得到，从而可以得到块容量的最佳值。由式（3-4）可以看出，"$\lceil\cdot\rceil$"操作会导致块容量的和大于立方容量，所以块中会存在空的单元格。

3.3.1.4 数据存储

传统 MOLAP 数据立方的存储代价很大，尤其是在高维数据立方或每个维包含大量维值的情况下。事实上，传统 MOLAP 依赖访问内存中的多维数组加快 OLAP 操作，显然这种方式在大数据环境中难以实现，DOLAP 的"多维数组"是通过计算得到的，而无需存储，因此数据立方的存储代价非常小。DOLAP 对维进行简化，可以保证在同一级别上维的编码是连续的十进制数，同时每一个兄弟节点都有相同个数的子节点，所以维信息仅需存储每个维级别规模，极大地降低了维的存储代价。设维 d 由 m 个维级别组成，记作$\{l_i|i\in[1,m]\}$，则 d 的物理存储可以表示为该维级别和维级别规模的序偶所组成的集合$\{<l_i,|l_i|>|i\in[1,m]\}$，其中，$l_i$ 表示该维级别的名称。DOLAP 实现系统可以使用 XML 文件存储维信息，并保存于集群主节点。

逻辑上，"立方和其单元格"或是"立方和其块"的数据结构均可以类比为"多维数组和其元素"的数据结构。物理上，块是立方的存储单元，将块内的单元格线性化（Linearization）后，块可以作为独立文件进行存储。为了便于寻址，块和单元格都需要支持线性化和反线性化（Reverse-Linearization）运算，且该运算与多维数组的线性化和反线性化运算是一致的。设存在一个 n 维数组，其维规模记作$<A_1,A_2,\cdots,A_n>$，多维数组中的元素 X 在多维空间中的坐标记作（$X_1, X_2,\cdots, X_n$），其线性化后的坐标记作 $index(X)$，则其线性化方法如式（3-5）所示，反线性化方法如式（3-6）所示：

$$index(X) = (\cdots((X_n \times A_{n-1} + X_{n-1}) \times A_{n-2} + \cdots + X_3) \times A_2 + X_2) \times A_1 + X_1 \quad (3\text{-}5)$$

$$\begin{aligned} & temp_1 = index \\ & X_1 = temp_1 \% A_1, temp_2 = \left\lfloor \frac{temp_1}{A_1} \right\rfloor \\ & X_2 = temp_2 \% A_2, temp_3 = \left\lfloor \frac{temp_2}{A_2} \right\rfloor \\ & \cdots \\ & X_n = temp_n \% A_n \end{aligned} \quad (3\text{-}6)$$

对于单元格而言，构成该立方的维记作 $d_1, d_2,\cdots, d_n$。设 x 是立方中的一个单元格，x 在维 d_i 上对应的维值为 v^i，$code(v^i)=x_i$，则 x 的坐标为（$x_1,x_2,\cdots,x_n$），式（3-5）将（$X_1,X_2,\cdots,X_n$）替换为（$x_1,x_2,\cdots,x_n$），将 $<A_1, A_2,\cdots, A_n>$ 替换为 $<|d_1|, |d_2|,\cdots,|d_n|>$，式（3-6）亦然，由此可得单元格的线性化和反线性化算法。在存储实现中，单元格存储为 Hadoop HDFS[55]中 MapFile[56]文件的一条记录，该记录包括该单元格线性化后的坐标及其包含的度量。

对于块而言，设 y 是一个块，它是立方的一个划分，$|y|=<\lambda_1,\lambda_2,\cdots,\lambda_n>$，$y$ 的坐标为（$y_1,y_2,\cdots,y_n$），y 内任意一个单元格的坐标为（$x_1, x_2\cdots,x_n$），则 $y_i = \left\lfloor \frac{x_i}{\lambda_i} \right\rfloor$，式（3-5）中，将（$X_1,X_2,\cdots,X_n$）替换为（$y_1,y_2,\cdots,y_n$），将 $<A_1,A_2,\cdots,A_n>$ 替换为 $<\lambda_1,\lambda_2,\cdots,\lambda_n>$，式（3-6）亦然，由此可得单元格的线性化和反线性化算法。在存储实现中，一个块存储为 Hadoop HDFS 中的一个 MapFile 文件，线性化后的块坐标作为块文件的文件名，以便进行块文件的寻址；块文件内每一条记录存储了该块内的一个单元格，块文件则存储于分布式文件系统 Hadoop HDFS 中。在块文件中按 Key-Value 的形式存储所有的单元格数据，其中，Value 对应事实数据，Key 则为单元格（Cell）坐标按式（3-5）线性化后的索引值。该索引值是一个十进制正整数，在大数据环境中，数据立方规模会非常大，以 Java 语言为例，索引值会超出长整型（Long）的最大取值范围 2^{64}，因此可采用字符串表示的数字数据。此外，若采用 Key-Value 方式存储，Key 的存储开销可能会比对应的 Value 存储开销大得多，这样就浪费了大量存储，因此对于一个块文件，仅记录一个最

小的单元格索引值，而 Key 存储的则是相对于该值的偏移量。

3.3.1.5 块选择算法

本节在数据模型的基础上介绍 OLAP 算法及其 MapReduce 实现。OLAP 包括上卷、下钻、切片、切块以及旋转操作。切片、切块可以视作范围查询；上卷、下钻可以视作范围查询和数据聚集；旋转可以视作创建立方的不同视图。一个 OLAP 操作的输入可以抽象为四元组，记作<*Target*, *Range*, *Aggregation*, *Result*>。其中，*Target* 代表待分析的数据立方（元数据）；*Range* 代表立方中待分析数据的数据范围；*Aggregation* 指聚集函数，例如 *mean*( )、*sum*( )、*maximum*( ) 以及 *minimum*( )；*Result* 则代表结果数据立方（元数据）。当 *Target* 的最高维级别低于（高于）*Result* 的最高维级别，表示完成上卷（下钻）操作。OLAP 操作的输入和输出均为数据立方。*Result* 是 *Target* 经过查询和聚集后新生成的立方。显然，*Result* 和 *Target* 的维规模可能不同。

人们通常通过维来查询度量，所以 OLAP 操作的查询条件同样由维组成。*Range* 是一个多维二元组，它指出了 *Target* 中待分析数据的数据范围。设组成立方 *Target* 的维集合为$\{d_1, d_2,\cdots,d_n\}$，对于维 d_i，序偶$<\alpha_i,\beta_i>(\alpha_i<\beta_i)$代表在该维上所需数据的取值范围，则 $Range=\{<\alpha_i, \beta_i>|\ i\in[1,n]\}$。为了便于表述，*Range* 记为如$<\{\alpha_1,\alpha_2,\cdots,\alpha_n\},\{\beta_1,\beta_2,\cdots,\beta_n\}>$的形式。

DOLAP 提出的 OLAP 操作包括 4 个基本算法：块选择、数据查询、改变维级别、数据聚集。很多现有研究都讨论了如何在 MapReduce 中实现查询和聚集操作，改变维级别参见第 3.3.1.1 节维遍历算法。因此本节仅针对块选择进行讨论。块选择是指“确定包含满足查询条件的数据的所有块”的过程。利用块选择算法减少 OLAP 操作输入块的个数，缩小查询空间，可以极大地提高 OLAP 性能。设一个 OLAP 操作中给定 *Range* 为$<\{\alpha_1,\alpha_2,\cdots,\alpha_n\},\{\beta_1,\beta_2,\cdots,\beta_n\}>$，满足 *Range* 的块的坐标为（$c_1,c_2,\cdots,c_n$），块规模为$<\lambda_1,\lambda_2,\cdots\lambda_n>$，则$\forall\, i\in[1,n]$，$c_i$满足式（3-7）：

$$\left\lfloor \frac{\alpha_i}{\lambda_i} \right\rfloor \leqslant c_i \leqslant \left\lfloor \frac{\beta_i}{\lambda_i} \right\rfloor \qquad (3\text{-}7)$$

满足式（3-7）的块会作为 OLAP 操作的输入，而非输入全部数据块，缩小了 OLAP 操作的查询空间，而且块选择算法不需要额外的查询，仅通过编码计算，算法代价很低。

图 3-6 显示了块选择算法的示例。设某 OLAP 操作中给定 *Range* 为<$\{x_1, y_1, z_1\}$, $\{x_2, y_2, z_2\}$>。图 3-6 中，*F* 的坐标为（x_1, y_1, z_1），*D* 的坐标为（x_2, y_2, z_2），则待查询的数据范围是 *ABCD~EFGH*。通过式（3-7）可得实际查询输入块的范围是 *A'B'C'D'~E'F'G'H'*。对比整个立方，通过块选择可以筛选掉一大部分与查询无关的数据，但是 *A'B'C'D'-E'F'G'H'*的边缘块中仍有少部分无关数据，这部分数据将在 OLAP 操作的查询阶段进行过滤。

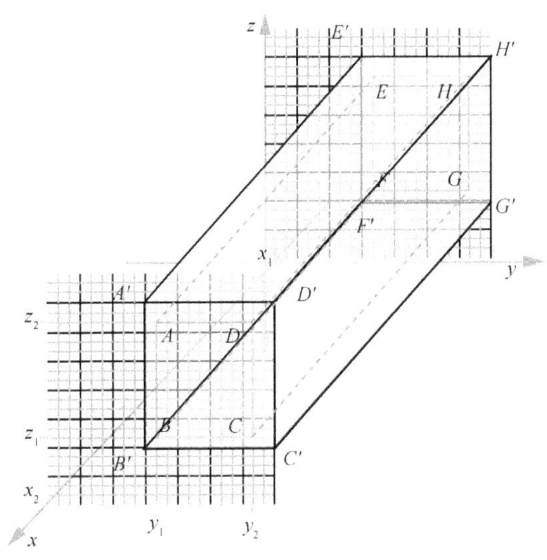

图 3-6　块选择算法的示例

3.3.2　MapReduce OLAP

整个 OLAP 分析会涉及 OLAP 服务器端和 OLAP 客户端，前者提供了 OLAP 分析的具体功能，后者包含一些应用逻辑和友好的界面。本节的重点是 OLAP 分析的具体实现，即 OLAP 服务器端的功能，而 OLAP 客户端相关的功能虽然也很重要，但是超出了本节的范围。例如，本节给定了计算数据小方的算法，可以用于预计算和 OLAP 分析，但是具体选择计算哪些数据小方或整个数据立方的所有数据小方与具体用例相关，这应该由 OLAP 客户端决定，并不在本节的讨论范围之内。OLAP 分析算法的结果可以按照任何规定的格式输出，但是结果的表现形式是表格、统计图还是其他方式，也不在本节的考虑范围内。

3.3.2.1 OLAP 会话

OLAP 分析包括切片、切块、上卷、下钻、旋转等基本操作，通常情况下都是在选定的一个数据范围上反复进行多次操作，因此如果在这个数据范围上预计算一些数据小方，那么之后的 OLAP 操作就能够直接读取数据，能极大地提高分析效率。本节将这一过程定义为 OLAP 会话。

定义 3.10 OLAP 会话。选定一个多维数据集，并给出维范围、聚集条件，接着在选定的范围上做若干次 OLAP 操作，这一完整的过程叫作 OLAP 会话。

OLAP 会话的完整流程如图 3-7 所示，OLAP 客户端是指可供用户操作的、可以展示 OLAP 分析结果的程序，它向 OLAP 服务器端发送分析指令，并将 OLAP 返回的数据以友好的方式展示出来。OLAP 服务器端才是真正处理数据的地方。本节提及的分析算法主要针对 OLAP 服务器端。

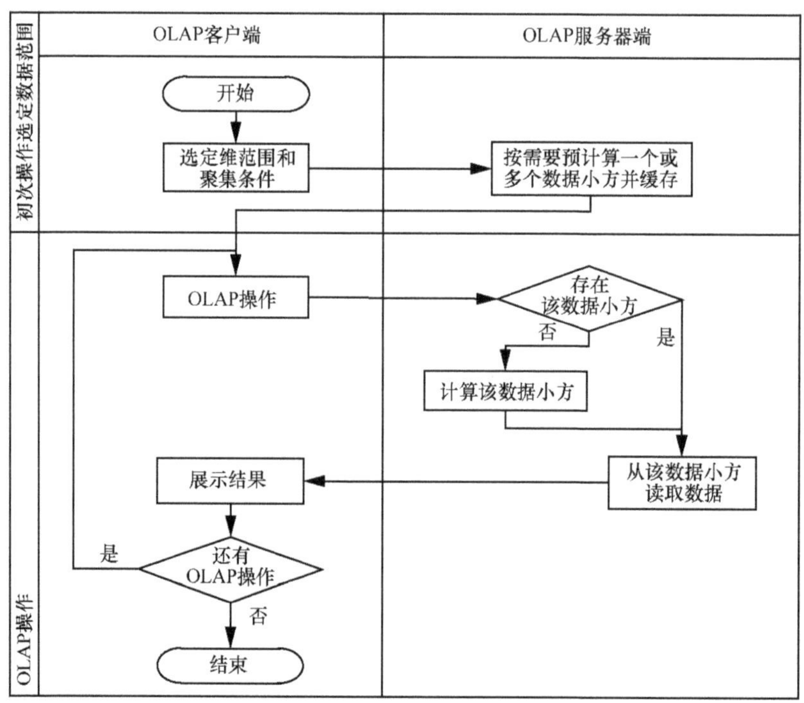

图 3-7 OLAP 会话的完整流程

OLAP 分析包括切片、切块、上卷、下钻、旋转等基本操作，其中切片和切块可以看作区域查询的运算，上卷和下钻可以看作对同一个数据范围进行不同级别的聚集运算，而旋转则可以看作对 OLAP 操作结果生成不同的视图。因此，可以把 OLAP 操作分成 3 个原子操作：区域查询、聚集运算和生成结果视图。显然生成结果视图应交予 OLAP 客户端处理，不在本节的讨论范围内。

接下来分析一下区域查询和聚集运算两个原子操作。

- 区域查询：区域查询首先需要选定数据集，也就是选定一个最细节数据的多维数组，再给出维的范围。通过这两个条件，能选定一些数据。
- 聚集运算：聚集运算的输入条件包括何种聚集运算和每一个维都聚集到哪一个层次。对区域查询中选定数据进行聚集运算就得到了 OLAP 操作的最终结果。

3.3.2.2　MapReduce 作业分析

本节将根据 OLAP 分析算法的特点，将 MapReduce 作业（MapReduce Job）划分成几个阶段，并分析各阶段 Key-Value 变化的情况。

各种文献和资料上对 Map、Mapper、Map 任务（Map Task）等相近的概念没有准确定义，经常混在一起使用，通常并不会引起歧义。但是一个作业中会出现不同种类的 Map 任务，因此在这里先区分一下相关概念。

Mapper 表示 org.apache.hadoop.mapreduce.Mapper 的一个子类，是一个具体的实现类。在 MapReduce 作业运行的时候，不同的 TaskTracker 根据同一个 Mapper 来启动相同功能的 Map 任务，处理不同数据。一个 Map 任务先用输入格式组件读取数据，再用 Mapper 处理数据，接着用 Partitioner 进行数据分区，最后将数据写入本地磁盘。

类似地，Reducer 表示 org.apache.hadoop.mapreduce.Reducer 的一个子类，是一个具体的实现类。在 MapReduce 作业运行的时候，不同的 TaskTracker 根据同一个 Reducer 来启动相同功能的 Reduce 任务，处理不同数据。一个 Reduce 任务先从若干个 Map 任务的本地磁盘获取自己要处理的数据，处理完之后使用输出格式组件输出结果。

1. MapReduce 作业阶段划分

整个 MapReduce 作业的执行过程如图 3-8 所示。根据数据的不同状态，将整个 MapReduce 作业分成了 4 个阶段。值得注意的是，这 4 个阶段并不是按时间顺序进行划分的，例如，在同一时刻，对一个 MapReduce 作业而言，它在集群中的 Map 任务和 Reduce 任务可能会同时执行。另外，整个 MapReduce 作业中还存在一些重要的步骤，可能在未来的工作中会涉及，例如，Map 任务后半段中对数据的排序过

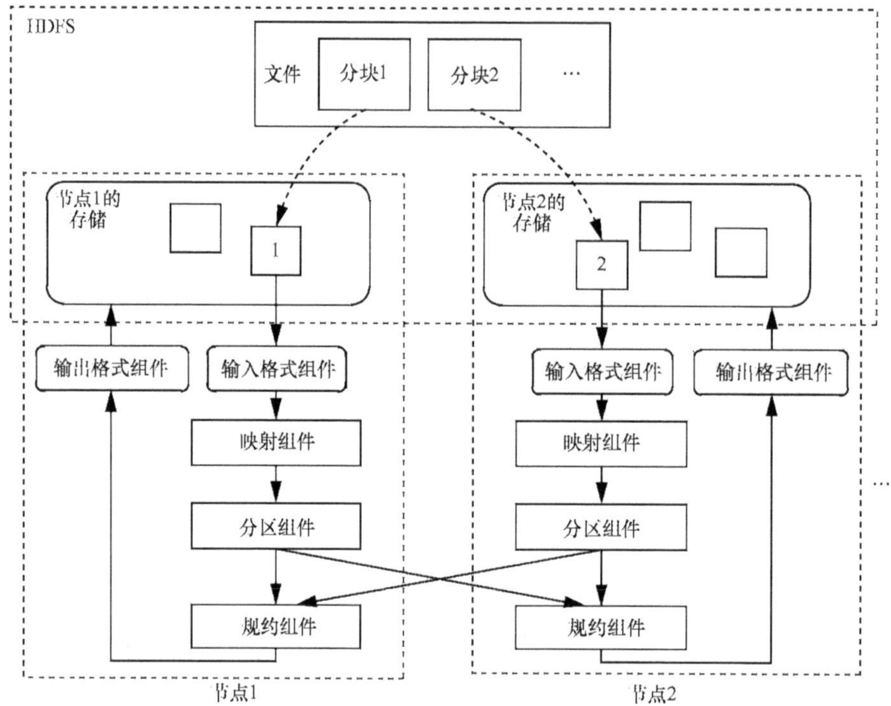

图 3-8　整个 MapReduce 作业的执行过程

程，Reduce 任务前半段中对数据的排序过程等，因此接下来在对阶段的分析中，将不对这些步骤做详细说明。

MapReduce 作业的 4 个阶段描述如下。

- 初始化阶段：首先根据查询条件，初始化一些作业执行时需要用到的参数，再选取相应的数据块，将 Map 任务分配到相应的 TaskTracker 节点。这一阶段，数据并没有被读取或处理。
- Map 数据筛选阶段：输入格式组件将数据从数据块中读取出来，并转化为 Key-Value，输入 Map 任务中进行处理。在 Map 任务中，需要将一些不符合条件的数据筛除。
- Map 数据分区阶段：在 Map 任务中，还需要将 Key-Value 转化为适合 Reduce 任务处理的格式，再进行分区，方便不同的 Reduce 任务来获取数据。
- Reduce 阶段：根据聚集条件，对进入 Reduce 任务的数据进行聚集运算，并按照指定格式通过输出格式组件将结果作为文件输出到 HDFS 中。

2. 键值对变化

在整个 MapReduce 作业中，将维信息作为 Key，将度量数据作为 Value。为了方便说明，将聚集之前的度量数据称为细节数据，将聚集之后的度量数据称为汇总数据。下面将分析 Key-Value 是如何变化的。

（1）HDFS 文件

在 HDFS 文件中，按一定顺序存储细节数据，而没有直接存储维信息。

Key：无；Value：细节数据。

（2）输入格式组件

输入格式组件将细节数据从文件中读取出来，并生成 Key-Value 传给 Mapper。可以通过头文件中的数据起始位置和数据在文件中的偏移位置计算出一维数组的坐标（这个一维数组是由数据小方的多维数组线性化所得），以此作为 Key，将细节数据作为 Value。

Key：细节数据小方的一维数组坐标；Value：细节数据。

（3）Mapper

首先 Mapper 将细节数据小方的一维数组坐标反线性化，得到了细节数据的多维数组坐标，再根据区域查询的条件将不符合要求的 Key-Value 筛除，不改变 Value。

考虑到 Reducer 会将输入的 Key-Value 中拥有相同 Key 的数据进行统一处理，所以 Mapper 需要将多维数组各维上的坐标转化到与聚集粒度相同的层次，这样需要聚集在一起的数据就会有相同的 Key，有利于下一步的聚集运算。例如，细节数据在时间维上的层次是“日”，聚集粒度在时间维上的层次是“月”，则需要通过“日”层次上的编号算出“月”层次上的编号，并将多维数组时间维上的坐标设置成对应“月”层次的编号，其他各维上的坐标也同样设置成需要聚集到的层次，这样就保证了需要聚集在一起的数据有相同的坐标值。最后再将汇总数据小方的多维数据线性化，因为一维数组坐标比多维数组坐标占用更少的空间，可以减少从 Mapper 到 Reducer 的数据量，从而减少网络传输，提高作业性能。

Key：汇总数据小方的一维数组坐标；Value：细节数据。

（4）Reducer

按照指定的聚集运算，将拥有相同 Key 的所有 Value 进行聚集，算出汇总数据。这时得到了一个汇总数据的多维数组，并且这个多维数组已经被线性化。

Key：汇总数据小方的一维数组坐标；Value：汇总数据。

（5）输出格式组件

由于 Key 已经被线性化，因此可以直接导入 HDFS 文件中。

Key：汇总数据小方的一维数组坐标；Value：汇总数据。

下面给出一个例子来说明 Key-Value 的整个变化过程。假设维 D_1 上有 16 个最细粒度的维成员，分成 3 个层次，分别是 16 个 1 组、8 个 1 组和 1 个 1 组；维 D_2 上有 20 个最细粒度的维成员，分成 4 个层次，分别是 20 个 1 组、10 个 1 组、5 个 1 组和 1 个 1 组。在 D_1、D_2 上有一个二维数据集，包含 16×20=320 个细粒度数据，数据分块在 D_1、D_2 上的边长分别是 4、5，因此分成了 4×4=16 个数据块。聚集的粒度是 D_1 的第 2 层次（8 个 1 组）和 D_2 的第二层次（10 个 1 组），因此最后结果是一个 2×2 的二维数组。聚集运算是 SUM（求和运算）。图 3-9 以第 7 个数据块中的第 7 个数据为例，解释了整个过程中 Key-Value 是如何变化的。

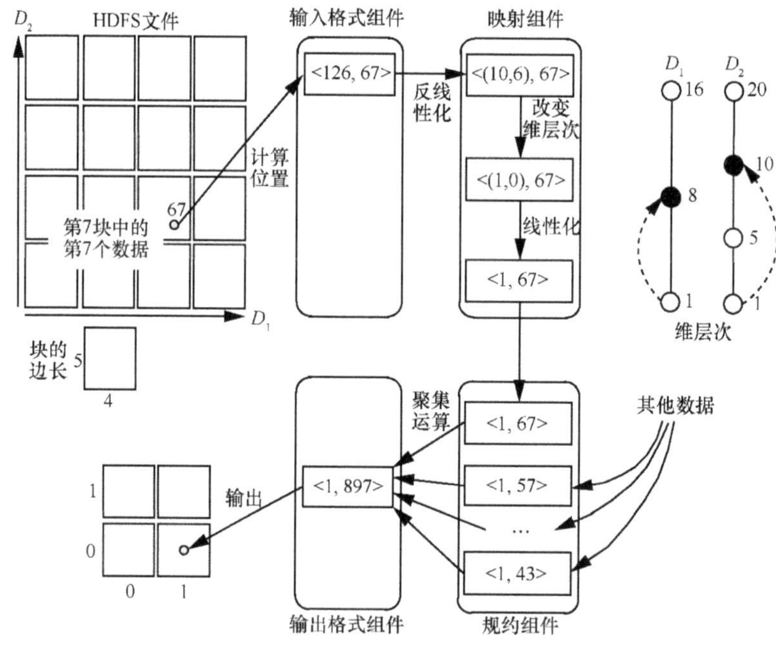

图 3-9 一个 Key-Value 变化过程的例子

3.3.2.3 区域查询

区域查询对应的是初始化阶段和 Map 数据筛选阶段，根据选定的数据集和维范围，取得符合要求的数据。

1. 初始化阶段

首先 OLAP 操作必须要选定数据集，例如，有地表温度最小值、地表温度平均值、地表温度最大值等数据集，需要从中选定一个。

条件 1：*Set*

在 n 维数据集上，OLAP 操作选定了维 D_i 的 h_i 层次上的维范围(x_i, y_i)，将选中的维、维层次、维范围组成一个四元组，形成了一个条件。

条件 2：（D_i, h_i, x_i, y_i）（i=1, 2,⋯, n）

通过维的层次关系算出最细粒度的层次上的维编码范围(s_i, e_i)，那么可以得到 n 维空间中的两个点 $start(s_1, s_2,\cdots, s_n)$，$end(e_1, e_2,\cdots, e_n)$，这两个点可以确定一个查询块，于是可以将条件 2 做出如下改进。

条件 2'：$start(s_1, s_2,\cdots,s_n)$, $end(e_1, e_2,\cdots,e_n)$

聚集条件包括两部分，一部分是聚集运算的种类，包括：最大值、最小值、总和、平均数、方差等；第二部分是聚集粒度，也就是数据聚集到每一维的哪一层次上。

条件 3：*Aggregation*

条件 4：（D_i, h_i）（i=1, 2,⋯,n）

2. 选中数据分块

算法详见第 3.3.1.4 节。图 3-10 给出了一个二维数据集上的范围查询的例子，假设选定了一个二维数据集，数据分块在维 D_1、D_2 上的长度分别为 f_1=4 和 f_2=5，条件 2'为 $start(5, 2)$，$end(14, 18)$。则 $S_1=\lfloor s_1/f_1 \rfloor=\lfloor 5/4 \rfloor=1$，$S_2=\lfloor s_2/f_2 \rfloor=\lfloor 2/5 \rfloor=0$，$E_1=\lfloor e_1/f_1 \rfloor=\lfloor 14/4 \rfloor=3$，$E_2=\lfloor e_2/f_2 \rfloor=\lfloor 18/5 \rfloor=3$，于是可得 $start(1, 0)$，$end(3, 3)$。对于任意数据分块(A_1, A_2)，只要满足 $1\leqslant A_1\leqslant 3$ 且 $0\leqslant A_2\leqslant 3$，就是区域查询命中的数据块，即块(1, 0) (1, 1) (1, 2) (1, 3) (2, 0) (2, 1) (2, 2) (2, 3) (3, 0) (3, 1) (3, 2) (3, 3) (4, 0) (4, 1) (4, 2) (4, 3)，共 16 个块。

3. Map 任务数据筛选阶段

由于数据的分块是经过合理设计的，每个数据分块对应一个不被分块的 HDFS 文件，因此能保证每个 Map 任务读取一个数据分块，并且读取的数据都来自本地硬盘。

可以看出，初始化阶段所选中的数据分块并不是完全相同的：有些数据分块需要进行进一步的筛选，如图 3-10 中的块（1,0），而有些却不需要，如图 3-10 中的块（2,1）；有些数据分块是普通块，有些是压缩块，它们的文件格式不同。因此需要根据数据分块的不同情况，将它们送到不同的 Map 任务中。

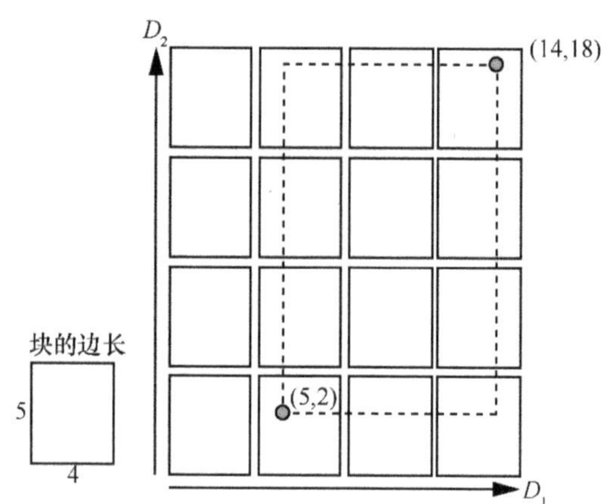

图 3-10　二维数据集上的范围查询

根据数据分块的文件格式，使用了不同的输入格式组件，将 HDFS 文件转化为 Key-Value：普通块使用了自定义的 CubeFile 格式存储，因此采用 CubeFile 输入格式组件进行读取，根据文件头部存储的数据范围和数据在文件中的偏移量，算出数据在一维数组中的下标，并作为 Key 值，将数据读取出来作为 Value 值；压缩块使用了 Hadoop 自带的 SequenceFile 格式，因此采用 SequenceFile 输入格式组件直接读取存储的 Key-Value 值。

根据是否需要对数据进一步筛选设计了两个 Mapper：对于不需要筛选的数据块，采用 Hadoop 自带的 IdentityMapper，将 Key-Value 原封不动地进行输出；对于需要进一步筛选的数据块，采用自定义的 FilterMapper，根据条件 2'将不符合要求的 Key-Value 筛除。

对于任意数据分块 $start(a_1, a_2,\cdots, a_n)$, $end(b_1, b_2,\cdots, b_n)$，若条件 2'为 $start(s_1, s_2,\cdots, s_n)$，$end(e_1, e_2,\cdots, e_n)$，只要数据分块完全包含在查询块中，就不需要进一步筛选数据块，即满足以下条件：

$$\forall_i \in [1,n], \exists s_i \leqslant a_i \leqslant b_i \leqslant e_i \tag{3-8}$$

所有不满足上述条件的数据分块都需要进一步筛选数据。

继上例，一个二维数据集，数据分块在维 D_1、D_2 上的长度分别为 f_1=4 和 f_2=5，条件 2'为 $start(5, 2)$，$end(15, 14)$，数据分块的不同种类如图 3-11 所示。

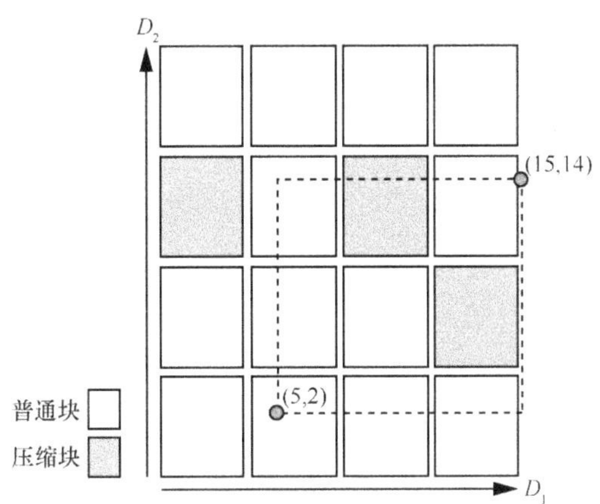

图 3-11 数据分块的不同种类

查询条件命中了块(1, 0) (2, 0) (3, 0) (1, 1) (2, 1) (3, 1) (1, 2) (2, 2) (3, 2)一共 9 个块。其中，块(3, 1)和(2, 2)是压缩块，需要用 SequenceFileInputFormatter 读取；其余块是普通块，需要用 CubeFileInputFormatter 读取。对于块(2,1)和(3,1)，满足 $s_1 \leqslant a_1 \leqslant b_1 \leqslant e_1$ 且 $s_2 \leqslant a_2 \leqslant b_2 \leqslant e_2$，因此这两个块不需要进一步筛选数据，需要用 IdentityMapper 处理；其余块都需要进一步筛选数据，需要用 FilterMapper 处理。

3.3.2.4 聚集运算

聚集运算对应的是 Map 任务数据分区阶段和 Reduce 任务聚集阶段，Mapper 根据聚集条件改变 Key 的值，Reducer 将具有相同 Key 的所有 Value 进行聚集运算，形成数据小方，并将结果输出到 HDFS。

1. Map 任务数据分区阶段

Mapper 需要根据条件 4：$(D_i, h_i)(i=1, 2,\cdots,n)$将多维数组维 D_i 上的坐标转化到层次 h_i，于是得到聚集后汇总数据小方的多维数组坐标，接着再把这个坐标线性化，作为 Key 传给 Reducer，这样需要聚集在一起的数据就会有相同的 Key。

MapReduce 提供了 Partitioner 接口，它的作用就是根据 Key-Value 及 Reduce 任务的数量决定当前的这对输出数据最终应该交由哪个 Reduce 任务处理。默认采用 HashPartitioner，对 Key 散列之后的 Reduce 任务数量取模，这种方式只是为了平均 Reduce 任务处理的数据量。如果用户自己对 Partitioner 有特定需求，可以自己实现 Partitioner。

汇总数据小方也是一个多维数组，也需要按照第 3.3.1.3 节中设计的多维数据存储模型进行分块存储，因此在 Partitioner 中需要按照 Key 的值（即汇总数据小方中线性化之后的一维数组下标）和分块的大小对 Key-Value 进行分区。

2. Reduce 任务聚集阶段

Reduce 任务按照指定的聚集运算，将拥有相同 Key 的所有 Value 进行聚集，算出汇总数据，并导入 HDFS 的文件中。这些功能 MapReduce 编程框架都已实现，只需要调用相应的 API 即可完成功能，在这一阶段还需要确定的就是 Reduce 任务数。

在 MapReduce 作业中，Reduce 任务数量的默认值是 1，用户可以自行设置。在真实的应用中，作业都把它设置成一个较大的数字，否则由于所有的中间数据都会放到一个 Reduce 任务中，从而导致作业效率极低。Reduce 任务最优个数与集群中可用的 Reduce 任务槽数相关，总槽数由集群中节点数与每个节点的任务槽数相乘得到，该值由 mapred.tasktracker.reduce.tasks.maximum 的属性值决定。常用的方法是，设置比总槽数稍微少一些的 Reduce 任务，这会给 Reduce 任务留有余地（容忍一些错误发生而不需要延长作业运行时间）。如果 Reduce 任务很大，比较明智的做法是使用更多的 Reduce 任务，使得任务粒度更小，这样一来，任务的失败才不至于显著影响作业执行时间。这样的 Reduce 任务数调优方法主要考虑的是提高集群的负载均衡，从而提高数据处理速度。

如果使用上述方法设置 Reduce 任务个数，每个 Reduce 任务会将自己的计算结果输出到一个单独的文件中。而汇总数据小方也是线性化之后再分块存储的，每个数据分块必须由同一个 Reduce 任务进行输出，因此 Reduce 任务的个数应该设置成与汇总数据小方的数据分块个数一样。

3.3.2.5 MapReduce 作业集

根据第 3.3.2.2~3.3.2.4 节的描述，整个 OLAP 分析过程可以拆分成许多 MapReduce 作业，每个作业都完成了不同的功能。图 3-12 描述了整个 MapReduce 作业集。

在区域查询原子操作时，普通块使用 CubeFile 输入格式组件读取，压缩块使用 SequenceFile 输入格式组件读取；接着，不需要进行筛选的数据块使用 IdentityMapper 直接输出，需要筛选的数据块使用 FilterMapper 进行筛选；最后 Mapper 将中间结果输出到 HDFS 上，而不需要使用 Reducer。这样不同的输入格式组件和 Mapper 就组成了 4 个不同的作业。

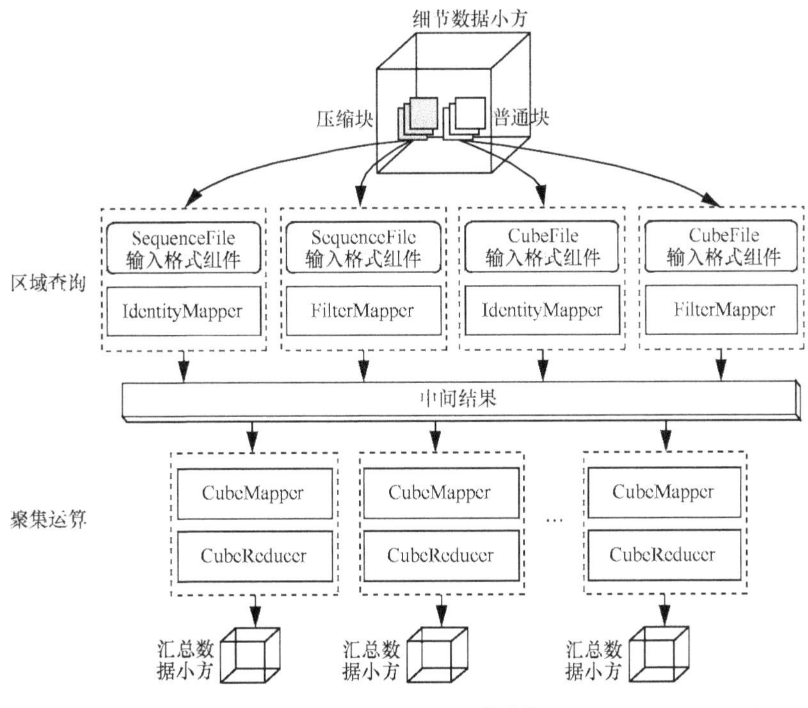

图 3-12　MapReduce 作业集

在聚集运算原子操作时，有可能会需要预计算多个数据小方，而它们的聚集粒度是不同的，因此需要每个数据小方完成一个单独的作业，这些作业中使用了相同的 CubeMapper 和 CubeReducer，只是在作业初始化时输入的聚集粒度参数不一样。最后，每一个作业会将自己计算的汇总数据小方输出到 HDFS 上。

3.3.3　HaoLap

基于 DOLAP 技术和 Hadoop 框架，实现了一个 OLAP 系统 HaoLap（Hadoop OLAP），设计了一系列测试用例，将 HaoLap 与 Hive、HadoopDB、HBase 和 OLAP4cloud 等进行性能测试和比较。实验结果表明，HaoLap 的数据装载性能没有优势，但是其 OLAP 性能优势明显，且性能与原始数据集规模以及查询复杂程度无关，尤其适合高维数据立方的 OLAP 操作。HaoLap 仅依赖分布式文件系统存储数据，不引入额外的存储代价，数据立方通过计算获得，对于立方的每个维，仅存储维级别名称和每个维级别中维值的个数，不同于传统 MOLAP 系统耗费大量空间存储数据立方。

为提高 OLAP 性能，HaoLap 采用数据库 Sharding 技术，将事实数据按维划分并存储在分布式文件系统上，在保证并行性的同时缩小数据检索范围。OLAP 操作采用“部署运算到数据端”的方法减少数据传输代价。HaoLap 参照主流的 Share-Nothing 体系结构，提高系统的水平伸缩性（Scale Out）。HaoLap 的系统架构如图 3-13 所示。

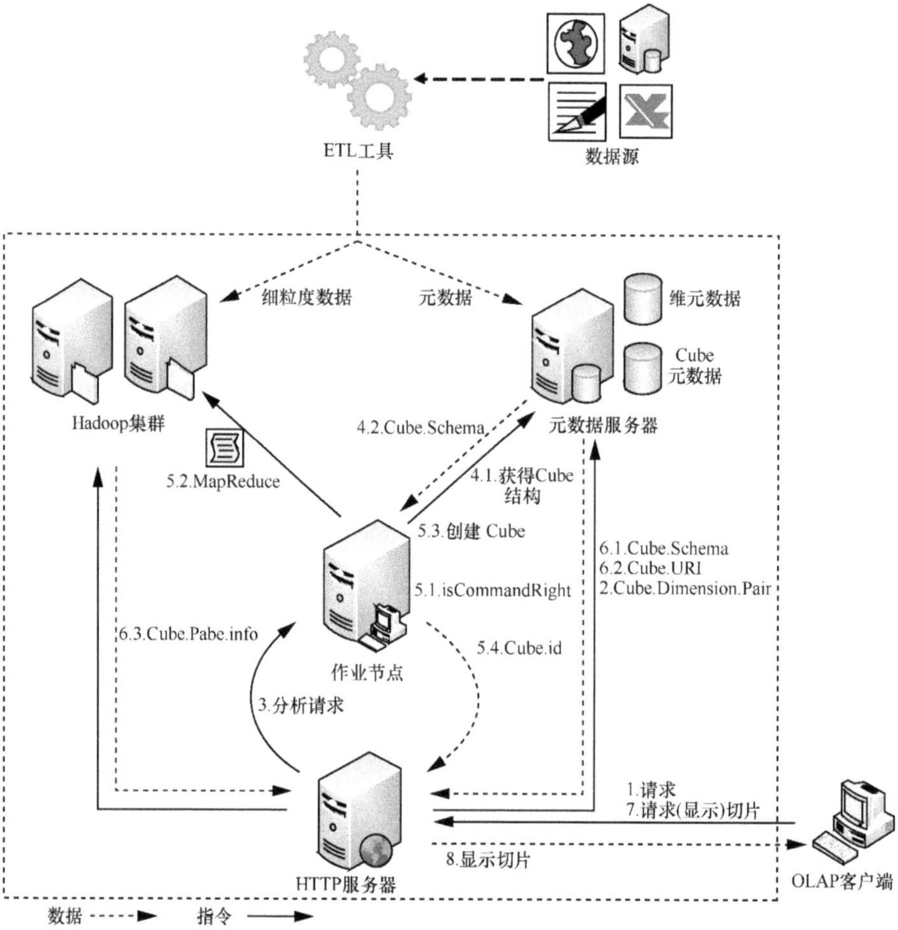

图 3-13　HaoLap 的系统架构

HaoLap 采用传统 B/S 体系结构，系统由服务器端和客户端两大部分组成。客户端可以通过 REST 接口与服务器通信，对服务器端数据立方发送 OLAP 操作请求，同时还可以接收服务器端数据，生成数据视图并展示给用户。服务器端由 HTTP 服务器、作业节点、元数据服务器以及 Hadoop 集群构成。HTTP 服务器负责接收、解析来自客户端的操作请求，并与作业节点、元数据服务器通信；作业节点通过与元数据服务器的交互，生成 MapReduce 任务，并提交到 Hadoop 集群进行处理；元数据服务器则存储维数据，如维层次、维编码、CubeID 等信息；事实数据存储于 Hadoop HDFS 集群中。此外，集群节点还作为 MapReduce 运算节点完成 OLAP 运算。

参 考 文 献

[1] 林小静. 数据仓库中多维数据物化视图的选择[D]. 厦门: 厦门大学, 2007.

[2] BEYER K, RAMAKRISHNAN R. Bottom-up computation of sparse and iceberg CUBE[J]. ACM SIGMOD Record, 1999, 28(2): 359-370.

[3] SISMANIS Y, DELIGIANNAKIS A, ROUSSOPOULOS A, et al. Dwarf: shrinking the petacube[C]//ACM SIGMOD International Conference on Management of Data, June 3-6, 2002, Madison, WI, USA. NewYork: ACM Press, 2002: 464-475.

[4] LAKSHMANAN L V S, PEI J, HAN J. Quotient cube: how to summarize the semantics of a data cube[C]//The 28th International Conference on Very Large Data Bases, August 20-23, 2002, Hong Kong, China. New York: ACM Press, 2002: 778-789.

[5] AIMOGREN A S, DUNHAM M H. BUC, a simple yet efficient concurrency control technique for mobile data broadcast environment[C]//International Workshop on Database and Expert Systems Applications, September 3-7, 2001, Munich, Germany. New York: IEEE Computer Society, 2001: 564.

[6] XIN D, HAN J, LI X, et al. Star-cubing: computing iceberg cubes by top-down and bottom-up integration[C]//International Conference on Very Large Data Bases, September 9-12, 2003, Berlin, Germany. US: VLDB Endowment, 2003: 476-487.

[7] SHAO Z, HAN J, XIN D. MM-cubing: computing iceberg cubes by factorizing the lattice space[C]//International Conference on Scientific and Statistical Database Management, July 21-23, 2004, Santorini Island, Greece. New York: IEEE Computer Society, 2004: 213.

[8] 李盛恩, 王珊. 封闭数据立方体技术研究[J]. 软件学报, 2004, 15(8): 1165-1171.

[9] XIN D, SHAO Z, HAN J, et al. C-cubing: efficient computation of closed cubes by aggregation-based checking[C]//International Conference on Data Engineering, April 3-7, 2006, Atlanta, GA, USA. New York: IEEE Computer Society, 2006: 4.

[10] LAKSHMANAN L V S, PEI J, ZHAO Y. QC-Trees: an efficient summary structure for semantic OLAP[C]//ACM SIGMOD Conference, June 9-12, 2003, San Diego, CA, USA. New York: ACM Press, 2003: 64-75.

[11] ZHIWEI N I, MENG J, MAO X, et al. Computation of closed cube on sets[J]. Computer

Engineering & Applications, 2011, 47(33): 36-38.

[12] NG R T, WAGNER A, YIN Y. Iceberg-cube computation with PC clusters[J]. ACM SIGMOD Record, 2001, 30(2): 25-36.

[13] DEHNE F, EAVIS T, RAU-CHAPLIN A. The cgmCUBE project: optimizing parallel data cube generation for ROLAP[J]. Distributed and Parallel Databases, 2006, 19(1): 29-62.

[14] YOU J, XI J, ZHANG P, et al. A parallel algorithm for closed cube computation[C]// IEEE/ACIS International Conference on Computer and Information Science, May 14-16, 2008, Portland, OR, USA. New York: IEEE Computer Society, 2008: 95-99.

[15] 奚建清, 游进国, 汤德佑, 等. 基于MapReduce的封闭立方体并行计算方法[J]. 华南理工大学学报(自然科学版), 2009, 37(1): 91-95.

[16] SERGEY K, YURY K. Applying Map-Reduce paradigm for parallel closed cube computation[C]//First International Conference on Advances in Databases, Knowledge, and Data Applications, March 1-6, 2009, Cancun, Mexico. New York: IEEE Computer Society, 2009: 62-67.

[17] 宋杰, 李甜甜, 闫振兴, 等. 数据密集型计算中负载均衡的数据布局方法[J]. 北京邮电大学学报, 2013, 36(4): 76-80.

[18] 郑湃, 崔立真, 王海洋. 云计算环境下面向数据密集型应用的数据布局策略与方法[J]. 计算机学报, 2010, 33(8): 1472-1480.

[19] 陈涛. 大规模网络存储环境中的数据布局与查询优化技术研究[D]. 长沙: 国防科技大学, 2011.

[20] 谢幸, 陈国良, 武继刚. 分布存储并行机上的自动数据布局优化模型[J]. 计算机研究与发展, 2000, 37(10): 1173-1178.

[21] 何元清, 孙世新, 黄天云. 基于并行磁盘序列的视频数据布局[J]. 计算机应用研究, 2004, 21(4): 63-65.

[22] HUNG T V. Data fragmentation and placement in MMDB cluster[J]. International Journal of Digital Content Technology & its Applic, 2013.

[23] BRUNO N, CHAUDHURI S, GRAVANO L. STHoles: a multidimensional workload-aware histogram[C]//ACM SIGMOD International Conference on Management of Data, May 21-24, 2001, Santa Barbara, CA, USA. New York: ACM Press, 2001: 211-222.

[24] GUNOPULOS D, KOLLIOS G, TSOTRAS V J, et al. Approximating multi-dimensional aggregate range queries over real attributes[C]//ACM SIGMOD International Conference on Management of Data, May 15-18, 2000, Dallas, TX, USA. New York: ACM Press, 2000: 463-474.

[25] FURFARO F, MAZZEO G M, SACCÀ D, et al. A new histogram-based technique for compressing multi-dimensional data[C]//Twelfth Italian Symposium on Advanced Database Systems, June 21-23, 2004, Cagliari, Italy. Trier: DBLP, 2004: 18-29.

[26] WU S, OOI B C, TAN K L. Continuous sampling for online aggregation over multiple queries[C]//ACM SIGMOD International Conference on Management of Data, June 6-10,

2010, Indianapolis, IN, USA. New York: ACM Press, 2010: 651-662.

[27] ALSABTI K, RANKA S, SINGH V. A one-pass algorithm for accurately estimating quantiles for disk-resident data[C]//VLDB Conference, August 25-29, 1997, Athens, Greece. US: VLDB Endowment, 1997: 346-355.

[28] PIATETSKYSHAPIRO G, CONNELL C. Accurate estimation of the number of tuples satisfying a condition[C]//Sigmod'84, Proceedings of Meeting, June 18-21, 1984, Boston, Massachusetts, New York: ACM Press, 1984: 256-276.

[29] JAIN R, CHLAMTAC I. The P2 algorithm for dynamic calculation of quantiles and histograms without storing observations[J]. Communications of the ACM, 1985, 28(10): 1076-1085.

[30] YAN X, YANG J, WANG W, et al. Approximate quantile computation over sensor networks[M]. Berlin: Springer, 2005.

[31] NANDI A, YU C, BOHANNON P, et al. Data cube materialization and mining over MapReduce[J]. IEEE Transactions on Knowledge & Data Engineering, 2012, 24(10): 1747-1759.

[32] XIAO W, XI J. CCBitmaps: a space-time efficient index structure for OLAP[C]//International Conference on Advanced Data Mining and Applications, August 17-19, 2009, Beijing, China. Berlin: Springer, 2009: 729-735.

[33] LI C, CONG G, TUNG A K H, et al. Incremental maintenance of quotient cube for median[C]// Tenth ACM SIGKDD International Conference on Knowledge Discovery and Data Mining, August 22-25, 2004, Seattle, WA, USA. New York: ACM Press, 2004: 226-235.

[34] GRAY J, CHAUDHURI S, BOSWORTH A, et al. Data cube: a relational aggregation operator generalizing group-by, cross-tab, and sub-totals[J]. Data Mining and Knowledge Discovery, 1997, 1(1): 29-53.

[35] LEE S, KIM J, MOON Y S, et al. Transactions on large-scale data- and knowledge-centered systems XXI[M]. Berlin: Springer Berlin Heidelberg, 2015.

[36] LEE S, JO S, KIM J. MRDataCube: Data cube computation using MapReduce[C]//International Conference on Big Data and Smart Computing, Febraury 9-11, 2015, Jeju, South Korea. New York: IEEE Computer Society, 2015: 95-102.

[37] ZHANG Y S, JIAO M, WANG Z W, et al. One-size-fits-all OLAP technique for big data analysis[J]. Chinese Journal of Computers, 2011, 34(10): 1936-1946.

[38] YU C, CHUN C, FEI G, et al. ES2: A cloud data storage system for supporting both OLTP and OLAP[C]//International Conference on Data Engineering(ICDE), April 11-16, 2011, Hannover, Germany. New York: IEEE Press, 2011: 291-302.

[39] TIAN X. Large-scale SMS messages mining based on map-reduce[J]. Computational Intelligence and Design, 2008(1): 7-12.

[40] HAN H, LEE Y.C, CHOI S, et al. Cloud-aware processing of mapreduce-based OLAP applications[C]//The Eleventh Australasian Symposium on Parallel and Distributed

Computing, January 29-February 1, 2013, Adelaide, Australia. New York: ACM Press, 2013: 31-38.

[41] D'ORAZIO L, BIMONTE S. Multidimensional arrays for warehousing data on clouds[C]//Data Management in Grid and Peer-to-Peer Systems, September 1-2, 2010, Bilbao, Spain. Berlin: Springer, 2010: 26-37.

[42] OLSTON C, REED B, SRIVASTAVA U, et al. Pig latin: a not-so-foreign language for data processing[C]//ACM SIGMOD International Conference on Management of Data, June 9-12, 2008, Vancouver, Canada. New York: ACM, 2008: 1099-1110.

[43] CHAUDHURI S, DAYAL U. An overview of data warehousing and OLAP technology[J]. ACM SIGMOD Record, 1997(26): 65-74.

[44] LUK W S, LI C. A partial pre-aggregation scheme for HOLAP engines[M]. Data Warehousing and Knowledge Discovery. Berlin: Springer Berlin Heidelberg, 2004.

[45] BOLOSKY W J, DOUCEUR J R, ELY D, et al. Feasibility of a serverless distributed file system deployed on an existing set of desktop PCs[J]. ACM Sigmetrics Performance Evaluation Review, 2000, 28(1): 34-43.

[46] SHEN D R, YU G, WANG X T, et al. Survey on NoSQL for management of big data[J]. Journal of Software, 2013, 24(8): 1786-1803.

[47] DEAN J, GHEMAWAT S. MapReduce: simplified data processing on large clusters[C]//Conference on Symposium on Opearting Systems Design & Implementation, December 6-8, 2004, San Francisco, CA, USA. New York: ACM Press, 2004: 137-150.

[48] THUSOO A, SARMA J S, JAIN N, et al. Hive: a warehousing solution over a map-reduce framework[J]. Proceedings of the VLDB Endowment, 2009, 2(2): 1626-1629.

[49] VORA M N. Hadoop-HBase for large-scale data[C]//International Conference on Computer Science and Network Technology, December 24-26, 2011, Harbin, China. New Jersey: IEEE Press, 2011: 601-605.

[50] ABOUZEID A, BAJDA-PAWLIKOWSKI K, ABADI D, et al. HadoopDB: an architectural hybrid of MapReduce and DBMS technologies for analytical workloads[J]. Proceedings of the VLDB Endowment, 2009, 2(1): 922-933.

[51] SONG J, LI T, ZHU Z, et al. Benchmarking and analyzing the energy consumption of cloud data management system[J]. Chinese Journal of Computers, 2013, 36(7): 1485-1499.

[52] HU K F, DONG Y S, XU L Z, et al. A novel aggregation algorithm for online analytical processing queries evaluation based on dimension hierachical encoding[J]. Journal of Computer Research and Development, 2004(41): 608-614.

[53] O'NEIL P, O'NEIL E, CHEN X, et al. The star schema benchmark and augmented fact table indexing[C]//Performance Evaluation and Benchmarking, First TPC Technology Conference, TPCTC 2009, August 24-28, 2009, Lyon, France. Berlin: Springer Berlin Heidelberg, 2009: 237-252.

[54] SARAWAGI S, STONEBRAKER M. Efficient organization of large multidimensional[M].

Berkeley: University of California at Berkeley, 1993.

[55] SHVACHKO K, KUANG H, RADIA S, et al. The Hadoop distributed file system[C]// Symposium on Mass Storage Systems and Technologies, May 3-7, 2010, Incline Village, NV, USA. New York: IEEE Computer Society, 2010: 1-10.

[56] LANG L, SHI Z Z. An efficient data mining framework on Hadoop using Java persistence API[C]//IEEE International Conference on Computer and Information Technology, June 29-July 1, 2010, Bardford California, USA. New York: IEEE Computer Society, 2010: 203-209.

第 4 章

迭代计算平台

在数学中，迭代函数是重复地与自身复合的函数。反复地运用同一函数计算，前一次迭代得到的结果作为下一次迭代的输入，这个过程叫作迭代。在计算机科学中，迭代是程序中对一组指令（或一定步骤）的重复，它通常描述一种特定形式的具有可变状态的重复。迭代算法是用计算机解决问题的一种基本方法。它利用计算机运算速度快、适合做重复性操作的特点，让计算机对一组指令（或一定步骤）进行重复执行，在每次执行这组指令（或这些步骤）时，都从变量的原值推出它的新值。即使是看上去很简单的算法，在经过迭代之后也可能产生复杂的行为，衍生出具有难度的问题[1]。迭代算法广泛存在于数据挖掘和机器学习算法中，在社会网络分析、高性能计算、推荐系统、搜索引擎、模式识别等领域都有广泛应用。

4.1 基本原理

本节就迭代算法中的常用术语进行了定义。

定义 4.1 迭代计算（Iterative Computing）。迭代计算是用计算机解决问题的一种基本方法。它利用计算机运算速度快、适合做重复性操作的特点，让计算机对一组指令（或一定步骤）进行重复执行，在每次执行这组指令（或这些步骤）时，都从变量的原值推出它的新值。

根据定义 4.1，一个迭代算法实际上是一组操作的重复执行，在执行过程中对某一变量进行更新，由此可得迭代算法的 3 个要素为迭代变量、迭代关系式、迭代的终止条件。

- 迭代变量：在迭代算法中，至少存在一个直接或间接的不断由旧值递推出新值的变量，这个变量就是迭代变量。
- 迭代关系式：指迭代变量的前一个值推出其下一个值的公式（或关系）。
- 迭代的终止条件：当迭代的终止条件被满足时，迭代算法运行结束，输出迭代结果。某些算法中，迭代终止条件被满足时也称为迭代算法的收敛。

定义 4.2 迭代过程（Iterative Process）。迭代变量通过迭代关系式更新一次的过程称为一次迭代过程。整个迭代算法可以由 n（$n \geqslant 1$）个迭代过程组成，记作 $t_1, t_2, \cdots, t_n$，其中，t_i（$i \in [1,n]$）的输出是 t_{i+1} 的输入，特别的，t_1 的输入为初始化的迭代变量以及参与迭代的数据，t_n的输出即最终的迭代结果。

定义 4.3　迭代步骤（Iteartive Step）。一个迭代过程所包含的执行步骤称之为迭代步骤。完成一个迭代过程内的全部迭代步骤才能完成对迭代变量的更新操作。

值得注意的是，在实现过程中，一个迭代过程可以包含若干个迭代步骤，也可以仅包含一个迭代步骤，这与具体的迭代算法实现有关。不失一般性地，设在一个迭代过程 t_i（$i \in [1,n]$）中，包含 m（$m \geqslant 1$）个迭代步骤，记作 $s_1,s_2,\cdots,s_m$，在 Spark 编程模型中，s_j（$j \in [1,m]$）是一个 Spark 任务中的 Stage。需要注意的是，在一个迭代过程中，s_{j_1}、s_{j_2}（$j_1 \neq j_2$）的输入和输出没有必然的关系。

定义 4.4　迭代数据（Iteration Data）。所要处理的业务数据即背景数据，在该数据之上可以使迭代算法运行，进而得到分析结果，该结果记为迭代数据。

由于算法的种类各有不同，导致迭代数据在其中的表现也会不一样。比如，迭代数据在 PageRank 算法中是记录网页间的链接关系，而在 *K*-Means 算法中是记录数据点的集合。

所谓极限收敛条件是指每次迭代计算得出的分析结果将会与该极限收敛条件进行比对，由于大数据环境的影响，不能保证复用上一次迭代计算得出的分析结果的正确性，所以可以采取设定一个阈值来近似判断或者评估其准确性。

4.2　现有研究

随着大数据时代的来临，数据量的激增以及日益增长的分析需求对传统的数据分析、数据挖掘、数据管理等领域带来了前所未有的挑战。在海量数据环境下，诸多应用中使用了迭代算法，例如数据挖掘、网页排序、图分析、在线社交网络分析等。这些应用的典型特点为大数据的迭代计算。由于迭代计算的特点，这些海量数据将会被迭代式地处理和计算。为了适应迭代式分析需求，越来越多的迭代计算框架相继出现，同时也出现了一些对增量迭代计算和类似于增量计算的相关研究。本节列举了与迭代计算相关的研究内容，可分为以下几类：基于 MapReduce 的迭代计算框架；基于其他技术的迭代计算框架；增量计算、增量迭代计算的相关研究；分布式环境下迭代算法优化的相关研究。

4.2.1 MapReduce 迭代计算框架

MapReduce[1]编程模型是现今工业界和学术界所广泛采用的分布式并行编程模型，Hadoop MapReduce 是其开源实现。MapReduce 以其灵活性、兼容性等诸多特性被广泛采用，但却不能很好地支持迭代计算，运行过程中过多的磁盘 I/O 和网络 I/O 使得迭代计算效率非常低下。在此背景下，学术界涌现了很多基于 Hadoop MapReduce 的迭代计算框架，这为大数据环境下的迭代算法提供了框架支持。

Fleischmann 等人提出了基于 Hadoop MapReduce 的 Twister[2]框架。Twister 是一个基于流的迭代计算框架。在 Twsiter 中 Mapper 和 Reducer 初始化一次后保存于分布式缓存。同时 Mapper 与 Reducer 之间通过流式通道传输数据，从而提高迭代效率。为了减少数据的重复读写，背景数据也会被缓存，从而减少 I/O 开销。

Elnikety 等人提出了 iHadoop[3]框架。iHadoop 是基于 Hadoop MapReduce 的异步迭代框架。iHadoop 将迭代的输出联系起来，使得在同一节点上 Mapper 和 Reducer 间形成生产者—消费者模式，从而允许不同步骤的迭代过程同步运行。iHadoop 的任务分配器提供一种迭代内部数据定位机制，从而减少数据的冗余传输以解决 I/O 及网络资源过度消耗问题。另外，iHadoop 通过并行的检测任务来判断是否达到了迭代收敛点，从而减少同步过程所带来的开销。

张岩峰等人基于 Hadoop MapReduce 提出了 iMapReduce[4]框架。iMapReduce 通过持久化的任务减少任务重复创建的开销，并且通过高效的数据管理来避免静态数据的重复 Shuffle 过程，同时允许 Map 任务的异步执行来优化迭代计算过程。之后基于 iMapReduce，张岩峰等人又提出并实现了 Priter[5]框架。Priter 框架在 iMapReduce 的基础上增加了优先级迭代计算功能。在 Priter 中，给每一个迭代数据点一个优先级，并优先选择优先级高的数据点执行运算，使得整体的迭代效率有所提高。同时 Priter 也使用了全局分布式缓存来存储这些数据点，从而免去了 MapReduce 中的 Shuffle 和 Reduce 过程，使得计算效率大大提高。

Bu 等人提出了 HaLoop[6]框架来支持大数据环境下的迭代计算。HaLoop 框架基于 Hadoop MapReduce 实现分布式计算，并提出了数据缓存技术以及基于缓存的任务重定位技术，以此来优化 MapReduce 编程模型下的迭代计算效率。同时基于缓存技术，HaLoop 实现了运行时迭代收敛检测，无需重新启动一个新的 MapReduce 作业检测是否收敛，从而减少迭代算法的执行时间。HaLoop 还提供了一套新的 API，供编程人员使用，以实现大数据环境下的迭代算法，其架构如图 1-12 所示。

HaLoop 是基于开源版本 Hadoop MapReduce 运算模型的改进版本。HaLoop 继承了 Hadoop 基本的分布式计算模型和架构。因此，HaLoop 也依赖于 HDFS 来存储每个工作节点上的输入输出数据。该系统具体可以分为两个部分：主节点和从节点。客户端向主节点提交任务，针对每一个提交的工作，主节点将其排序并开启相同的并行任务在其从节点上进行处理计算。每一个节点都有一个任务追踪守护进程负责和主节点进行通信，同时管理每一个本地任务的执行。每一个任务可以是 Map 任务（对输入数据进行转换，并且每次调用一次用户定义的 Map 函数处理一个键值对），或者是 Reduce 任务（复制经过 Map 函数处理后的输出数据，通过输入的键值进行分组，并且每次调用一次用户定义的 Reduce 函数处理一个键和其相对应的一组值）。

比如，在图 1-12 中，有 3 个 Job 在系统中运行，Job_1、Job_2 和 Job_3。每一个 Job 又有 3 个任务同时运行在各自节点上。为了满足迭代数据分析应用对资源的需求，HaLoop 针对 Hadoop 做了几个变更：第一，HaLoop 为用户提供了一套新的应用编程接口，从而使迭代计算在 MapReduce 中的编程更加简化；第二，HaLoop 的主节点包含了一个新的循环控制模块（Loop Control Module），该模块可以不断开启新的 Map 任务、Reduce 任务，从而组成循环主体，通过判断用户自定义的迭代终止条件来判断是否停止迭代；第三，HaLoop 使用了一个新的任务调度器来调控迭代应用，加强了数据局部性对程序的影响；第四，HaLoop 可以对应用数据进行本地的缓存和索引。HaLoop 依赖的文件存储系统及任务队列架构和 Hadoop 是一样的，改变的只是任务调度器和任务追踪模块以及加入了循环体、缓存和索引这几个新模块。任务追踪器不仅管理任务的执行，也管理从节点上的缓存和索引，并且在本地文件系统中会重定向每一个任务的缓存和索引。

通过上述分析可以看出，大多数基于 Hadoop MapReduce 的迭代框架都是依靠优化迭代过程，从而提高算法的效率。总结如下：使用缓存和索引技术，尽量减少数据传输过程中的 I/O 代价和网络代价；使用内存优化技术，加速迭代算法的运行；优化迭代计算中的终止条件判定操作，从而减少迭代算法运行时间；优化 Mapper 和 Reducer 之间的通信机制，从而达到异步迭代的效果。

尽管如此，在基于 MapReduce 编程模型的迭代计算框架中，仍然存在大量的磁盘 I/O 和网络 I/O 操作。迭代计算过程中有很多数据的重复读写和计算工作，这使得基于 Hadoop MapReduce 的编程模型整体上效率不高。同时由于其恢复机制，导致当迭代计算任务失败后难以重新恢复。随着软硬件的发展，学术界又提出了很多新的框架和编程模型来适应迭代计算。

4.2.2 其他迭代计算框架

张岩峰等人基于通信传输接口（Message Passing Interface，MPI）通信协议，提出了 Maiter[7]框架。Maiter 采用了基于 DELTA 模型的积累迭代计算模型完成迭代计算，该模型通过更新迭代过程中的积累结果来实现迭代算法。通过该模型，Maiter 仅处理迭代过程中的“变化”，以避免过量的计算任务并实现了异步迭代计算模型。Matei 等人提出了基于弹性分布式数据集[8]的 Spark[9]框架。Spark 拥有 Hadoop MapReduce 所具有的优点，但不同于 MapReduce 的是 Job 中间输出结果可以保存在内存中，从而不再需要读写 HDFS，因此 Spark 能更好地适用于数据挖掘与机器学习等迭代算法。本节将着重介绍 Spark 和 Twister 这两个迭代计算框架。

4.2.2.1 Spark

作为规模比较大的数据并行内存计算平台，Spark 的编程模型是比较简单的。它支持多语言环境开发，比如可以使用 Java、Scala、Python、Spark Shell 等不同编程语言开发程序，并且不同语言开发出的应用程序可以运行于 Spark 之上。Spark 针对不同的应用场景提供了不同相对应的运行模式来满足用户需求。比如，单节点的本地运行模式、单机的伪分布运行模式、基于 Standalone Deploy 的分布式模式、基于 Hadoop YARN 或者 Mesos 的分布式模式。在这里，如果是针对开发和调试场景，Spark 的单节点的本地运行模式、单机的伪分布运行模式是比较适合的。如果用户要用于生产环境，或者要运行在生产的场景之下时，Spark 则提供了基于 Standalone Deploy 的分布式模式、基于 Hadoop YARN 或 Mesos 的分布式模式来支持用户的应用和生产。这两者的最大差别是对系统资源的申请以及管理问题。在单机模式中，主要是 Spark 自己发出申请并且由自己占用系统资源，所有过程是在本地进行，任务的调度和分配都由 Spark 自己来决定。而在分布式模式中，不是 Spark 自己进行调度而是由 Spark 向 Hadoop YARN 或 Mesos 的中央资源调度器来申请资源，同时必须在资源使用完成后将系统资源返还于中央资源调度器。值得注意的是，基于 Hadoop YARN 的分布式模式可以细致地分为 Yarn-Standalone 模式和 YARN-Client 模式。

Spark 架构如图 4-1 所示。Spark 自身可以作为计算平台，并且该平台可以在多种资源管理器之下运行，比如 Spark 自备的管理器、Mesos 系统、Hadoop YARN 等资源管理器。随着近年来 Spark 的研究热潮，不断出现了可以针对处理不同场景需求的数据分析应用，比如在 Spark SQL 中，用户可以使用像 SQL 语句等对数据进行高效的分析和处理，从而可以减少开发人员的学习代价和成本；此外，Bagel 还提供了基于 Spark 的类似于 Pregel 的高效地图计算应用。Spark 流式计算则提供了类似于 Storm 的流计算应用，MLlib 成为新加入 Spark 的高效机器学习算法库。

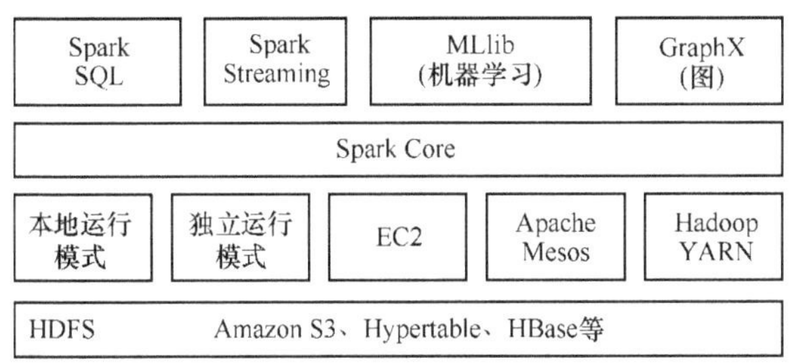

图 4-1　Spark 架构

Spark 中最核心的部分是弹性分布式数据集（Resilient Distributed Dataset，RDD），可用来高度抽象数据并进行数据的相关存储。在分布式数据集中，RDD 可以支持数据的粗粒度写操作，同时对于读操作 RDD 可以精确到每一条记录，凭借这个特性，RDD 可以用来作为分布式索引。算子是在 Spark 中所有的操作的统称。在 Spark 中，不仅包含了 MapReduce 的类 Map 函数算子和类 Reduce 函数算子，额外还提供了更多丰富的算子，比如 filter、join、groupByKey 等算子。算子在 Spark 中主要可以分为两类，一类是 Transformation 算子，另一类则是 Action 算子。Transformation 类算子的主要任务是对数据项进行转换的相关操作，同时在该算子中保证输入和输出都是 Spark 中定义的数据结构 RDD。该类算子又可以细分为 Value 型 Transformation 算子（如 flatMap、Map、filter、union 等）和 Key-Value 型 Transformation 算子（如 reduceByKey、groupByKey），操作的数据输入输出格式的不同是两者的主要不同点。Action 类算子的主要任务是负责数据的汇总和保存（如保存结果到外部文件系统）以及遍历、转化为 Scala 结果集等操作。同时此类算子会触发实际意义的提交任务操作。并且 Spark 还实现了任务调度、序列化和压缩的功能，同时为在 Spark 上运行的应用程序提供了丰富的 API 以及应用。

Spark 相对于 Hadoop MapReduce 最大的优势是 RDD 可以将中间数据缓存到内存中，也就是说每次对 RDD 操作之后得到的结果，都可以存放到内存中，当开始下一个操作时，该操作就可以直接从内存中读取数据作为输入，相对于 MapReduce，Spark 省去了大量的对磁盘的 I/O 操作。这种独有的特性对于迭代运算中比较常见的机器学习（Machine Learning，ML）、交互式数据挖掘（Data Mining，DM）等算法来说，效率提升相当大，因此 Spark 更加适用于像机器学习和数据挖掘等含有较多迭代运算的运算。所以 Spark 的崛起无论是对生产还是开发或者测试都具有实用意义。

Spark 编程模型如图 4-2 所示。Spark 在运行过程中，会在分布式环境下对数据进行分区，通过有向无环图的形式将作业转化，通过分 Stage 来对有向无环图的调度和任务进行相关的分布式处理。Spark 编程模型按任务类型的角度可以划分为数据读取、数据变换、数据处理 3 个阶段。但是如果从任务执行的角度则可以划分为 3 个 Stage，分别是 $Stage_1$、$Stage_2$、$Stage_3$，显而易见该任务包含 3 个可执行单元。由于 RDD 具有不变性，在图 4-2 中，A、B、C、D、E、F 分别表示 6 个 RDD。经过 flatMap 算子计算，在 $Stage_1$ 中 A 转化为 B；经过 Map 算子计算，在 $Stage_2$ 中 C 先转化为 D 后又通过 reduceByKey 算子计算转化为 E；最后通过 join 算子计算，在 $Stage_3$ 中 B 和 E 共同转化为 F；最终，saveAsSequenceFile 算子的作用是保证 F 可以持久化地保存于 HDFS 中。在整个任务执行的过程中，$Stage_3$ 的执行需要依赖于 $Stage_1$ 和 $Stage_2$ 的结果，并且通过图 4-2 可以看出，在实际执行过程中 $Stage_1$ 和 $Stage_2$ 可以并行执行计算，只有 $Stage_3$ 需要在 $Stage_1$、$Stage_2$ 得出结果后才可以执行。

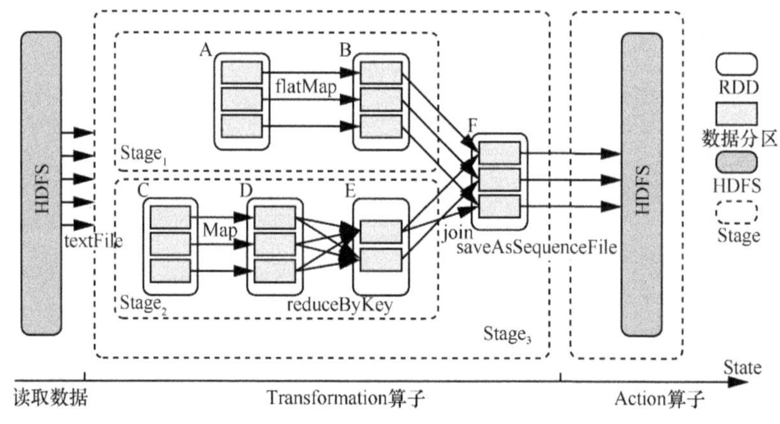

图 4-2 Spark 编程模型

4.2.2.2 Twister

Twister 是一个以分布式内存为基础的 MapReduce 的编程模型，通过将中间数据保存在内存中的优化方法来提高 MapReduce 中的迭代运算。Twister 通过扩展一个编程模型提高了 MapReduce 的性能，并且使得 MapReduce 支持高效率的迭代运算。Twister 的消息传送以及组件交互是通过一个消息基础架构负责的，并且通过内部一次配置、多次使用的机制来支持长时间运行 Map 任务和 Reduce 任务。

具体来说，Twister 从工作节点中的本地磁盘中读取数据并且将迭代中间处理的数据存入分布在各个工作节点的内存中。架构中所有的组件交互以及数据传送都是通过一个发布订阅消息基础架构负责的。图 4-3 展示了 Twister 的架构，用网络代理代表消息基础架构。该架构主要可以分为 3 个实体：第一，客户端，由客户端发起整个 MapReduce 的计算运行命令；第二，守护进程，每个工作节点都有 Twister 的守护进程，保证可以进行信息的传递和状态的反馈；第三，网络代理（Broker Network）。客户端启动整个程序执行运算时，Twister 会在每个工作节点开启守护进程，通过守护进程可以保证与网络代理建立通信连接，从而接受由客户端发来的控制命令以及数据。同时每个工作节点上的守护进程负责管理 Map 任务、Reduce

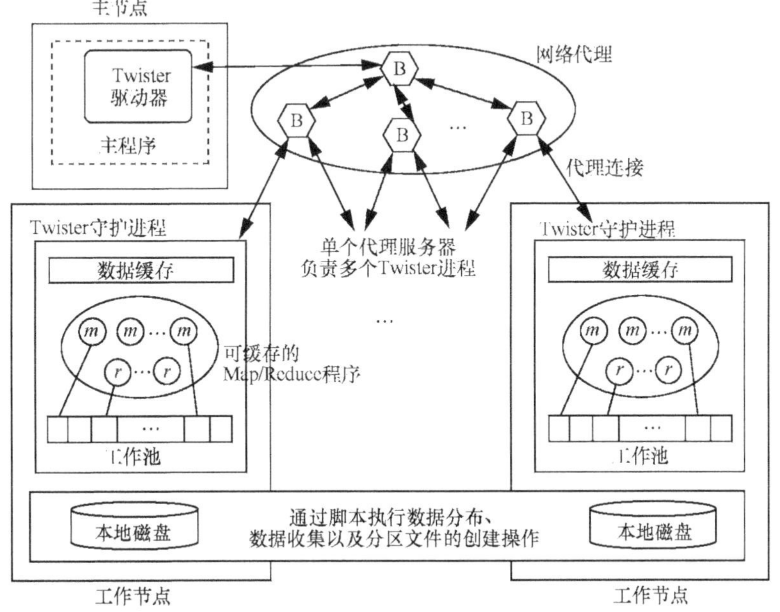

图 4-3 Twister 的架构

任务的分发指派，维护工作池（Worker Pool）来执行 Map 任务、Reduce 任务，并通知运行状态，最终要将当前状态返回给控制端。同时，在客户端为用户提供了大量的编程 API，支持将这些 Twister API 调用方法转换成控制命令和输入数据，并通过网络代理发送给运行在工作节点上的 Twister。

Twister 使用发布订阅消息基础架构来控制 4 种交互需求：第一，发送接收控制命令；第二，从客户端发送数据到工作节点；第三，Map 任务、Reduce 任务计算产生的中间数据的相互传送；第四，将 Reduce 任务产生的输出返回给客户端由客户端调用合并方法。Twister 自身将组件间交流的逻辑层和组件的应用层明显隔离，通过此方式来支持使用基于持久化队列的其他消息调度架构。

Twister 有两种机制接收来自 Map 任务的输入数据：第一，从每个工作节点上的本地磁盘直接读取数据；第二，通过网络代理调度直接接收数据。显而易见，相较于前者，后者在需要发送大数据量到 Map 任务的情况下效率明显低下、计算减慢。后者仅适用于数据量较小的情况。Twister 的核心内容是通过将运算得到的中间数据保存在分布式工作节点的各个内存中，从而避免从磁盘读取数据，减少 I/O，提高迭代计算在 MapReduce 中的运行效率（Twister 假设内存足够大，中间数据可以全部放在内存中）。

总体来说，在 Twister 中，用户需提前把文件分成一个一个小文件，因为大文件不会自动被切割成小数据块，处理后的文件才能提供给每个任务进行处理。在进行 Map 阶段时，经过 Map 任务处理后的中间结果将被存放在分布式各个工作节点的内存中，此后通过一个网络代理将该数据从内存中读取，直接推送给各个 Reduce 任务；在 Reduce 执行阶段，所有 Reduce 任务产生的结果通过一个 Combine 操作进行归并，此时用户可以进行条件判定来确定迭代是否结束。如果判定继续，那么 Combine 后的数据直接被送给 Map 任务，开始下一轮的迭代。同时 Twister 也有相应的容错机制，每隔一段时间，Twister 会将 Map 任务、Reduce 任务产生的结果写到工作节点的本地磁盘上，以防某个任务失败导致数据丢失，一旦丢失，它可以从最近的备份中获取输入，重新计算。工作节点上的 Twister 维护了一个工作池，这样可以避免每次迭代重复创建 Map 任务、Reduce 任务，由该工作池来提供工作节点每次需要的 Map 任务、Reduce 任务。

4.2.3 增量迭代计算

增量计算即使用增量的方法完成计算任务。而增量迭代计算则重点是使用增量的方法完成迭代计算任务。若比较两者，前者应用范围较广。

Pramod 等人提出了用于增量计算的 Incoop[10]框架。Incoop 基于 Hadoop MapReduce 设计并实现。Incoop 自动检测输入数据的变量，并基于细粒度的结果重用机制和原始结果定位的任务分发算法自动地更新计算结果，但该方案并不直接支持迭代计算。

张岩峰等人基于 iMapReduce 框架设计并实现了 i^{2}MapReduce[11]框架。i^{2}MapReduce 提出了增量迭代计算，基于数据的变化量更新原始迭代结果。i^{2}MapReduce 基于 MR 二分图（MRBGraph），利用数据的变化量，从上一次的迭代结果开始继续迭代。参与每一轮迭代的节点为数据变化所影响的节点，最终当数据变化所造成的影响传播至整个 MRBGraph 后迭代结束。由于在迭代初期参与迭代的节点少，同时利用了之前迭代的迭代结果，所以该方案大大提高了迭代收敛的速度。该研究基于“迭代数据仅仅发生了非常小的变更，新的迭代结果与原始迭代结果的差距不是很大”这一前提，从而以原始迭代结果作为新一轮迭代的初始点，继续执行迭代。该方案主要有两个缺陷：缺乏理论指导，没有确切的使用条件；当发生变化的数据较为分散时，需要所有的背景数据全程参与到迭代计算中来，浪费有限的计算资源。

通过分析可知，当前的研究中存在一些增量计算、增量迭代计算的研究成果。增量计算常使用状态记录、原始结果细粒度重用、数据定位等技术加以支持。但由于迭代计算的重复性，该技术并不实用。增量迭代计算研究也处于初期阶段，主要方法仍为记录计算的中间状态，减少计算量，其适用环境有限。

综上所述，在现有研究中，有一些关于增量计算和增量迭代计算的研究，但是应用范围较窄，当数据发生改变时，无法通过原始迭代结果和数据变化量获得新的迭代结果。因此，提出一种针对大数据的增量迭代计算模型很有必要，利用之前的迭代结果以及数据的变量，在最短的时间内及最小的资源消耗下快速地得到新的迭代结果。

4.2.4　迭代算法优化

对于特定迭代算法优化的相关研究有很多。本节以 PageRank 算法和 *K*-Means 算法为例阐述相关研究。

吴晓蓉深入研究了 *K*-Means 算法初始点的选择问题[12]，剖析了 *K*-Means 算法

的原理并提出了基于 HUFFMAN 树的 *K*-Means 初始点选择算法以及基于加权欧氏距离的 *K*-Means 算法，并用实验证明该方法明显提升迭代算法的精度和迭代效率。Pham 等人则侧重研究了 *K*-Means 算法的收敛情况[13]，同时基于 Distortions Reduction 模型提出了增量式的 *K*-Means 算法[13]，解决了 *K*-Means 易于收敛到局部极值的问题。Inderjit 等人提出基于图割理论的 Kernel *K*-Means 算法[14]，同时进一步提出了增量式加权 Kernel *K*-Means 算法，大幅度提高了 *K*-Means 算法的执行效率。

Abdullah 研究了增量式的 PageRank 算法在 Twitter[15]数据上的应用，通过减少"影响节点"的数量以减少重复计算的思路，达到了增量计算的目的。Yen 等人在保证算法正确性和执行效率的基础上提出了联合 PageRank 算法[16]，该算法可以提高搜索引擎检索结果的相关性并减少用户等待时间。Xie 等人则提出了基于分区的 PageRank 改进算法[17]，将原始的链接矩阵进行划分和降维处理，从而更加适用于分布式环境计算，加快 PageRank 的计算过程。

以上文献均是对 *K*-Means 算法和 PageRank 算法的改进工作，但是其关注点不同，如提高算法的准确度或者提高算法的执行效率。此外还有一些研究，不针对具体算法，而是针对迭代框架本身，通过优化迭代框架来优化迭代计算，主要关注两个方面：基于作业调度算法的优化；侧重于单个作业的运行效率优化。

任务调度算法研究更多关注"调整多个同时运行的作业的执行顺序"以及"分配计算资源"，可以说是从宏观角度优化分布式计算框架，比如 Hadoop MapReduce 默认的 FIFO 算法。针对 FIFO 作业调度算法在实际应用中存在的问题，Facebook 和 Yahoo 的工程师分别提出新的作业调度算法：公平份额调度（Fair Scheduling）[18]和计算能力调度（Capacity Scheduling）[19]，这两种算法已经获得广泛认可并付诸实践。

而另一种优化方式则从程序设计的角度出发，尽量减少影响程序运行效率因素，合理利用计算资源，提高程序的并行性。周峰等人提出用<key_1, key_2, *value*>代替<*key*, *value*>，并加入 Key-Value 路由策略，提高 MapReduce 框架的执行效率[20]。Babu 提出通过自动调整 MapReduce 框架的性能参数以自动优化应用程序[21]。Zaharia 等人提出一种名为 LATE 的调度器[22]，通过提高 Hadoop 集群的响应时间优化性能。现有的调度策略中大多优化 MapReduce 编程模型，在优化过程中也仅仅关注于编程模型和大数据计算本身，并没有结合迭代特性加以优化和研究。

4.3 近期成果

不动点迭代广泛存在于数据挖掘和机器学习算法中，这些算法已应用到诸如社会网络分析、高性能计算、推荐系统、搜索引擎、模式识别等领域中。在云计算环境中，利用 MapReduce 编程模型所带来的便利，通过普通的 PC 集群运行相应的迭代算法，可以提高迭代算法的执行效率。

本章介绍两个主要的研究成果，首先是基于原始迭代结果和新增数据的增量迭代计算（Delta Data Based incrEmentaL iTerAtive Computing，DELTA），并扩展 HaLoop 为 ΔHaLoop 框架，使其支持增量式的迭代计算。其次是增量迭代计算的一种变形，称为归并迭代计算。在已经分区的大数据中，从充分复用已有迭代分析计算结果的角度考虑，在迭代分析计算过程中，可以通过利用区内数据的迭代结果和区内数据之间的关联关系，完成归并迭代计算，得到全集数据下的迭代分析结果，避免不必要的迭代分析计算资源消耗，很大程度上提高了迭代分析计算的性能和效率。

最后研究了迭代初始点的选择算法。研究迭代变量在迭代过程中的变化速率，通过选择迭代变量初始点来提高迭代算法的执行效率。拟解决如下问题：对于不同的迭代初始点的选择，迭代收敛速度和迭代结果精度之间是否存在关系，是否可以定义这种联系；迭代初始点选择是否存在一般性的规律。

4.3.1 增量迭代计算模型

随着人类进入信息化时代及互联网、传感器和生物信息学等领域的快速发展，数据量呈现爆发式增长趋势。当今时代是一个数据量爆发的时代[23,24]，在大数据环境下，迭代算法出现诸多不适用性，其中由于普通服务器的计算能力有限，算法运行时间往往令人无法接受。大数据上迭代算法的运行消耗完全超出了单服务器的承受极限，因此学术界开始寻找分布式的迭代算法执行环境。基于 Hadoop MapReduce[1] 的 HaLoop 框架[2]是目前为止较为成熟的迭代计算框架。利用 HaLoop 框架和 MapReduce 编程模型所带来的便利，可通过廉价的 PC 集群获得强大的计算能力，支持大数据环境下众多迭代算法。

然而，时变性是大数据的一个特点。大数据是数据量庞大且高速增长的数据，当数据量增加后，原始数据的迭代结果将不再适用，整个迭代算法也需要在数据全集上重新运行，这将浪费大量的时间和资源。若能够通过新增数据集和已知的迭代结果完成增量式的迭代计算，则可在很大程度上提高迭代计算的效率。现存少量的模型和算法层面的增量式迭代计算研究，成熟的增量式迭代框架也屈指可数，比较相关的工作是以增量的方式更新元数据或维护索引等。例如 Google 的 Percolator 系统[25]可以以增量的方式更新索引，Incoop 系统[10]可以增量地执行 MapReduce 作业。

因此，研究增量式的迭代计算模型以及其实现框架，而非迭代算法本身，旨在提出适用于大部分算法的、基于原始迭代结果和新增数据的增量迭代计算模型和框架。DELTA 模型基于新增数据集和原始迭代结果，进行新一轮迭代，在不损失精度的前提下提升迭代性能。采用复合函数和集合抽象迭代过程，定义了 DELTA 模型，阐述其适用范围，设计了 DELTA 模型中关键算法，证明了其性能优势和迭代结果的正确性，并示例性地给出了其在 PageRank、*K*-Means、Descendant Query 迭代算法中的应用；此外还扩展了 HaLoop，使其支持 DELTA 模型。

4.3.1.1 增量迭代计算模型

按前文定义，首先 DELTA 将迭代背景数据及参与迭代的数据集记为 L。由于算法的种类各有不同，导致数据集 L 在其中的表现也会不一样。具体差异为 L 内数据点和数据点之间的关系会随着不同算法在所需数据中表现出不尽相同的性质。比如，L 内的数据点在 PageRank 算法中是网页而 L 内关系被认为是网页间的链接关系，而在 Descendant-Query 算法中 L 内的数据点即每一个人的个体，L 内的关系被认为是人与人间的相识关系，由此可知，不同算法 L 内数据点和数据点之间的关系是有差异的。

为了保证 L 的分布总是保持稳定，假设 L 都是经过相关清理过程的业务数据，也就是说 L 中不包含噪声数据（即不包含影响迭代算法运行的数据）并且保证其在一定的用例中。此外，由于大数据环境的影响，迭代变量的数据量远远小于背景数据量。如果将 L 看作数据与数据间关系所组成的集合，那么数据则是由数据之间关系和数据本身即数据点所组成的集合。

通过进一步归纳，迭代变化量具体可以分为 3 类：数据增长、数据减少和数据变化。在迭代数据中添加新的数据项即数据增长，在迭代数据中删除数据项即数据减少，在迭代数据中改变某些数据项则为数据变化。进一步的，可以将数据减少和数据增长的组合认为是数据变化，也就是说先进行数据减少过程后进行数据增长过程。由于大数据具有时效性的特点，当改变数据时，用户需要在新的迭代数据全集上将迭代算法重新进行，DELTA 称这种迭代方法为全量迭代，这种方式将直接导致计算机浪费大量的计算资源，此外由于迭代算法的特殊性，用户可能需要花费很长时间才可以获取迭代计算得出的分析结果，并且等待时间的长度是用户无法接受的。另一种解决方案是，如果迭代数据中仅仅产生了非常小的改变，可以假设新的迭代结果与原始迭代结果近似。因此，以原始迭代结果作为新一轮迭代的初始点，继续进行新的迭代计算。同样的，在解决了之前问题的同时会带来其他缺陷，具体如下。

- 该方案缺少具体理论指导，使用条件不能确定，例如：在 Descendant-Query 算法中，当重要联系人被删除时，则无法继续进行迭代计算。
- 当由较为分散的数据变更时，不得不需要所有的迭代数据全部参与到迭代计算中来，造成有限的计算资源被浪费。
- 时代在不断发展，随着大数据技术的发展，迭代数据的数据量将会不断地增大，充分理解迭代数据的意义对研究现实生产有着重大意义。

DELTA 模型是迭代算法和计算过程的抽象，该模型利用已有迭代结果以及新增数据集，计算新的迭代结果，该模型是增量迭代计算框架的基础。首先定义迭代、迭代轮、增量迭代等相关概念；随后给出 DELTA 模型的形式化表达；最后介绍模型证明、差集算法和模型应用。

定义 4.5　增量迭代。增量迭代是根据新增数据 ΔL 和原始迭代结果获得新的迭代结果的迭代方法，且可由式（4-1）~式（4-4）表达：

$$R = f_\alpha(R_0, L) \tag{4-1}$$

$$\Delta R = f_\beta(\Delta R_0, \Delta L - L) \tag{4-2}$$

$$R^* = f_\gamma(R \cup \Delta R, L \cup \Delta L) \tag{4-3}$$

$$R^* = f_\gamma[f_\alpha(R_0, L) \cup f_\beta(\Delta R_0, \Delta L - L), L \cup \Delta L] \tag{4-4}$$

根据式（4-1）~式（4-3），增量迭代的步骤定义如下。

原始步：在原始数据 L 上进行 α 轮迭代直至收敛，初始迭代变量集为 R_0，收敛后得到原始数据上的迭代结果集 R，如式（4-1）所示，该步骤在增量数据 ΔL 到来时已经完成。

增量步：在差集数据 $\Delta L-L$ 上进行 β 轮迭代直至收敛，初始迭代变量为 ΔR_0，收敛后得到差集数据上的迭代结果集 ΔR，如式（4-2）所示。

合并步：在全量数据 $L\cup\Delta L$ 上继续 γ 轮迭代直至收敛，初始迭代变量集为 $R\cup\Delta R$，收敛后得到最终迭代结果集 R^*，如式（4-3）所示。

定义 4.5 既定义了 DELTA 模型采用的迭代方法，且定义 4.5 同样适用于原始迭代的情况。按式（4-4），在初次迭代时，原始迭代结果 $R=\varnothing$，原始数据 $L=\varnothing$，这时所有的迭代数据被看作增量数据 ΔL 处理，$\alpha=\gamma=0$。

迭代数据是由数据以及数据间的关系所组成的集合。如 PageRank 算法中，迭代数据是由页面和页面之间的链接关系所组成的集合。设迭代数据符合图关系 L。在 L 中节点的集合为 $V(L)$，边的集合为 $E(L)$，其中 $E(L)$是节点所组成序偶的集合。在 L 中，$\forall\, u$、$v\in V(L)$，如果 u、v 是有关系的，则有$\langle u,v\rangle\in E(L)$。图关系 ΔL 同理。如图 4-4 所示，将图 L 和 ΔL 使用邻接矩阵的方式表示。

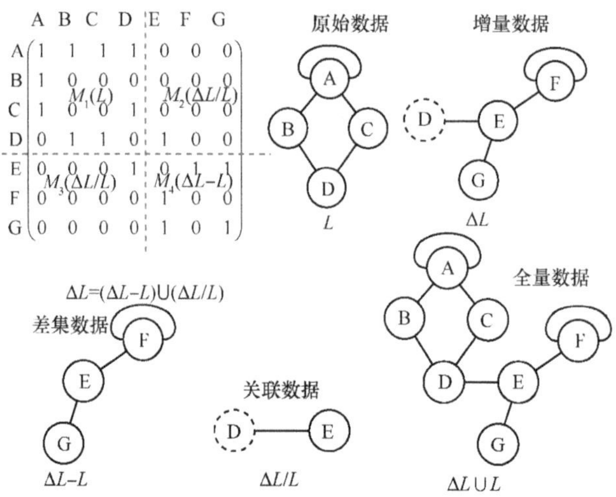

图 4-4　迭代数据的邻接矩阵表达

在图 4-4 中，$V(L)$={A,B,C,D}，$V(\Delta L)$={E,F,G}。如果任意两个节点有关系，则在矩阵中标识为 1，否则为 0。矩阵被分为 4 个区域，如图 4-4 所示，编号分别是 M_1、M_2、M_3、M_4。其中，原始数据 $L=M_1$；增量数据 $\Delta L=M_2+M_3+M_4$；全量数据 $\Delta L\cup L=M_1+M_2+M_3+M_4$；定义差集数据（$\Delta L-L=M_4$）为 ΔL 与 L 无关的最大子图；定义关联数据（$\Delta L/L=M_2+M_3$）为 ΔL 与 L 关联的最大子图，$\Delta L=(\Delta L-L)\cup(\Delta L/L)$，差集数据和关联数据计算方法如下：

$$\Delta L-L=<V(\Delta L-L), E(\Delta L-L)>$$
$$V(\Delta L-L)=V(\Delta L)-V(L)$$
$$E(\Delta L-L)=\{<u,v>|<u,v>\in E(\Delta L)\wedge u,v\in V(\Delta L-L)\}> \quad (4\text{-}5)$$
$$\Delta L/L=<V(\Delta L/L), E(\Delta L/L)>$$
$$V(\Delta L/L)=V(\Delta L)\cap V(L)\cup\{v|<u,v>\in E(\Delta L)\wedge u\in V(\Delta L)\cap V(L)\}$$
$$E(\Delta L/L)=\{<u,v>|<u,v>\in E(\Delta L)\wedge u,v\in V(\Delta L/L)\}> \quad (4\text{-}6)$$

考虑式（4-5）的差集计算（DELTA 称之为差集算法），在图 1-12 中，M_1 和 M_4 是相互独立的，M_4 是增量数据与原始数据独立的部分，增量迭代分别对 M_1 和 M_4 运行迭代算法，对应式（4-1）和式（4-2）。然而还需要考虑增量数据和原始数据的关联部分 M_2+M_3，因此需要将 M_1 的迭代结果 R 和 M_4 的迭代结果 ΔR 合并，并在全量数据上继续迭代直至收敛。

4.3.1.2　迭代计算分解描述

在大数据的背景下，随着数据挖掘、机器学习等相关领域的发展，越来越多的迭代计算应用到诸多领域中，然而在大数据背景下，迭代函数也出现了诸多不适用性。针对大数据特有的背景条件，对迭代函数 f 适用条件进行了深入讨论，同时通过对迭代计算的分解描述进行讨论，并给出适用于增量迭代计算模型的相关参考适用条件。

在分布式计算中，一共有 3 种计算模式，分别是分布式、代数的、整体的。分布式是指数据可以被划分为 n 个集合，每一部分都会由函数得到一个聚集值。如果该 n 个聚集值在函数聚集后得到的值与该函数在所有数据上进行聚集得到的值相同，则称该函数可以用于分布式计算。“代数的”是指如果函数运算能够由一个具有 M 个参数的代数函数计算，用分布函数就可以求得每一个参数。“整体的”指该函数的子聚集所需的存储没有一个常数界，即不存在一个具有 M 个（M 是常数）参数的代数函数进行这一计算。

迭代算法的不同对迭代函数 f 具体的实现有着密切的影响，并且在大数据的具体环境下，需要满足以下两个条件才能使得迭代函数 f 得以具体地实现。

条件 1：在迭代过程中要始终保持该函数不变。

条件 2：迭代函数可以分解为多个变换函数代数 h 运算。

对于条件 1 而言，要保证迭代算法的迭代过程是确定的，同时确保每个迭代步骤也是确定的，通过不断迭代计算得到的结果，直到迭代结果被迭代条件满足为止。

对于条件 2 而言，针对某一个迭代变量 x_i，有 $f(x_i,D)=h_1(x_1,D)\oplus h_2(x_2,D)\oplus\cdots\oplus h_n(x_n,D)$（$i\in[1,n]$，$n$ 为迭代变量个数），其中，$\oplus$ 为代数运算，h 函数是某迭代变量对当前迭代变量的变换函数，h 函数对 $\oplus$ 运算是分布式的，$h(a\oplus b)=h(a)\oplus h(b)$。为描述简便，将 D 视为常量，在 f 函数和 h 函数中省略。显然，为了进行分布式运算，变换函数 h 是“分布的”，其合并操作 $\oplus$ 是“代数的”。

若仅考察一个迭代变量 r 在整个迭代过程的变化，在一轮迭代中，该迭代变量吸收了其他迭代变量对它的变换，将这些变换聚集起来改变自身。如果在某轮迭代中某变量由 r_0 变换为 r^*，与其相关的迭代变量为 r_1 和 r_2，迭代函数为 f，而变换函数为 h，聚集运算为 $\oplus$，那么一轮迭代可以表达成 $r^*=f(r_0,r_1,r_2)=h(r_0)\oplus h(r_1)\oplus h(r_2)$，一个变量的多轮迭代可以看作 $\Sigma_i^n h(r_i)$递归调用。因此，DELTA 引入迭代函数的分解描述。

定义 4.6　迭代函数的分解描述。迭代计算可以划分为每一个迭代变量的变化，而一个迭代变量的变化可以分解为该变量每一轮经过迭代计算变化的积累，而每一轮变化的积累又可以分解为其他变量对该变量变换的代数聚集。在定义 4.6 下，某个迭代变量的收敛条件为变化为 0，整个迭代计算的收敛条件为所有的迭代变量均收敛。为描述简单，令迭代变量变化为 0 时仍可以继续迭代，以此保证所有变量同时收敛。

在迭代函数的分解描述中，“变化”表示某迭代变量自身的改变，这种改变来源于其他迭代变量对该变量的“变换”，h 函数则为“变换函数”。对于某一轮迭代，设由 n 个迭代变量所组成的集合为 $R=\{r_1,r_2,\cdots,r_n\}$。其中迭代函数可以分解为 $f_1,f_2,\cdots,f_n$。迭代变量 r_i 第 k 轮（k 为自然数）迭代可以表示为 $r_i^k=f_i(r_1^{k-1},r_2^{k-1},\cdots,r_n^{k-1})$。由迭代函数的分解描述可知，$f_i$ 可以继续分解为式（4-7）形式：

$$r_i^k=h_i^1(r_1^{k-1})\oplus h_i^2(r_2^{k-1})\oplus\cdots\oplus h_i^n(r_n^{k-1}) \tag{4-7}$$

式（4-1）中迭代变量 r_i^k 吸收其他迭代变量对其的变换，累积这些变换，继而变化自身值。式（4-1）中函数 h_i^j 表示 r_j 对 r_i 的变换函数。设 n 个迭代变量的初始值为$\{r_1^0,r_2^0,\cdots,r_n^0\}$，等同于第 0 轮迭代变量值，那么，当 $i\neq j$ 时，$h_i^j(r_j^{k-1})$由函数 f 确定；当 $i=j$ 时，$h_i^j(r_j^{k-1})=r_j^{k-1}$；运算 $\oplus$ 为不同迭代变量对当前迭代变量变换的聚集操作，例如在 PageRank 算法中，$\oplus$ 为加法（+）；在 K-Means 算法中，$\oplus$ 为集合并（∪）。

4.3.1.3　理论证明

从理论上证明 DELTA 模型在性能上的优势，并证明增量迭代和全量迭代的迭代结果是一致的。

1．性能优势证明

首先，假设迭代算法的执行时间仅与迭代数据大小有关，则原始迭代的执行时间为 $\tau(|L|)$，增量迭代的执行时间为 $\tau(|\Delta L-L|)+\tau(|\Delta L\cup L|)$，而全量迭代的执行时间为 $\tau(|\Delta L\cup L|)$，显然增量迭代的性能无法优于全量迭代。经分析知迭代算法的执行时间还与迭代变量初始值和迭代数据有关。根据定义 4.6，一个迭代轮可以分解成“迭代变量吸收其他迭代变量对它的变换，将这些变换聚集起来改变自身”这一过程，因此，若迭代变量初始值越不合理，则迭代数据越紊乱，变量间相互变换越多，迭代轮数越大，迭代时间越长。

原始迭代、增量迭代的原始步、增量步、合并步以及全量迭代都是迭代计算。迭代计算的性能取决于迭代轮数和每轮迭代代价（I/O 代价和运算量）。按定义 4.6，从“迭代轮数”和“每轮迭代代价”两个角度定性分析各种迭代方法的执行时间，以原始迭代执行时间为参照，具体分析如下：①对于增量迭代的增量步，$\Delta L-L$ 虽然远小于 L，但 $\Delta L-L$ 中迭代变量尚未吸收其他变量对它的变换，因此，增量迭代的增量步迭代轮数与原始迭代的迭代轮数大体相同，$\alpha\approx\beta$（参见式（4-1）和式（4-2）），但是由于数据量很小，因此增量迭代增量步的每轮迭代代价要远小于原始迭代的每轮迭代代价，进而增量迭代增量步执行时间远小于原始迭代时间；②对于增量迭代的合并步，由于迭代数据仅需要收集关联数据 $\Delta L/L$ 对其变换，迭代轮数小于原始迭代，$\gamma<\alpha$（参见式（4-1）和式（4-3）），因此增量迭代合并步迭代时间小于原始迭代时间；③对于全量迭代，由于 $\Delta L-L$ 的存在，全量迭代轮数和原始迭代轮数大致相同，但是由于全量数据略大于原始数据，全量迭代的每轮迭代代价略大于增量迭代的每轮迭代代价，因此全量迭代的迭代时间略大于原始迭代的迭代时间，此外还考虑一种特例，增量迭代的迭代变量初始值是原始迭代结果，当迭代算法对初始值敏感时，全量迭代性能会优于原始迭代性能。综上所述，增量迭代的迭代时间小于全量迭代的迭代时间。表 4-1 定性比较了 3 种迭代的迭代轮数、每轮执行代价和执行时间。

表 4-1　3 种迭代的定性比较

迭代种类	迭代数据	迭代轮数	每轮执行代价	执行时间
原始迭代	s_0	n_0	e_0	t_0
增量迭代增量步	s_1	n_1	e_1	t_1
增量迭代合并步	s_2	n_2	e_2	t_2
全量迭代	s_3	n_3	e_3	t_3
比较	$s_1<s_0<s_2=s_3$	$n_2<n_0\approx n_1\approx n_3$	$e_1<e_0<e_2<e_3$	$t_1<t_2<t_0\approx t_3$

进一步分析知，影响增量迭代性能优势的因素有两个：①增量数据更新原始迭代结果的程度，称为更新度。更新度影响增量迭代性能优化效果，更新度越小，优化效果越好，反之则反。按函数 h 的定义 $h(r,L)$（L 在前文计算式中省略），增量数据对原始迭代结果的更新程度体现在两个方面：一是增量数据中的迭代变量对原始数据中的迭代变量的变换，即函数 h 的 r 部分；二是增量数据对原始迭代结果的变换，即函数 h 的 L 部分。②原始数据量大小。增量迭代的增量步和全量迭代的迭代轮数相同，但前者是在小数据集上执行，而后者在大数据集上执行，数据量越大，每轮迭代代价就越大。全量数据由增量数据和原始数据两部分组成，当增量数据增加时，增量迭代的增量步每轮迭代代价和全量迭代每轮迭代代价都增加，因此相互抵消；当原始数据增加时，增量迭代的增量步每轮迭代代价不变，全量迭代每轮迭代代价增加，因此增量迭代的增量步优势明显，增量迭代的性能优势增大。

2. 迭代结果一致性证明

利用定义 4.6 迭代计算的分解描述来证明增量迭代和全量迭代的结果一致性，证明思路如下：根据迭代的分解表示，由于该迭代变量的初始值是相同的，若证明两种方法的迭代结果一致，只要证明任意一个迭代变量在两种方法的所有轮迭代中积累（$\oplus$）的变换一致。可以证明：①全量迭代中某迭代变量的积累变换要大于该变量在增量迭代的原始步中的积累变换；②当增量迭代进入合并步，该变量的积累变换逐渐变大，最终会等于全量迭代中该变量的积累变换。由①和②可知，采用这两种方法迭代，同一迭代变量会收敛到同一状态。

在证明过程中增量迭代和全量迭代采用一致的序列$\{1,2,\cdots, k,\cdots, n\}$来表示每一轮迭代。不失一般性，设：①增量迭代和全量迭代同时开始；②增量迭代的原始步和增量步同时开始（实际原始步在增量数据到来时已经结束），且当原始步和增量步都收敛后开始合并步，先收敛的迭代变量则执行空轮；③增量迭代原始步收敛于

k_1 轮；④增量迭代增量步收敛于 k_2 轮；⑤增量迭代合并步开始于 k_m+1 轮，由于无法确定 k_1 和 k_2 的大小，因此令 $k_m=\max(k_1,k_2)$；⑥k_3 轮是增量迭代合并步中任意一轮以及对应的全量迭代中的迭代轮，$k_3>k_m$。

当 $k_1>k_2$ 时，迭代计算的示意如图 4-5 所示。当 $k_2>k_1$ 时，同理。

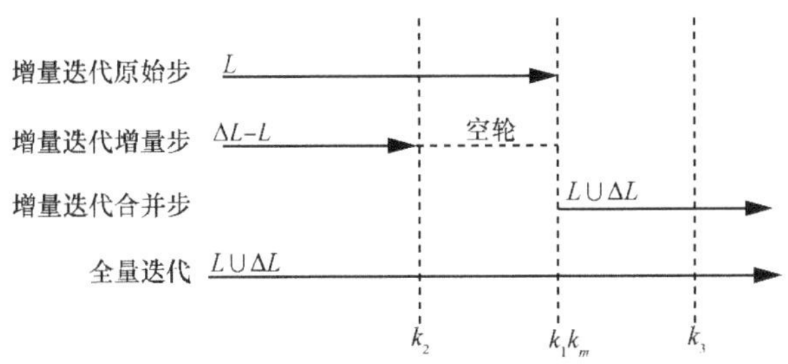

图 4-5　迭代计算的示意

证明：若 ⊕ 为代数运算，函数 h 对 ⊕ 运算是分布的，则增量迭代的迭代结果等同于全量迭代的迭代结果。

由 $h(a\oplus b)=h(a)\oplus h(b)$ 知 ⊕ 符合交换律、结合律和零律。

参照定义 4.6 和式（4-7），迭代变量 r_i 的第 k 轮迭代可以表示为：

$$r_i^k=h_i^1(r_1^{k-1})\oplus h_i^2(r_2^{k-1})\oplus\cdots\oplus h_i^n(r_n^{k-1})=\sum_{x=1}^{n}\oplus h_i^x(r_x^{k-1}) \tag{4-8}$$

则某一迭代变量 r_i 从第 1 轮迭代至第 k 轮的值如式（4-9）所示：

$$\begin{aligned}
r_i^1&=\sum_{x_1=1}^{n}\oplus h_i^{x_1}(r_{x_1}^0)\\
r_i^2&=\sum_{x_2=1}^{n}\oplus h_i^{x_2}(r_{x_2}^1)=\sum_{x_2=1}^{n}\oplus h_i^{x_2}\left(\sum_{x_1=1}^{n}\oplus h_i^{x_1}(r_{x_1}^0)\right)\\
r_i^3&=\sum_{x_3=1}^{n}\oplus h_i^{x_3}(r_{x_3}^2)=\sum_{x_3=1}^{n}\oplus h_i^{x_3}\left(\sum_{x_2=1}^{n}\oplus h_i^{x_2}(r_{x_2}^1)\right)=\\
&\sum_{x_3=1}^{n}\oplus h_i^{x_3}\left(\sum_{x_2=1}^{n}\oplus h_i^{x_2}\left(\sum_{x_1=1}^{n}\oplus h_i^{x_1}(r_{x_1}^0)\right)\right)\\
&\cdots
\end{aligned} \tag{4-9}$$

$$r_i^k = \sum_{x_k=1}^{n} \oplus h_i^{x_k}\left(\sum_{x_{k-1}=1}^{n} \oplus h_i^{x_{k-1}}\left(\cdots\sum_{x_1=1}^{n} \oplus h_i^{x_1}(r_{x_1}^0)\right)\right) = \mathop{H}_{j=1}^{k}\left(\sum_{x_j=1}^{n} \oplus h_i^{x_j}(r_{x_j}^0)\right) \tag{4-10}$$

式（4-10）中，x_k 表示第 k 轮任意一个迭代变量的下标，符号 H 表示函数的复合。第 k 轮的迭代中，任意一个迭代变量都是 k 轮积累变换的聚集。

设：在原始数据 L 中含有 m 个迭代变量，全量数据 $L \cup \Delta L$ 中含有 n 个迭代变量，则差集数据 $\Delta L-L$ 中含有（$n-m$）个迭代变量。k_1、k_2、k_3 轮的关系如图 4-5 所示，$k_m=\max(k_1,k_2)$。

第 k_1 轮，全量迭代下 L 中的任意迭代变量 r_p，式（4-11）成立：

$$r_p^{k_1} = \mathop{H}_{j=1}^{k_1}\left(\sum_{x_j=1}^{n} \oplus h_i^{x_j}(r_{x_j}^0)\right) \tag{4-11}$$

第 k_1 轮，增量迭代原始步中 L 内与 r_p 所对应的迭代变量 r_q，式（4-12）成立：

$$r_q^{k_1} = \mathop{H}_{j=1}^{k_1}\left(\sum_{x_j=1}^{m} \oplus h_i^{x_j}(r_{x_j}^0)\right) \tag{4-12}$$

又由 $n>m$，r_p 每一轮积累变换大于每一轮 r_q 积累变换得出：

$$r_p^{k_1} > r_q^{k_1}$$

又由 L 中与 ΔL 完全没有关联的迭代变量的变换始终为 0，即 $h=0$ 得出：

$$r_p^{k_1} = r^{k_1}$$

因此，$r_p^{k_1} \geqslant r_q^{k_1}$。

同理，第 k_2 轮，全量迭代下 L 中的任意迭代变量 r_p 和增量迭代增量步下 $\Delta L-L$ 中与 r_p 所对应的迭代变量 r_q，由于 $n>n-m$，r_p 每一轮积累的变换大于每一轮 r_q 积累的变换。可得：

$r_p^{k_2} \geqslant r_q^{k_2}$。

结论①：在增量迭代合并步开始之前，$r_p^{k_m} \geqslant r_q^{k_m}$。

第 k_3 轮，全量迭代下 L 中的任意迭代变量 r_p，式（4-13）成立：

$$r_p^{k_3} = \mathop{H}_{j=1}^{k_3}\left(\sum_{x_j=1}^{m} \oplus h_i^{x_j}(r_{x_j}^0)\right) \tag{4-13}$$

1 轮至 k_3 轮可以分解为 1 轮至 k_m 轮和 k_m+1 轮至 k_3 轮，且迭代变量仍然为 n 个。

式（4-13）可以变换为式（4-14）：

$$r_p^{k_3}=\mathop{H}_{j=1}^{k_m}\left(\sum_{x_j=1}^{n}\oplus h_i^{x_j}(r_{x_j}^0)\right)\oplus\mathop{H}_{j=k_m+1}^{k_3}\left(\sum_{x_j=1}^{n}\oplus h_i^{x_j}(r_{x_j}^0)\right)\tag{4-14}$$

式（4-14）的 k_m+1 轮至 k_3 轮（后项）迭代变量的 r_p 积累变换又来自于 L 中 m 个迭代变量和 ΔL 中（$n-m$）个迭代变量。式（4-14）可以变换为式（4-15）：

$$\begin{aligned}r_p^{k_3}=&\mathop{H}_{j=1}^{k_m}\left(\sum_{x_j=1}^{n}\oplus h_i^{x_j}(r_{x_j}^0)\right)\oplus\mathop{H}_{j=k_m+1}^{k_3}\left(\sum_{x_j=1}^{m}\oplus\mathop{H}_{l=1}^{k_1}\left(\sum_{x_l=1}^{m}\oplus h_i^{x_l}(r_{x_l}^0)\right)\right)\oplus\\&\mathop{H}_{j=k_m+1}^{k_3}\left(\sum_{x_j=m+1}^{n}\oplus\mathop{H}_{l=1}^{k_2}\left(\sum_{x_l=m+1}^{n}\oplus h_i^{x_l}(r_{x_l}^0)\right)\right)\end{aligned}\tag{4-15}$$

式（4-15）中，第一行是前 k_m 轮迭代全量数据中迭代变量对 r_p 的积累变换；第二行是 k_m+1 轮至 k_3 轮迭代原始数据 L 中迭代变量对 r_p 的积累变换；第三行是 k_m+1 轮至 k_3 轮迭代增量数据 ΔL 中迭代变量对 r_p 的积累变换。

第 k_3 轮增量迭代下合并步中与 r_p 所对应的迭代变量 r_q，若 $r_q\in L$，则式（4-16）成立：

$$\begin{aligned}r_q^{k_3}=&\mathop{H}_{j=1}^{k_m}\left(\sum_{x_j=1}^{m}\oplus h_i^{x_j}(r_{x_j}^0)\right)\oplus\\&\mathop{H}_{j=k_m+1}^{k_3}\left(\sum_{x_j=1}^{m}\oplus\left[\mathop{H}_{l=1}^{k_1}\left(\sum_{x_l=1}^{m}\oplus h_i^{x_l}(r_{x_l}^0)\right)\oplus\mathop{H}_{l=1}^{k_2}\left(\sum_{x_l=m+1}^{n}\oplus h_i^{x_l}(r_{x_l}^0)\right)\right]\right)\oplus\\&\mathop{H}_{j=k_m+1}^{k_3}\left(\sum_{x_j=m+1}^{n}\oplus\left[\mathop{H}_{l=1}^{k_2}\left(\sum_{x_l=m+1}^{n}\oplus h_i^{x_l}(r_{x_l}^0)\right)\oplus\mathop{H}_{j=1}^{k_1}\left(\sum_{x_l=1}^{m}\oplus h_i^{x_l}(r_{x_l}^0)\right)\right]\right)\end{aligned}\tag{4-16}$$

式（4-16）中，第一行是原始步下 L 中各迭代变量对 r_q 的积累变换；第二行是合并步下 L 中各迭代变量对 r_q 的积累变换，其中各迭代变量的积累变换又来自于 L 中 m 个迭代变量（方括弧中前项）和 ΔL 中（$n-m$）个迭代变量（方括弧中后项）；第三行是合并步下 ΔL 中各迭代变量对 r_q 的积累变换，其中各迭代变量的积累变换又来自于 ΔL 中（$n-m$）个迭代变量（方括弧中前项）和 L 中 m 个迭代变量（方括弧中后项）。

与式（4-15）对比，根据结论①，式（4-15）第一行小于式（4-16）的第一行；式（4-15）第二行等于式（4-16）第二行中方括弧中前项部分；式（4-15）第三行等于式(4-16)第三行中方括弧中前项部分；式(4-16)的第二行和第三行比式(4-15)

的第二行和第三行均多出了方括弧中后项。因此，当 k_3 足够大时，式（4-16）的值大于或等于式（4-15）的值。

结论②：增量迭代合并步下，$r_q^{k_3} \geqslant r_p^{k_3}$，若 $r_q \in \Delta L-L$，同理可得结论②。

根据结论①和结论②，在合并步开始后，$r_p^{k_3}$ 和 $r_q^{k_3}$ 的差距逐渐变小。由于迭代序列的无穷性，那么最终会有 $r_q^{k_3} \geqslant r_p^{k_3}$。可见二者积累变换相同，最终收敛到同一点。

增量迭代的迭代结果等同于全量迭代的迭代结果，证毕。

3．差集算法

根据理论证明部分的分析，增量迭代对比全量迭代的性能优势在于增量迭代增量步的每轮迭代代价小，而增量迭代的合并步迭代轮数小。此外，增量迭代需要求取增量数据和原始数据的差集，差集算法也会引入额外的时间开销。对于迭代数据结构较为简单的迭代算法而言，差集算法并不复杂。例如 *K*-Means 算法，所有的数据均为纪录的形式，纪录是数据点的名称和其坐标所组成的序偶。而求取差集的过程可看作求取在增量数据中距离当前所有中心点最小距离超过阈值的点的集合。但是对于关系较为复杂的算法而言，求取的差集和原始数据集应不存在公共的数据和关系，即无论是数据还是关系，差集与原始数据集是相互独立的。例如 PageRank 算法中，数据为网页，关系为网页间的连接关系，L、ΔL 和 $\Delta L-L$ 示意如图 4-6 所示。图 4-6 中节点表示网页，边表示网页间的连接关系。

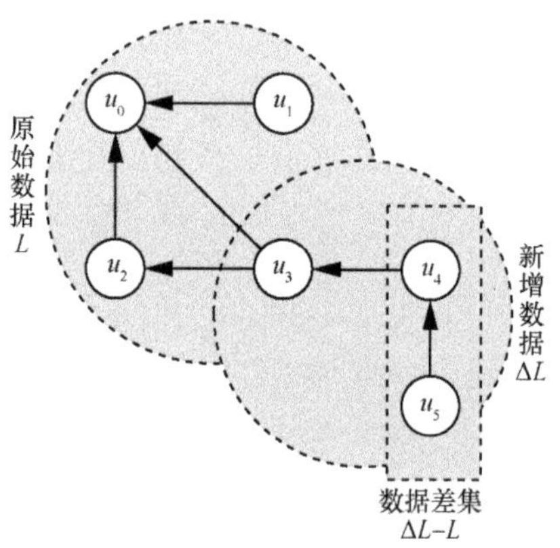

图 4-6　L、ΔL 和 $\Delta L-L$ 示意

当数据关系较为复杂时，差集的求取将变得复杂，DELTA 给出一个包含二元关系的数据集的差集算法，使用两个 MapReduce 作业完成差集运算，具体如下。

输入：<α,β>：数据项和数据项所组成的关系，以 Key-Value 格式表示。

输出：Map 任务输出的中间结果收集器。

数据项包含布尔类型的 E、Δ 和 O 属性，分别表示该数据项是否为原始数据（Exist）、增量数据和 Reducer 输出结果数据（Output）。

输出：$Reduce_2$ 输出结果：< α，β>。

```
Map₁ 阶段：
Init β.E and β.Δ //初始化数据的 E 和 Δ 属性
out.collect(α,β)
Reduce₁ 阶段：
original=false,new=false;
result= new List ( );
for each β in βs          //对于同一个 α 的所有 β
  if β.E                  //如果 β 是原始数据
    original = true
  else if β.Δ             //如果 β 是增量数据
    new = true
    result.add (β)        //将 β 加入结果集
  end if
  if original and new
    Return;
  end if
end for
for each β in result      //对于结果集中所有 β
  β.R = true;             //设置 β 为输出结果
  out.collect (α,β) ;
end for
Map₂ 阶段：
out.collect (β,α) //将 α 和 β 调换，输出给 Reduce₂
Reduce₂ 阶段：
Reduce₂=Reduce₁  //重复执行 Reduce₁
```

该算法的核心思想是通过过滤数据项的方式，过滤掉数据间的关系。在 Map_1 中按照<*key*,*value*>序列正常输出，在 $Reduce_1$ 的 Value 中如果均出现了原始数据和增量数据标记，则表示该数据点重复出现在了两个数据集中，故将其过滤掉。而 Map_2 将<*key*,*value*>序列反向输出，从而使得 $Reduce_2$ 过滤掉关联数据 $\Delta L/L$。

4.3.1.4 模型应用

迭代算法均可满足定义 4.6 的分解描述，但若适用于 DELTA 模型，则要求迭代函数 f 满足第 4.3.1.3 节中理论证明部分首段的描述。此外，根据理论证明中迭代性能定性分析，当数据量越大，或增量数据对原始迭代结果的更新越少，增量迭代较全量迭代的性能优化效果越好。在前文形式化表达的基础上，举例描述常用的迭代算法 PageRank、*K*-Means 和 Descendant Query 的 DELTA 模型实现。

1. PageRank 算法

PageRank 是 Google 用来标识网页等级（重要性）的一种方法。设网络的链接关系存于集合中，该集合每个元素是二元组<*url_source*, *url_dest*>，表示在 URL 为 *url_source* 的页面中，有一个指向 *url_dest* 页面的超链接。初始化的迭代变量集为 R_0，每个迭代变量 u 为二元组<*url*, *rank*>，表示每个页面的 URL 和其 PageRank 值。若原始数据 L 中共有 n 个页面，则初始化时 R_0 内共有 n 条数据。

PageRank 的迭代函数 fp 为：

$$fp(u_i, L) = \frac{1-q}{N} + q \sum_{u_j \in B(u_i)} \frac{R(u_j)}{|B(u_j)|} \tag{4-17}$$

在式（4-17）中，u 指任意 *url*，i、j 均为页面下标，其中，$B(u_i)$为指向 u_i 链接的页面的集合，$|B(u_i)|$为集合 $B(u_i)$的大小，$R(u_j)$为 u_j 当前的 PageRank 值，N 为页面总数，q 为阻尼常数，取值为 0.85。fp 的终止条件为 R_i 不发生变化，或者 R_i 和 R_{i+1} 的差值小于某个阈值，算法收敛，通常阈值可以取 0.2。

PageRank 算法满足 DELTA 模型：当 u_j 有指向 u_i 的链接时，函数 h 为式(4-18)，当 u_j 没有指向 u_i 的链接时，h 为 0；$\oplus$ 运算为加法运算，表示 PageRank 值的增长，满足代数运算要求；h 函数在“+”运算上是分布的，即每个网页对目标网页 PageRank 值的贡献之和等同于网页集对目标网页的 PageRank 值的贡献；采用算法 4-1 可以求取 $\Delta L-L$：

$$h_i^j(u_j^{k-1}) = q\frac{R(u_j^{k-1})}{\left|B(u_j^{k-1})\right|}, i \neq j \tag{4-18}$$

按式（4-18），R 和 ΔR 中分别包含了 L 以及 $\Delta L-L$ 内所有网页的 PageRank 值，显然 $R \cap \Delta R = \varnothing$，因为在 L 和 $\Delta L-L$ 中并没有公共网页存在。若简单地将 R 和 ΔR 合并，则丢失了关联数据集 $\Delta L/L$ 对 PageRank 值的贡献，这是因为在背景数据 ΔL 中有可能包含指向 L 中页面的超链接，但是这些链接在 $\Delta L-L$ 中都被过滤掉了。R 和 ΔR 分别可以看作背景数据 L 和 $\Delta L-L$ 的局部极值，因此增量迭代的合并步可以看作求全局极值的过程，所以合并步会很快收敛。

2. *K*-Means 算法

K-Means 算法是典型的基于距离的聚类算法，采用距离作为相似性的评价指标，即认为两个对象的距离越近，其相似度就越大。设所有数据经过格式化并转化为坐标的形式，存于集合 P 中，P 内任意元素 p 是元组<*id*,*x*,*y*>，*id* 为数据的唯一标识，x 和 y 为数据经过转换后的坐标。初始化的迭代变量为 k 个簇 $S_1^0, S_2^0, \cdots, S_k^0$，簇 S 是数据点 p 的集合，S 集有一个中心点 c。通过迭代后求得最终的迭代结果 $\{S_1^*, S_2^*, \cdots, S_k^*\}$ 是 P 的一个划分。

K-Means 的迭代函数 *fk* 为：

$$fk(S_i, P) = \{p \mid p \in P, \forall S_j \in R, dis(p, c_i) \leqslant dis(p, c_j)\} \tag{4-19}$$

在式（4-19）中，P 为所有数据点的集合，p 为某数据点，R 是当前迭代结果，包含了 k 个簇，第 i 个簇 S_i 的中心点为 c_i，$dis(p,c_i)$ 为 p 和 c_i 间的距离。*fk* 的终止条件为 S_i 不发生变化，算法收敛。

K-Means 算法满足 DELTA 模型：对于某轮迭代，原属于簇 S_j^{k-1} 的数据点若变化为属于簇 S_i^k 的数据点，函数 h 如式（4-20）所示，若簇 S_j^{k-1} 的数据点没有向簇 S_i^k 发生移动，对应的 h 为 0，当 S_i^k 确定后，c_i^k 根据 S_i^k 重新计算；$\oplus$ 运算为集合并运算，表示 S_i^k 的扩充，满足代数运算要求；函数 h 在"$\cup$"运算上是分布的，即每（k−1）轮每个簇移动到某簇的数据点等同于所有数据点集合移动到该簇的数据点；采用差集算法可以求取 $\Delta L-L$：

$$\begin{aligned} &h_i^j(S_j^{k-1}) = \{p \mid p \in S_j^{k-1}, \forall S_j \in R, dis(p, c_i^{k-1}) \leqslant dis(p, c_j^{k-1})\} \\ &c_i^k = \frac{\sum\limits_{p \in S_i^k} dis(p, c_i^{k-1})}{|S_i^k|}, i \neq j \end{aligned} \tag{4-20}$$

K-Means 算法的增量迭代实现中：原始步在原始数据集 L 中初始化 k 个中心点并获得 k 个簇；定义差集为在增量数据中距离这 k 个簇的中心点最小距离均大于某一阈值的数据点；增量步在差集数据 $\Delta L-L$ 中初始化 k'个中心点并获得 k'个簇（$k' \ll k$）；合并步之前将 L 中 k 个中心点和差集数据 $\Delta L-L$ 中 k'个中心点视为数据点，执行一次微缩的 *K*-Means 算法并获取 k 个新的中心点；合并步将采用这 k 个新的中心点重新迭代。R 和 ΔR 分别可以看作背景数据 L 和 $\Delta L-L$ 的预先聚类，因此增量迭代的合并步可以看作初始点良好的聚类过程，所以合并步会很快收敛。

3. Descendant Query 算法

Descendant Query 算法用于计算社交网络中与某人相识的所有人的列表，用以分析用户的交友信息等情况。设社交网络信息存于集合 F 中，F 即迭代数据，F 中每个元素为序偶$<p_x,p_y>$，p_x 和 p_y 均为人名，表示名字为 p_x 的人与名字为 p_y 的人是朋友关系。迭代变量为集合 R，初始 R 仅包含一条数据，即查询对象。通过迭代计算找出与查询对象相关的所有人。

Descendant Query 的迭代函数 fd 为：

$$fd(R) = R \cup \{p_y \mid \forall < p_x, p_y > \in F, p_x \in R\} \tag{4-21}$$

在式（4-21）中 R 是唯一的迭代变量，fd 的终止条件为 R 不发生变化。

Descendant Query 算法满足 DELTA 模型：当 R 和 R 上的函数 h 为式（4-22），$\oplus$运算为集合并运算，表示 R 的扩充，满足代数运算要求；函数 h 在“∪”运算上是分布的，$h(R \oplus \varnothing)= h(R) \oplus h(\varnothing)=h(R)$。

$$h(R^{k-1}) = \{p_y \mid \forall < p_x, p_y > \in F, p_x \in R^{k-1}\} \tag{4-22}$$

Descendant Query 算法的特点导致其增量迭代和全量迭代相同，但前者有略微的优势。全量迭代会以原始迭代结果作为初始迭代变量，在全量数据上迭代。增量迭代实现中：原始步在原始数据集 L 查找与当前查询对象有关系的所有人，最终迭代结果集为 R；定义差集为在增量数据中与原始对象中所有人均没有关系的人，根据差集算法可以求得 $\Delta L-L$，根据该差集定义可以知道 $\Delta R=\varnothing$，无须增量步迭代；合并步以 R 为初始迭代变量，只需在原始数据集和关联数据上迭代，最终当收敛后得到新的迭代结果。增量迭代合并步数据量少于全量迭代数据量，因此增量迭代合并步每轮迭代代价小于全量迭代每轮迭代代价，又因为两者迭代轮数相同，因此，

Descendant Query 算法增量迭代性能略优于全量迭代。

4.3.1.5　系统实现

对 HaLoop 框架进行修改和扩展，使其支持 DELTA 模型，称为 ΔHaLoop 框架。本节将简述 ΔHaLoop 框架的系统架构，介绍各个部分的用途和相应的改进。ΔHaLoop 构建在 Hadoop 0.20.2 版本之上，且该版本仅包含 3 个模块，即 MapReduce、HDFS 和 Common，代码结构较为简单，且易于扩展。

ΔHaLoop 系统架构如图 4-7 所示。图 4-7 中的软件模块可以分为 4 类：①Hadoop 模块，这些模块是与 HDFS 相关的文件系统模块以及任务队列模块；②HaLoop 模块，这些模块是 HaLoop 对原始 Hadoop 的修改或者扩展部分，主要实现了迭代计算、缓存、任务调度等相关功能；③对 HaLoop 的修改模块，这些模块根据 DELTA 模型和 HaLoop 现存缺陷，对 HaLoop 模块进行了修改，主要包括迭代控制（Loop Control）和任务跟踪器模块；④ΔHaLoop 新增模块，用于支持 DELTA 模型。

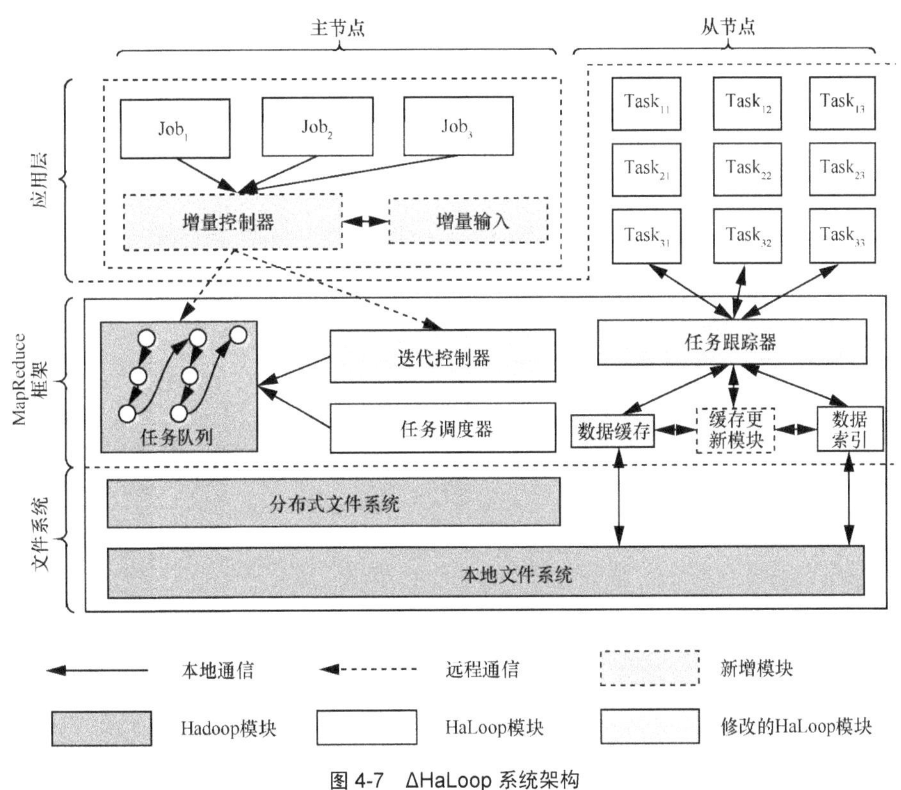

图 4-7　ΔHaLoop 系统架构

ΔHaLoop 各个模块的简要描述如下。

文件系统（File System）：沿用 Hadoop 的文件系统，支持计算框架对分布式文件系统以及每个节点的本地文件系统的读写操作。

数据缓存（Cache）：HaLoop 支持迭代计算中的缓存策略，并设计了 3 种缓存，分别为 Map 输入缓存、Reduce 输入缓存、Reduce 输出缓存。在 DELTA 模型中，缓存信息不仅有益于原始迭代，也有益于增量迭代的差集求取和结果合并过程，且在下一次增量数据到来时，上一次迭代的缓存仍有效，因此 ΔHaLoop 新增了缓存更新模块，用于支持在增量迭代中更新缓存，尽量延长缓存的生命周期。

任务调度器（Task Scheduler）：沿用 HaLoop 系统任务调度功能，任务调度支持迭代缓存功能。为了使用上一轮迭代的缓存数据，任务调度器将当前迭代轮中任务数据调度到上一轮迭代计算所在的节点，以便读取上一轮迭代所缓存的数据，从而解决静态数据的冗余传输问题和重复计算问题。

任务跟踪器（Task Tracker）：任务跟踪器监督并执行某个任务（Map 任务或 Reduce 任务），同时与作业跟踪器（Job Tracker）通信，时刻汇报任务的执行情况，并获取新任务。在 HaLoop 中，任务跟踪器根据任务配置创建缓存数据和索引，同时维护缓存数据。在 ΔHaLoop 中对任务跟踪器进行了进一步完善，加强了任务跟踪器缓存数据的能力，使得缓存数据的管理粒度更细致，生命周期更长，适用于 DELTA 模型的要求。

循环控制器（Loop Controller）：提供迭代控制功能，使得整个迭代算法可以重复执行直至收敛。在 ΔHaLoop 系统中，对 HaLoop 原有的循环控制功能进行扩展，支持“针对于每轮迭代输出数据特点”的迭代收敛条件。

增量迭代控制器（Incremental Iterative Controller）：提供增量迭代支持，包括基本的编程接口、执行流程、差集算法、增量迭代流程控制等。其中，增量输入模块用以区分增量数据，完成增量输入和原始数据差集的计算过程。同时增量输入模块还对当前节点所包含的缓存信息进行扫描，如果可用缓存数据，则使用缓存数据进行求差集操作。增量控制模块是 ΔHaLoop 为了支持增量迭代所引入的独立模块，模块又可以分为 MapReduce 作业的创建和增量迭代的流程控制两个子模块。前者完成增量迭代的参数初始化工作，后者则按第 4.3.1.1 节描述的模型和方法执行迭代算法。

理论上，DELTA 模型适用于其他大数据下的计算框架，如 Spark、Naiad 等。

由于本章中没有逐一在这些框架中实现 DELTA 模型，因此以 Spark 为例给出实现方法的分析。首先，将 DELTA 模型的实现划分为 3 个不同的任务，包括计算差集（数据筛选）、增量迭代（在差集上运行迭代算法）和迭代合并（在全量数据上运行迭代算法）。计算差集的本质为数据筛选的过程，主要用于删除增量数据和原始数据间的关系，DELTA 的差集算法基于数据连接技术，其中，连接算法也是计算框架中常见算法。如 Spark 可以通过 Map 和 Broadcast 的组合实现 Map 端连接算法，也可以通过 Join 算子实现 Reduce 端连接算法。增量迭代和迭代合并实质上都是迭代算法的实例。现存迭代框架均可以支持迭代算法，只是性能有所差别。如 MapReduce 可以通过任务的组合，将迭代算法的迭代步骤拆分成不同的 Map 任务和 Reduce 任务，从而执行迭代算法；Spark 中可以通过使用弹性分布式数据集（Resilient Distributed Dataset，RDD）的不断变化来实现迭代算法。增量迭代和迭代合并区别在于以下两点：①增量迭代的数据来源于计算差集步骤所得到的差集，迭代合并的数据为全量数据；②增量迭代的初始点为随机值或符合迭代算法要求的初始值，迭代合并的初始点来源于原始的迭代结果和增量迭代的迭代结果，能够支持迭代计算的框架均可以灵活地控制迭代数据范围和迭代初始点的选择。

综上所述，DELTA 模型适用于常见的分布式计算框架，但仍然需要对框架的部分模块加以扩展。表 4-2 分析了常见的分布式计算框架实现 DELTA 而需要的扩展。

表 4-2　常见的分布式计算框架实现 DELTA 模型的分析

<table>
<tr><th>框架</th><th>流程控制模块</th><th>任务调度模块</th><th>任务监控模块</th><th>数据访问模块</th></tr>
<tr><td>YARN</td><td colspan="2">重新定义主节点的流程控制和任务调度，将多个 MapReduce 任务视为一个整体，实现增量迭代流程控制功能</td><td></td><td rowspan="3">修改基于 HDFS 的数据读写方法，增加按数据新旧程度访问数据的功能，可以区分历史数据和新增数据</td></tr>
<tr><td>Spark</td><td rowspan="3">增加增量迭代流程控制模块，以控制计算差集、增量迭代和迭代合并任务中的执行顺序切换</td><td></td><td rowspan="3">将原有的单任务监控机制，修改成计算差集、增量迭代和迭代合并 3 个任务为一体的监控机制</td></tr>
<tr><td>PrIter</td><td rowspan="2">根据缓存机制修改现有的任务调度，将差集计算和迭代任务分发到一个节点，后者可以利用前者的缓存</td></tr>
<tr><td>Twister</td><td>修改数据传播模块，区分新旧数据</td></tr>
</table>

4.3.2 归并迭代计算

大数据背景下，迭代算法在应用过程中也出现了许多的不适应性。大数据迭代

分析算法期望作用在全集数据而非局部数据之上，而“全集”又是相对的，因此迭代分析算法既会在各局部数据上执行，得到相对局部的分析结果，又会在汇总的全集数据上运行，产生相对整体的分析结果。因此当局部数据进行聚集汇总后，原始局部数据的迭代结果将不再适用，整个迭代算法也需要在聚集汇总后的全集数据上进行重新迭代计算。

在大数据环境下，迭代分析算法有着下述特点：①参与迭代分析计算的数据量相比普通分析计算的数据量而言非常庞大；②和启发式迭代算法相比，大数据环境下的迭代分析算法迭代轮数较少，收敛更加迅速。因此，常规迭代计算模型在迭代分析计算的性能上存在提升的空间，从充分复用已有迭代分析计算结果的角度考虑，在迭代分析计算过程中可以通过利用区内数据的迭代结果和区内数据之间的关联关系完成归并迭代计算得到全集数据下的迭代分析结果，避免不必要的迭代分析计算。归并迭代计算示意如图 4-8 所示。

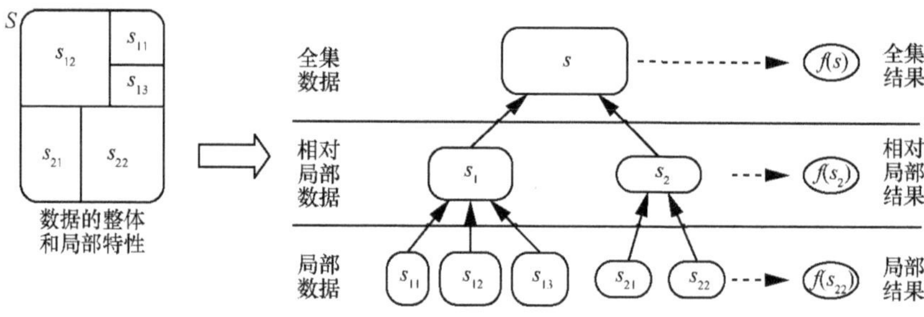

图 4-8　归并迭代计算示意

以金融大数据为例，典型的人民币冠字号流通数据会保存在各个银行和金融机构的存储设备上，或逐级汇缴到省、地区、国家级的金融管理部门。数据的各级拥有者都会在所有数据上运行聚类算法以获得货币流通范围，而他们针对的数据都是下级单位数据汇总而得到的全集数据，且是提供给上级单位的部分数据。那么聚类算法将在逐级单位中反复地计算，且获得一致的或是更为全面的结果。若能够利用数据的天然分区特征，通过区内迭代结果来计算合并后计算的最终结果，则可以大大地节省聚类分析的成本，提高分析时效性，也减少数据的逐级汇缴。

现阶段，在大数据环境下对迭代分析算法框架层面的优化方法有异步迭代技术、内存优化技术、缓存技术等。但是这些优化方法均未针对大数据的数据分散进行优化。本节将基于大数据的数据分散特点针对迭代计算方法和框架进行研究并提出归并迭代计算模型进行优化，归并迭代计算模型是在大数据环境下进行迭代计算的一种优化模型，该模型基于大数据环境中数据的分散性、分区存储、全集—区间数据分析的相对性等特点对迭代数据进行分区，并充分利用分区内局部数据的迭代计算结果，然后将区内的迭代计算结果进行合并得到全集迭代数据下的最终迭代结果。不同分区之间的迭代计算相互独立，相互之间互不影响，因此在迭代过程中减少了合并同步的数据，从而减少了计算节点的等待时间，提高了分布式环境下迭代计算的并行性。同时，归并迭代计算模型对每个数据分区上的局部迭代结果进行归并，以快速计算全集结果，而避免在全集数据上重新运行迭代算法的时间开销。

探究如何基于现有已知的迭代数据分布情况对迭代数据进行分区得到区内的迭代计算结果，并将区内的迭代计算结果进行合并得到全集迭代数据下的最终迭代结果，为此提出了归并迭代计算模型的定义；其次，研究归并迭代过程中区内数据之间的关联数据对归并迭代计算结果的误差影响，提出了损失弥补模型来弥补归并迭代计算过程中分区迭代所产生的误差。整个研究均基于第 4.3.1 节提出的增量迭代模型并加以扩展，本节将略去细节描述。

4.3.3　迭代初始点选择

迭代算法的特性由其迭代变量所表征。迭代变量的选择对于迭代算法的收敛速度和精度起到决定性作用。研究迭代变量在迭代过程中的变化速度，可通过选择迭代变量初始点以提高迭代算法的执行效率。本节重点研究迭代初始点和迭代收敛速度之间是否存在关系，是否可以定义这种联系，迭代初始点选择是否存在一般性的规律。另外，还要结合第 4.3.1 节提出的增量迭代方法的特殊性，设计特定的优化方法。因为增量迭代各个过程的不同，研究可否利用已有迭代结果的性质推测出新迭代变量初始点的性质，从而优化整个增量迭代计算的过程。

4.3.3.1　迭代算法分类

大数据环境中常用的迭代算法有前文所提及的 PageRank 算法、*K*-Means 算法、Descentant-Query 算法，还有前文未曾提及的 Single Source Path 算法、Hyperlink-Induced Topic Search 算法等。迭代算法的特性有所不同，所以对于其初始点的研究方法大多会针对于特定算法。为了最大化地适应不同的算法，针对某一类算法展开研究并将这些算法归约到统一的数学模型。因此，为保证初始点选择算法的适用性，将大数据中常用的迭代算法按其数学性质简单地归为以下几种类别。

- 矩阵特征值和矩阵连乘运算型迭代算法。求矩阵特征值运算在迭代算法中非常常见。某些迭代算法如 PageRank、PersonalPageRank 可以直接或间接地转化为矩阵特征值和矩阵连乘运算。矩阵特征值和矩阵连乘运算可以转化为 Jacobi 迭代法求解。Jacobi 迭代法是数值分析中多元线性方程组的解法之一，由德国著名数学家雅可比提出，同时也是工程技术中常用的迭代算法之一。Jacobi 迭代法是矩阵理论的应用。在数值分析中已经存在对 Jacobi 迭代法的研究，主要有收敛性、收敛条件以及收敛速率的相关研究。所以借助 Jacobi 迭代法可研究一系列迭代算法。
- 数据聚类型迭代算法。聚类算法以相似性为基础，分析数据潜在的若干模式，聚类算法也是数据挖掘研究的重要分支。聚类算法通常要给定聚类类别的总数 k 值，即将样本数据聚类为 k 个类别。在实际应用中将随机给出 k 个类别的初始值，经过若干轮迭代后算法收敛得到最终的聚类结果。聚类算法存在多种类别，如划分聚类法、层次聚类法、基于密度的聚类法、基于网格和基于模型聚类法。各种类别聚类方法之间主要差异在于相似性的判定标准和数据适应范围的不同。但是由于其初始点均给出了可能的聚簇中心，其初始点选择方案上来说有一定共性。
- 初始点固定类迭代算法。迭代算法的收敛速度与迭代算法初始点的选择有关。但是在一些迭代算法中其迭代点初始变量无法人为改变，如单源最短路径（Single Source Shortest Path）算法[7]和世代查询（Descentdant Query）。在这类算法中，其初始点与查询条件有关，如在单源最短路径算法中其初始点为所查询路径的起点。该类算法不适合初始点选择优化。
- 其他类型算法。在数据挖掘和机器学习领域还包含很多迭代算法，如推荐型算法、分类算法等。这些算法大多与其应用场景息息相关，有的包含训练集和数据集两部分。该类算法不适合初始点选择优化。

分类原则是按算法特征的归约：若算法本质可以规约为同一类操作或同一数学模型时，则归为一类。例如聚类算法的特征操作为聚类，不同之处仅限于聚类特征属性以及距离表征方法。下文将针对“矩阵特征值和矩阵连乘运算型迭代算法”和“数据聚类型迭代算法”展开研究。分别研究“原始迭代的初始点选择”以及“增量迭代的初始点选择”两个方面。

4.3.3.2 原始迭代的初始点选择

本节描述矩阵特征值和矩阵连乘运算型迭代算法和数据聚类型迭代算法的初始点选择算法，在阐述具体数学模型的同时，给出有代表性的算法的举例。

1. 矩阵特征值和矩阵连乘运算型迭代算法

Jacobi 迭代法[26]简称为 J 迭代法。J 迭代法主要用于求解线性方程组。若一个 n 元一次线性方程组如式(4-23)所示，等价变换式(4-23)可得到式(4-24)，对式（4-24）进行编号区分迭代变量后可以得到式（4-25）。式（4-25）可以称为迭代公式，取任意初始点 $x^0=(x_1^0, x_2^0, \cdots, x_n^0)^T$，带入式（4-25）的等号右边并得到新一轮的迭代结果，第 k 次的迭代结果可以记为 $x^k=(x_1^k, x_2^k, \cdots, x_n^k)^T, k=1, 2,\cdots$。若向量序列 $\{x^k\}$ 迭代向量 $x^*=(x_1^*, x_2^*,\cdots, x_n^*)^T$，对式（4-25）取极限可知 x^*是式（4-25）的解，也为式（4-24）的解。又因为式（4-24）是由式（4-23）等价变换而来，所以 x^*是式（4-23）的解。在实际情况中，可以取一个适当大的 k，视具体的精度要求，第 k 次的迭代变量 x^{k+1} 可以作为原方程的近似解，这种迭代方法叫作 J 迭代法。在数值分析相关的研究中还有一种 J 迭代法的改进，称之为 Gauss-Seidel 迭代法，简称 GS 迭代法，其主要思想与 J 迭代法相同，不同之处在于 J 迭代法中 x^{k+1} 是由 x^k 推出，而在 GS 迭代法中计算 x_2^{k+1} 可以由$(x_1^{k+1}, x_2^k, \cdots, x_n^k)^T$ 推出，x_3^{k+1} 可以由$(x_1^{k+1}, x_2^{k+1}, \cdots, x_n^k)^T$ 推出，从而充分利用最新的计算结果加速迭代速率。

$$\begin{cases} a_{11}x_1 + a_{12}x_2 + \cdots + a_{1n}x_n = b_1 \\ a_{21}x_1 + a_{22}x_2 + \cdots + a_{2n}x_n = b_2 \\ \cdots \\ a_{n1}x_1 + a_{n2}x_2 + \cdots + a_{nn}x_n = b_n \end{cases} \tag{4-23}$$

$$\begin{cases} x_1 = \dfrac{1}{a_{11}}(b_1 - a_{11}x_2 - \cdots - a_{1n}x_n) \\ x_2 = \dfrac{1}{a_{22}}(b_2 - a_{21}x_1 - \cdots - a_{1n}x_n) \\ \cdots \\ x_n = \dfrac{1}{a_{nn}}(b_n - a_{n1}x_1 - \cdots - a_{1n-1}x_{n-1}) \end{cases} \tag{4-24}$$

$$\begin{cases} x_1^{(k+1)} = \dfrac{1}{a_{11}}(b_1 - a_{11}x_2^k - \cdots - a_{1n}x_n^k) \\ x_2^{(k+1)} = \dfrac{1}{a_{22}}(b_2 - a_{21}x_1^k - \cdots - a_{1n}x_n^k) \\ \cdots \\ x_n^{(k+1)} = \dfrac{1}{a_{nn}}(b_n - a_{n1}x_1^k - \cdots - a_{1n-1}x_{n-1}^k) \end{cases} \tag{4-25}$$

使用矩阵理论来分析 J 迭代法。实际上，式（4-23）使用矩阵表示为（4-26），其中，A 为系数矩阵。对其等价变换后，可以得到式（4-27），并转换为式（4-28）。

$$Ax=b \tag{4-26}$$

$$x=Mx+g \tag{4-27}$$

$$x^{k+1}=Mx^k+g \tag{4-28}$$

设最终 J 迭代法收敛于向量 x^*，记误差向量为 $e^k=x^k-x^*$，所以有以下关系：$x^k \to x^* \Leftrightarrow e^k \to 0$。易得到式（4-29）并递推得到式（4-30）。则当 $k\to\infty$时，$e^k\to 0$ 的充分必要条件为 $M^k\to 0$。

$$e^{k+1}=Me^k,\ k=1,2\cdots \tag{4-29}$$

$$e^{k+1}=M^k e^0,\ k=1,2\cdots \tag{4-30}$$

在数值分析中，对于任意初始迭代向量 x^0，迭代式（4-28）收敛的充分必要条件为迭代矩阵 M 的谱半径 $p(M)<1$，但是矩阵 M 谱半径的计算较为困难，通常会转为求取矩阵 M 的范数$\|M\|$，在数值分析中有如下定理：一个矩阵 M 的谱半径和范数符合 $p(M)\leqslant\|M\|$关系。与此同时，若在迭代式（4-28）可以收敛的情况下，则满足式（4-31）和式（4-32）的误差估计式：

$$\|x^k - x^*\| \leqslant \frac{\|M\|}{1-\|M\|}\|x^k - x^{k-1}\| \tag{4-31}$$

$$\|x^k - x^*\| \leqslant \frac{\|M\|}{1-\|M\|}\|x^1 - x^0\| \tag{4-32}$$

其中，$\|M\|$指的是迭代矩阵 M 的范数。

根据误差估计式（4-32）进一步得到：给定任意 $\varepsilon>0$，若要使$\|x^k-x^*\|<\varepsilon$，则迭代次数 k 需要满足式（4-33）。至此，初始点 x^0 与迭代轮数 k 之间的关系如式（4-33）

所示：

$$k > \frac{\left(\ln\varepsilon + \ln\dfrac{1-\|M\|}{\|x^1 - x^0\|}\right)}{\ln\|M\|} \tag{4-33}$$

在实际应用中，当迭代函数可以规约为形如式（4-28）的迭代式时，可以使用 J 迭代法的相关理论估计其迭代轮数和精确度 ε。

PageRank 算法是可归约为 J 迭代法的典型算法。PageRank 算法可以使用矩阵理论表示为：

$$R=CM^{\mathrm{T}}R+CE \tag{4-34}$$

其中，R 是网页排名值的向量，M 是网页的链接关系矩阵，其特征值为 $1/C$，E 是一个单位阵。

对比式（4-27）和式（4-34）可以直观地看出，在式（4-27）中的迭代矩阵 M 相当于式（4-34）中的 CM^{T}，式（4-27）中的迭代矩阵 g 相当于式（4-34）中的 CE。

按 J 迭代法，PageRank 的 Rank 值如式（4-35）的解。转换为迭代式后结果为式（4-36）。所以 PageRank 的收敛速率可以由式（4-33）估计。

$$\begin{cases} a_{11}\cdot rank_1 + a_{12}\cdot rank_2 + \cdots + a_{1n}\cdot rank_n = \lambda_0 \cdot rank_1 \\ a_{21}\cdot rank_1 + a_{22}\cdot rank_2 + \cdots + a_{2n}\cdot rank_n = \lambda_0 \cdot rank_2 \\ \cdots \\ a_{n1}\cdot rank_1 + a_{n2}\cdot rank_2 + \cdots + a_{nn}\cdot rank_n = \lambda_0 \cdot rank_n \end{cases} \tag{4-35}$$

$$\begin{cases} rank_1 = \dfrac{1}{(\lambda_0 - a_{11})}\cdot(a_{11}\cdot rank_1 + \cdots + a_{1n}\cdot rank_n - a_{11}\cdot rank_1) \\ rank_2 = \dfrac{1}{(\lambda_0 - a_{22})}\cdot(a_{21}\cdot rank_1 + \cdots + a_{2n}\cdot rank_n - a_{22}\cdot rank_2) \\ \cdots \\ rank_n = \dfrac{1}{(\lambda_0 - a_{nn})}\cdot(a_{n1}\cdot rank_1 + \cdots + a_{nn}\cdot rank_n - a_{nn}\cdot rank_n) \end{cases} \tag{4-36}$$

观察式（4-33），确定 ε 和 M，则 $\ln\varepsilon$ 和 $\|M\|$ 为定值，不失一般性地，设 $\|M\|<1$（矩阵范数小于 1 是其谱半径小于 1 的充分条件，即当范数小于 1 时谱半径小于 1，反之则不然），在式（4-33）中仅有 $\|x^1-x^0\|$ 会根据初始点的变化而变化，当 $\|x^1-x^0\|$ 越

小时，迭代所需轮数 k 值下限越小。所以当前的问题转换为如何使得$\|x^1-x^0\|$变化最小的问题。

梯度下降法（Gradient Descent）是机器学习中的常用方法，用于求解一个表达式或是函数的最大值或者最小值，也属于无约束优化问题的常用求解方法之一。称函数值增大最为“陡峭”的地方为该实值函数的梯度，所以若沿实值函数的梯度搜索可以更快地找到一个函数的极小值（或极大值）。梯度下降法的思想也较为简单，给定一个实值函数 $F(x)$，若求该函数的极小值，则选择一个初始点后沿着梯度直线的反方向（若要求取极大值则沿着梯度直线方向）进一步迭代即可。一般情况下，梯度向量为 0 或接近 0 时说明已经到达极值点。

若一个实值函数 $F(x)$在 a 点处是可微的，那么 $F(x)$沿着梯度的反方向$(-\nabla F(a))$下降最快。所以如果有 $b=a-\gamma\nabla F(a)$，那么当 $\gamma>0$ 为一个足够小的值时成立，那么 $F(a)\geqslant F(b)$成立。通常称 γ 为搜索步长。

所以在实际操作中，给定矩阵特征值和矩阵连乘运算型迭代算法的迭代函数 f，构造一个 f 函数的复合函数 $f(x)-x$。若 f 在 x 点处可微，则 $f(x)-x$ 在 x 点处可微，所以使用梯度下降法筛选其初始点，同时使用式（4-33）估计初始点的质量，当达到预期后开始迭代计算。

综上所述，可结合 J 迭代法和梯度下降法对矩阵特征值和矩阵连乘运算型迭代算法实现初始点选择算法，初始点选择算法的伪代码如下。

```
MatrixSelection (dataPath, preferK, algorithmType,radio, threshold):
checkPoint=Integer.MAX_VALUE
M=EvaluateMatrixNorm (dataPath)
K= Integer.MAX_VALUE
while checkPoint≥radio && K≤preferK
    checkPoint=CaluateGradient (checkpoint, algorithmType, dataPath)
    K=EvaluateIterativeLimit (checkpoint, M)
end while
initalPoints=BuildPointsFromCheckPoint (checkpoint)
return initalPoints
```

2. 数据聚类型迭代算法

聚类分析是把一个聚类对象划分成子集的过程。每个子集称之为簇，使得簇中的对象彼此相似，但与其他簇中的对象不相似[27]。设一组数据的集合为$\{O_i\}$，且将这些数据分为 c 个簇。其中任意数据点 O_i 是一个 n 维向量，即 $O_i=<o_{ij}>$，记数据总量为 m，每个数据点的维数为 n，所以有 $c\leqslant i\leqslant m$，$n>0$。事实上，数据聚类应用可视为集合的划分操作，但根据不同的聚类算法要求其划分方法不同。

从直观上来看，聚类分析初始点选择的主要原则为初始点要接近数据真实聚簇的“中心点”。以 *K*-Means 算法为例，图 4-9 显示了在理想情况下 *K*-Means 算法不同初始点情况对比。图 4-9（a）使用随机的初始点，经过一定数量的迭代步骤之后达到了收敛状态；图 4-9（b）人为地选择了算法的初始点，使得各个初始点接近于真实数据分类的中心，从而经过 4 个迭代步后迅速收敛。所以聚类算法初始点选择的核心思想就是要评估当前数据的聚簇状态。

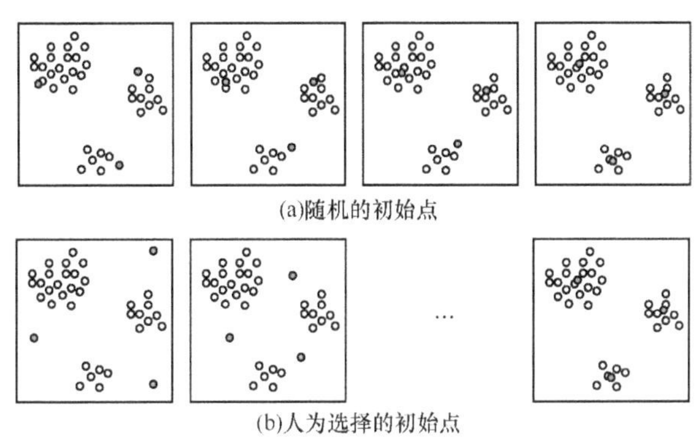

图 4-9　*K*-Means 算法不同初始点示例

另一个值得注意的问题是，在评估当前数据真实聚簇状态或寻找每个聚簇“中心点”的同时，还需要注意该评价方法的复杂性问题。如果评价方法过于复杂，如使用数据密度评估算法[28]等方式评价和选择初始点，则评价代价过高导致难以实施；如果初始点选择算法的执行时间所占聚类算法运行时间比例过大，将影响整体优化效果。

数据聚类型迭代算法的初始点选择算法思路如下。主体思路是使用参考文献[12]中所提出的哈夫曼树构造方法选择算法初始点。在原文中该方法主要适用于 *K*-Means 算法，为了进一步地推广，本节重新定义其聚类评价函数、对象合并函数以及距离矩阵等概念，使得该方法可以得到进一步的扩展。与此同时，参考文献[12]中也没有考虑数据量所带来的影响。当数据量足够大时，如单机无法全部读入内存

时，该方案将无法实施。为了应对该情况，本节事先对整体数据进行采样。值得注意的是，数据的采样率会对数据初始点的选择效果产生影响，当采样率较高时，采样数据可以更具体地反映原始数据的聚簇情况，从而获得更优的初始点，但是由于参加初始点选择的数据量增加，所以初始点选择算法的运行耗时也会增加。反之，若采样率过低，则采样数据无法真实地反映原始数据的聚簇情况，那么所计算出的初始点将距离真实聚簇中心点较远，从而无法起到优化效果。在极端情况下，若采样率为 0，那么初始点选择算法将退化为随机的初始点选择算法。

定义 4.7　对象（Object）。在聚类相关应用中，称数据集中的数据点为对象。对象是 n（n>0）维空间中的一个点，即对象本身是一个 n 维向量。记数据为 D，在数据 D 中第 i 个对象记为 O_i，其中 O_i=$<o_1^i,\cdots,o_j^i,\cdots,o_n^i>$（$1 \leqslant j \leqslant n$）。

对象间的“距离”代表对象的相似程度。对象距离评价函数 ς 是一个二元函数，以两个对象为参数并返回两个实体的距离评价，不失一般性地，ς 函数值越低则两个实体越相似，反之亦然。同时，$\varsigma(O_t,O_t)=0$，即对象与对象自身距离为 0，且 $\varsigma(O_t,O_g)=\varsigma(O_g,O_t)$，即对象间的相互距离是相同的。

在聚类分析中 ς 的设计有多种方式，其中较为常用的方法有闵科夫斯基距离（Minkowski Distance）、余弦距离（Cosine Distance）、切比雪夫距离（Chebyshev Distance）等多种设计方法，分别如式（4-37）~式（4-39）所示，需要综合考虑诸如数据上下文、业务场景、数据维数等多方面因素。可以说 ς 设计方法的好坏会直接影响聚类算法的效果，特别在高维数据情况下，会产生距离函数失效问题。

$$\varsigma(O_t,O_g)=\left(\sum_{j=1}^{n}\left|o_j^t-o_j^g\right|^p\right)^{\frac{1}{p}},p\geqslant 1 \tag{4-37}$$

$$\varsigma(O_t,O_g)=\frac{<O_t,O_g>}{|O_t||O_g|}=\frac{\sum_{j=1}^{n}o_j^t\cdot o_j^g}{\sqrt{\sum_{j=1}^{n}{o_j^t}^2}\cdot\sqrt{\sum_{j=1}^{n}{o_j^g}^2}} \tag{4-38}$$

$$\varsigma(O_t,O_g)=\max\left(\left|o_j^t-o_j^g\right|\right) \tag{4-39}$$

对象合并函数 κ 接受一个对象列表，并返回合并后的对象。根据不同的算法需求，κ 的设计可以采用中心点法，即返回的对象为列表对象的中心点或者其重心点。规定对象 A、B、C、D 的合并函数 κ 满足 κ（κ（A,B），κ（C,D））=κ（A,B,C,D）。

对象合并函数 κ 也需要根据不同的聚类算法进行设计。如选取合并点的中心或其重心。对于 *K*-Means 算法，可直接选取各数据点的算数均值。

定义 4.8　距离矩阵(Distance Matrix)。在距离矩阵 $T_{p\times q}$ 中，每一个元素 $\varsigma(O_p,O_q)$ 代表对象 O_p 和对象 O_q 的距离评价值。由于 $\varsigma(O_p,O_p)=0$ 且 $\varsigma(O_p,O_q)=\varsigma(O_q,O_p)$，所以 $T_{p\times q}$ 是一个下三角矩阵。

在数据结构中哈夫曼树[29]为最优二叉树。哈夫曼树是一种带权路径长度最短的二叉树，其中带权路径指的是在二叉树结构中，节点路径长度与节点权值的乘积。

借助哈夫曼树的特点选择迭代算法的初始点。具体步骤如下。

步骤 1　对原始数据 D 进行采样操作，采样率为 f，不失一般性地，设采样后的数据集为 $D_0^f=\{O_i\}$（$1\leqslant i\leqslant m$）。

步骤 2　构造距离矩阵 $T_{m\times m}$，若 $\varsigma(O_p,O_q)=\min(\varsigma(O_t,O_g))$（$1\leqslant p,q,t,g\leqslant m$），则选取 O_p、O_q 作为叶子结点，$\kappa(O_p,O_q)$ 作为其父节点。

步骤 3　若当前为第 r 次操作，则 $D_r^f=(D_{r-1}^f-\{O_p,O_q\})\cup\{\kappa(O_p,O_q)\}$。

步骤 4　构造 $T_{(m-r)\times(m-r)}$，重复步骤 2~步骤 4，直到 $D_r^f=\varnothing$，并构造哈夫曼树 H。

步骤 5　通过前序遍历算法选取 H 中前 k 个节点，作为数据聚类型迭代算法的初始点。

如上文所述，数据聚类型算法初始点的选择对于算法本身的运行时间影响很大，同时选择算法本身的复杂度可以承受。整个操作复杂度为 $O(m\log m)$ [12]，此外还针对数据进行了采样操作，采样率为 h，采样操作的复杂度为 $O(n)$。所以整体复杂度为 $O(n)+O(m\log m)$。对比迭代时间，初始点选择算法所耗费的时间是可以接受的。综上所述，数据聚类型算法的初始点选择算法伪代码如下。

```
ClusteringSelection (dataPath, sampleRadio, initalPointsAmount):
sampledData=GetSamleData (dataPath, sampleRadio)
distanceMatrix=initalDistanceMatrix (sampledDataQueue)
selectionTree=initalHffumanTree ( )
while !sampledData.empty ( )
    theMostSimilarPoints= GetMinItemOfMatrix (distanceMatrix)
    UpdateHffumanTree (selectionTree, theMostSimilarPoints)
```

RemovePointsFromDataset (*sampledData, theMostSimilarPoints*)

combinedPoint=combinePoints (*theMostSimilarPoints*)

AddPointsToDataset (*sampledData, combinedPoint*)

UpdateTheDistanceMatrix (*distanceMatrix, theMostSimilarPoints, combinedPoint*)

end while

kInitalPoints=PreOrderTraversal (*selectionTree, initalPointsAmount*)

return *kInitalPoints*

4.3.3.3 增量迭代的初始点选择

相对于全量迭代法，增量迭代环境为迭代优化提供了更多的可能性，主要原因是增量迭代开始之前原始步迭代计算已经完成，因此获得更多迭代结果的相关信息。在原始步的迭代中，若迭代算法可以规约到第 4.3.3.1 节中的迭代算法分类，则可以使用相应的迭代初始点选择算法，从而提高迭代计算性能。然而大部分算法在增量迭代的增量步中仍然存在初始点的选择问题。迭代算法收敛速度与迭代初始点的选择息息相关。所以在增量步中，迭代初始点的选择不仅可以参照数据本身的性质，还可以借鉴原始迭代结果的信息。与此同时，初始点的选择也与数据特性相关，除了参照原始步的迭代结果外，还可以参照数据的分布情况、数据的整体趋势等信息。

1. 矩阵特征值和矩阵连乘运算型迭代算法

矩阵特征值和矩阵连乘运算型迭代算法主要涉及数值型计算，且每一个迭代变量在整个迭代过程中其“规模”不会发生改变。这里的“规模”指的是迭代变量内值的数量。例如在 PageRank 算法中每个迭代变量仅包含某一页面的 Ranking 值，与之形成鲜明对比的是 Descentant-Query 算法，该算法仅有一个迭代变量，为当前所查询对象相识所有人的集合，在每一轮迭代中，该集合处于扩张状态直至迭代收敛，所以在迭代过程中其迭代变量的规模在增大。该类算法的初始点仅需给出一个“数值型”数据点即可，且其维数是可预知的。若两个“相似的”迭代变量的迭代结果也是“相似的”，其中第一个“相似的”代表数据特性的相似性，而第二个“相似的”代表迭代变量取值的相似性。综上所述，本类算法在增量迭代增量步的迭代变量初始点选择的关键思路为：从数据相似性的角度推断两个迭代变量的关系，从而可以从原有的迭代结果推断新增数据中迭代变量的迭代结果。

迭代变量的属性是迭代变量的固有特性，如迭代变量的取值、数值范围等。而迭代算法中每一个迭代变量属性的取值所组成的向量称之为迭代变量的属性描述向量。若当前共包含 n 个迭代变量，每个迭代变量记作 r_i，则其属性描述向量记作 A_i=<a^i_j>，其中，$1 \leqslant j \leqslant m$，即该算法的迭代变量共有 m 种属性。

若评价迭代变量“相似性”，需衡量各迭代变量间属性是否能更加广泛地适应各类迭代算法。视评估过程中迭代变量各属性所占的“权重”是不同的。迭代变量的属性加权向量记作 W=<w_j>，其中，w_j 代表属性 a^i_j 的权重，不失一般性地，规定 $\Sigma j w_j=1$。

定义 4.9 迭代变量的相似性（Similarity of Iterative Variables）。在第 4.3.3.2 节矩阵特征值和矩阵连乘运算型迭代算法中，迭代变量间存在一定的相似性，该相似性具体体现在其描述向量的相似性。同时，若两个迭代变量是相似的，那么其迭代结果也是相似的。

由于迭代变量各属性间权重不同，则采用 WA_i 代替 A_i 以判定相似性。设向量距离评价函数 ς 以及带权的属性向量 WA_p 和带权的属性向量 WA_q，若有 $\varsigma(WA_p,WA_p) \leqslant \varepsilon$，则 WA_p 和 WA_q 相似，则认为迭代变量 r_p 和迭代变量 r_q 是相似的，记作 $r_p \approx r_q$。

若原始迭代结果为 R，增量步中迭代变量的初始值集合为 R_0^+，若有 $r_p \in R$，$r_q \in R_0^+$ 且 $r_p \approx r_q$，则 r_q 的初始值使用 r_p 的值代替继续迭代。

在上述算法中 ε 的选取将成为一个棘手的问题。试想一种情况，当 ε 取值过小，例如 0 时，导致 $\forall r_p \in R, \nexists r_q \in R_0^+$ 使得 $r_p \approx r_q$ 成立，此时该初始点选取算法将无法执行。基于迭代变量的数据量要远远小于原始数据的数据量，而数据的变化量要远远小于数据总量这一前提，可以得到一个推论，增量数据中的迭代变量数据量要远小于原始数据中的迭代变量数据量。所以采用迭代变量两两相似性判定的方法，其时间代价相对整个迭代计算的时间代价也是可接受的。$\forall r_q \in R_0^+$，若存在 $r_p=\min\{\varsigma(WA_p,WA_p)\}$，则 r_q 的初始值使用 r_p 的值代替继续迭代。

综上所述，在增量迭代的增量步中矩阵特征值和矩阵连乘运算型迭代算法初始点选择算法伪代码如下。

```
IncrementalMatrixSelection (originalResults, initalPoints, incrementalDataPath):
selectedPoints=CopyVector (initalPoints)
distanceMatrix=BuildDistanceMatrix (originalResults,
```

initalPoints, incrementalDataPath)

for *i*=1,⋯, *selectedPoints.size* ( )

j=*FindMinDistanceInVector* (*distanceMatrix*[*i*])

selectedPoints[*i*]= *originalResults*[*j*]

end For

return *selectedPoints*

在运用选择算法时，迭代变量的属性描述向量如何构造是一个关键问题。以PageRank 算法为例：PageRank 算法的计算方法在第 4.3.1.4 节已经给出，其本质可以理解为一种马尔可夫过程的实例，该实例描述了一个上网者在互联网中浏览各个网页的过程。PageRank 算法评价标准为：互联网中一个网页被其他网页链接越多，表明它越被普遍地承认和信赖，同时若链接的网页自身排名很高，则该网页的价值更大。所以 PageRank 算法中每一个迭代变量的关键属性为网页链入数和链出数，同时还需兼顾链入网页的质量问题，即与其相关的迭代变量的链入数和链出数。原始迭代中一个网页的链入数和链出数在迭代过程中均已知，而增量数据需扫描后才能获取这些值。根据前文分析，增量数据的数据量要远远小于原始数据的数据量，因此扫描数据的代价可以忽略。

综上所述，PageRank 算法迭代变量最大影响因素为网页的链入度、链出度以及链入网页的链入度和链出度，用四元组$<In^1,Out^1,In^2,Out^2>$描述 PageRank 算法迭代变量的属性，其中 In^1 代表本迭代变量（网页）的链入度，Out^1 代表本迭代变量（网页）的链出度。但是一个网页的链入网页是一个集合，且对于不同的网页而言该集合的大小是不同的。为了适应相似度计算，使用链入网页的链出度和链入度的均差和方差两个统计量表征 In^2 和 Out^2。页面 u_i 的迭代变量的属性如式（4-40）所示，其中 B_u 代表网页 u 链入页面的集合，F_u 代表网页 u 链出页面的集合。经过推导计算，最终得到式（4-41）：

$$<In^1,Out^1,In^2,Out^2>=<|B_{u_i}|,|F_{u_i}|,<\mu_i^B,\sigma_i^B>,<\mu_i^F,\sigma_i^F>>$$

$$\mu_i^B=\frac{1}{|B_{u_i}|}\sum_{j=1}^{|B_{u_i}|}|B_{u_j}|,\ \sigma_i^B=\sqrt{\frac{1}{|B_{u_i}|}\sum_{j=1}^{|B_{u_i}|}\left(|B_{u_i}|-\mu_i^B\right)}^2 \tag{4-40}$$

$$\mu_i^F=\frac{1}{|B_{u_i}|}\sum_{j=1}^{|B_{u_i}|}|F_{u_j}|,\ \sigma_i^F=\sqrt{\frac{1}{|B_{u_i}|}\sum_{j=1}^{|B_{u_i}|}\left(|F_{u_i}|-\mu_i^F\right)}^2$$

$$A =< a_1, a_2, \cdots, a_n >, B =< b_1, b_2, \cdots, b_n >$$

$$\varsigma(A,B) = \frac{< A-\overline{A}, B-\overline{B} >}{\|A-\overline{A}\|\|B-\overline{B}\|} = \frac{\sum_{j=1}^{n}\left(a_j-\overline{a}\right)\cdot\left(b_j-\overline{b}\right)}{\sqrt{\sum_{j=1}^{n}\left(a_j-\overline{a}\right)^2}\cdot\sqrt{\sum_{j=1}^{n}\left(b_j-\overline{b}\right)^2}} \tag{4-41}$$

式（4-33）可以评估和判定 PageRank 算法中迭代变量的相似性。为了显示各个变量的相似性，使用修正的余弦相似度[30]（如式（4-33）所示）作为向量的距离判定函数 ς。选择修正的余弦距离的原因是带权迭代变量描述向量中各个元素的量纲并不统一，这会造成在计算过程中仅仅考虑到向量“方向上”的相似性，例如向量（1,2）、（4,5）两者直觉上完全不相似，但是其余弦相似度为 0.98，极为相似，从而导致完全不相似的向量获得较小的相似值。在修正余弦相似度判定中所谓的“修正”实际上是去中心化操作。

若原始迭代结果为 R，新增数据迭代变量的初始化集合为 R_0^+，则需要构建一个大小为$|R_0^+|\times|R|$的距离矩阵。对于每一行 i，找到其中最小的距离值 j，则使用第 j 个原始迭代结果值初始化为第 i 个增量步中迭代变量的值。完成全部初始化后，开始增量步的迭代。

2. 数据聚类型迭代算法

数据聚类型迭代算法与矩阵特征值和矩阵连乘运算型迭代算法的不同之处在于前者执行过程中试图寻找数据的聚簇方法，所以聚类型迭代算法实际上是按照数据属性划分数据类别的过程，而这些类别根据算法的不同往往体现出不同的特性，如簇内均差差别很小且类别间均差差别很大，类别内数据密度较类别间数据密度很低，类别属于同一层次等。虽然类别的特质不同，但都强调类别间的差别。所以无法从“迭代变量相似性”角度去研究聚类型迭代算法在增量迭代增量步中迭代算法初始点的选择问题。与此同时，虽然该类别也可通过数值计算的方法表示，如计算某一类别的中心点或重心点，但迭代变量的“规模”仅仅与业务层需求有关，簇数量不会随着数据的加入和删减发生改变。

数据聚类型迭代算法的迭代变量为各个簇的表征。常见的表征诸如分类的中心点、重心点等。在增量迭代计算中，采用的策略是在增量步定义差集为“在增量数据中距离这 k 个簇最小距离均大于某一阈值的数据点”，在差集数据 $\Delta L^+ \ominus L$ 中运行迭代算法获得 k'个簇；合并步开始之前将 L 中 k 个中心点和差集数据 $\Delta L^+ \ominus L$ 中 k'个

中心合并为 k 个新的中心点；合并步将采用这 k 个新的中心点重新迭代。R^-和 ΔR^+分别可以看作背景数据 L 和 $\Delta L\ominus L$ 的预先聚类，因此增量迭代的合并步可以看作初始点良好的聚类过程，所以合并步会很快收敛。基于以上论述，在数据聚类型迭代算法中需重点考虑簇的移动过程。

首先解决在差集中簇中数量 k'的确定问题。计算差集时在增量数据中距离这 k 个簇最小距离均大于某一阈值的数据点。设所取阈值为 ε，增量数据为 L^+，原始数据为 L。若 L 的一个划分为$<c_i>$（$1\leqslant i\leqslant k$），称 c_i的一个簇。距离评价函数为 ς，若 $i\in[1,k],d\in D^+$有 $\varsigma(c_i,d)>\varepsilon$，则 $d\in L^+\ominus L$。虽然对于所有 i 的取值，$\varsigma(c_i,d)>\varepsilon$，但是$\exists i$ 使 $\varsigma(c_i,d)=\min(\varsigma(c,d))$。此时对于 $L^+\ominus L$ 同样可以获得一个划分$<c_j>$（$1\leqslant j\leqslant k'$），其中，任意 $d\in c_j$，有 $\varsigma(c_i,d)=\min(\varsigma(c,d))$，所以 $k'\leqslant k$。

其次解决增量步在差集数据上迭代时初始点选择问题。在差集中，针对 k'个簇执行迭代，并获得最终的分类。对于求取差集时得到的划分$<c_j>$（$1\leqslant j\leqslant k'$），这些数据距离当前已有的簇“较远”，即该距离大于预设的阈值 ε。同时在簇内距离某一已有簇距离都是最小的。所以使用当前簇的划分$<c_j>$作为增量步在差集数据上执行迭代时的初始点。当迭代完成后，使用对象合并函数 κ，合并 k 个原始簇和 k'个差集簇，并进入合并步的迭代。

参考文献

[1] DEAN J, SANJAY G. MapReduce: simplified data processing on large clusters[C]//The 6th Symposium on Operating Systems Design and Implementation, December 6-8, 2004, Berkeley, CA, USA. Berkeley: USENIX Association Berkeley, 2004: 137-149.

[2] BU Y Y, HOWE B, MAGDALENA B, et al. The HaLoop approach to large-scale iterative data analysis[J]. VLDB Journal, 2012, 21(2): 169-190.

[3] MATEI Z, MOSHARAF C, MICHAEL J F, et al. Spark: cluster computing with working sets[C]//The 2nd USENIX Conference on Hot Topics in Cloud Computing, June 22-25, 2010, Boston, MA, USA. Berkeley: USENIX Association, 2010: 10.

[4] MATEI Z, MOSHARAF C, MICHAEL J F, et al. TWISTER-a framework for secure and fast hash functions[J]. International Journal of Applied Cryptography, 2010, 2(1): 68-81.

[5] ESLAM E, ELSAYED T, HANY E R. iHadoop: asynchronous iterations for MapReduce[C]//The IEEE 3rd International Conference on Cloud Computing Technology and Science, November 29-December 1, 2011, Los Alamitos, CA, USA. New York: IEEE Computer Society, 2011: 81-90.

[6] ZHANG Y F, GAO Q X, GAO L X, et al. iMapReduce: a distributed computing framework

for iterative computation[C]//The IEEE International Symposium on Parallel & Distributed Processing, May 16-20, 2011, Anchorage, AK, USA. New York: IEEE Computer Society, 2011: 1112-1121.

[7] ZHANG Y F, GAO Q X, GAO L X, et al. Priter: a distributed framework for prioritizing iterative computations[J]. IEEE Transactions on Parallel and Distributed Systems, 2013, 24(9): 1884-1893.

[8] ZHANG Y F, GAO Q X, GAO L X, et al. Maiter: an asynchronous graph processing framework for delta-based accumulative iterative computation[J]. IEEE Transactions on Parallel and Distributed Systems, 2014, 25(8): 2091-2100.

[9] MATEI Z, MOSHARAF C, TATHAGATA D, et al. Resilient distributed datasets: a fault-tolerant abstraction for in-memory cluster computing[C]//The 9th USENIX Conference on Networked Systems Design and Implementation, April 25-27, 2012, Berkeley, CA, USA. Berkeley: USENIX Association, 2012: 2.

[10] PRAMOD B, WIEDER A, RODRIGUES R, et al. Incoop: MapReduce for incremental computations[C]//The 2nd ACM Symposium on Cloud Computing, October 26-28, 2011, Cascais, Portugal. New York: ACM Press, 2011: 7.

[11] ZHANG Y F, CHEN S M. i2MapReduce: incremental iterative MapReduce[C]//The 2nd International Workshop on Cloud Intelligence, August 26, 2013, Riva del Garda, Italy. New York: ACM Press, 2013: 1-4.

[12] 吴晓蓉. K-均值聚类算法初始中心选取相关问题的研究[D]. 长沙: 湖南大学, 2008.

[13] PHAM D T, DIMOV S, NGUYEN C D. An incremental K-Means algorithm[J]. Journal of Mechanical Engineering Science, 2004, 218(7): 783-795.

[14] INDERJIT D, YUQIANG G, BRIAN K. A unified view of kernel K-Means, spectral clustering and graph cuts[D]. Austin: University of Texas, 2004.

[15] ABDULLAH I B. Incremental pagerank for twitter data using hadoop[D]. Edinburgh: Univeristy of Edinburgh, 2010.

[16] YEN C C, HSU J S. Pagerank algorithm improvement by page relevance measurement[C]//The 18th International Conference on Fuzzy Systems, August 20-24, 2009, Jeju Island, Korea. New Jersey: IEEE Press, 2009: 502-506.

[17] XIE Y, HUANG T Z, WEN C, et al. An improved approach to the pagerank problems[J]. Journal of Applied Mathematics, 2013(4): 1-8.

[18] ISARD M, PRABHAKARAN V, CURREY J, et al. Quincy: fair scheduling for distributed computing clusters[C]//The ACM SIGOPS 22nd Symposium on Operating Systems Principles, October 11-14, 2009, Big Sky, MT, USA. New York: ACM Press, 2009: 261-276.

[19] ZAHARIA M, BORTHAKUR D, SARMA J S, et al. Job scheduling for multi-user MapReduce clusters[EB/OL]. [2017-04-10]. http://www.icsi.berkeley.edu/pubs/techreports/ICSI_jobschedulingfor09.pdf.

[20] WANG L, NI Z W, ZHANG Y W, et al. An improved MapReduce parallel programing

model[J]. Science & Technology Association Forum, 2009(2): 65-66.

[21]宋杰, 徐澍, 郭朝鹏, 等. 一种优化 MapReduce 系统能耗的任务分发算法[J]. 计算机学报, 2016, 39(2): 323-338.

[22] 陈永义, 俞小鼎, 高学浩, 等. 处理非线性分类和回归问题的一种新方法(I)——支持向量机方法简介[J]. 应用气象学报, 2004, 15(3): 345-354.

[23] 孟小峰, 慈祥. 大数据管理: 概念、技术与挑战[J]. 计算机研究与发展, 2013, 50(1): 146-169.

[24] 王珊, 王会举, 覃雄派, 等. 架构大数据: 挑战、现状与展望[J]. 计算机学报, 2011, 34(10): 1741-1752.

[25] PENG D, DABEK F. Large-scale incremental processing using distributed transactions and notifications[C]//The Ninth Symposium on Operating Systems Design and Implementation, October 4-6, 2010, Vancouver, BC, Canada. Berkeley: USENIX Association, 2010: 251-264.

[26] 白红梅. Jacobi 迭代法与 Gauss-Seidel 迭代法的收敛性比较分析[J]. 呼伦贝尔学院学报, 2009, 17(6): 55-58.

[27] HAN J W, KAMBER M. 数据挖掘概念与技术[M]. 北京: 北京工业出版社, 2012.

[28] 何威. 基于数据密度估计的聚类与离群点检测研究[D]. 北京: 北京交通大学, 2011.

[29] 任正云. 哈夫曼树的构造及其在信息编码中的应用[J]. 沙洋师范高等专科学校学报, 2007(5): 31-33.

[30] BADRUL S, GEORGE K, JOSEPH K, et al. Item-based collaborative filtering recommendation algorithms[C]//The 10th International Conference on World Wide Web, May 1-5, 2001, Hong Kong, China. New York: ACM Press, 2001: 285-295.

第5章

实时处理平台

随着大数据时代的到来，越来越多的行业领域产生了以“海量”和“高速”为特征的数据。这里，“海量”是指数据规模大，“高速”是指数据要快速产生且快速被分析。这些应用的共性为：数据至少为TB级别；数据产生速度极快，可以达到GB/s级别；数据的时效性很强，处理算法要求快速执行，至少在秒级。本书前文所述技术不能很好地满足上述特点。以MapReduce为例，HDFS/MapReduce主要是面向对静态数据的批处理，其使用外存作为中间结果数据的存储介质，巨大的I/O代价会成为影响处理过程实时性的瓶颈。本章将描述大数据实时处理所采用的流处理（Stream Processing）技术。流处理面对的是不停更新的动态数据，处理时延很低，因此该技术常常被应用于构建实时系统。首先介绍流处理的基本原理，随后介绍几个关键的流处理框架以及这些框架在一起构建的Lambda架构。

5.1 基本原理

实时处理系统就是对处理时间有明确限制的应用系统，例如股票的交易系统、武器制导系统、火箭发射系统等对于实时性有很高要求的系统。实时处理是指在实时处理系统中使用的数据处理方式，它要求处理结果能够立即反馈出来响应用户或者系统的操作。实时处理的响应时间要求应该按照该系统信息处理过程中能够接受的实际时延而决定的，一般为秒级甚至是毫秒级、微秒级。

流数据顾名思义就是数据形成像流水一样的方式。流数据就是由很多的数据源持续生成的、不断延伸的数据。由数据源生出的数据可能是异构的，包含多种类型的数据。流数据在实际生产生活中有很多的应用，比如购物网站上生成的访问量的数据、日志文件数据等。流数据具有以下几个特点。

- 数据是实时到达的。
- 数据到达独立且不受应用系统所控制。
- 数据的到达具有连续性。
- 由于数据连续到达，不知道数据规模的大小。
- 数据一经处理，除非特意保存，否则不能被再次取出处理，或者再次提取数据代价昂贵。

流数据的应用十分广泛，比如在网站访问、气象监测、工业制造、实时监控、航空航天等领域被广泛使用。流数据具有以下几个优势。

- 能够广泛应用于持续生成数据的领域。
- 支持大数据环境下的使用。
- 复杂的处理算法一般使用流数据的处理方式。
- 由于流数据的数据源来源广泛，使得流数据能够广泛应用于分布式的环境中。

流处理就是针对于流数据的处理，将数据视为源源不断的小数据集组成的数据流。当数据流流过系统时，系统不断地处理流过来的数据。与实时处理不同的是，对于流处理没有严格的时间限制，数据流从进入系统到处理完成可能需要一段时间，但是这段时间内系统是连续不断地处理数据的。流数据处理的唯一限制是：从系统长时间的运行来看，系统输出结果的速率应该大于或等于系统的输入速率。如果系统的输入速率大于输出结果的速率将导致数据在系统中越积越多。流处理的基本过程如图 5-1 所示。

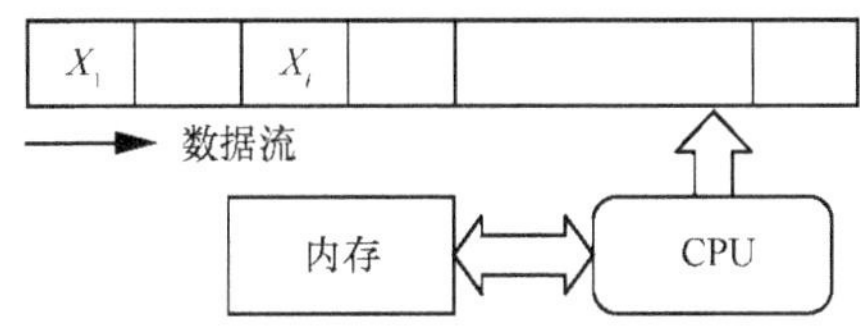

图 5-1　流处理的基本过程

与流处理相应的另一种数据处理方式是批处理，批处理是将数据视为一批一批的数据集合，数据分批到达系统而进行的处理。在大数据处理系统中，批处理是一种常用的且重要的数据处理方式。由于批处理将数据分成大部分而分批的查询处理，其容易实现分布与并行。在大数据的处理领域这种处理方式有广泛的使用。批处理一般应用于在包含的所有的数据集中计算得出结果，并实现对于数据的深入的挖掘和分析。Google 公司于 2004 年提出的 MapReduce 的计算框架是批处理方式的一个典型的应用。批处理的特点有以下几点。

- 对于大批量的数据的集中的快速处理方式。
- 能够应用于复杂的数据的分析处理。
- 批处理具有一定的时延性。
- 批处理可以应用于数据的不同数据集的任意的查询。

批处理与流处理的比较见表 5-1。

表 5-1 批处理与流处理的比较

比较项	批处理	流处理
数据范围	对数据集的所有或大部分数据进行查询或处理	对滚动时间窗口内的数据或仅对最近的数据记录进行查询或处理
数据大小	大批量数据	单条记录或包含几条记录的微批量数据
性能	几分钟甚至几小时的时延	只需几秒或几毫秒的时延
分析	复杂分析	简单的响应函数，聚合和滚动指标

批处理与流处理都是针对数据处理的两种重要方式，针对不同的应用往往选用不同的数据处理方式。两种数据处理方式在数据的处理中都发挥其各自的特点而满足不同的处理要求，并没有孰优孰劣之分，而在实际使用中要结合使用批处理和流处理，从而达到处理数据应满足的要求。

流处理[1]技术在大数据时代之前就存在，早期集中式系统的最大缺点是一旦这个节点的资源（例如 CPU 资源或者内存资源）出现饱和，那么流处理的速度就会减慢，最终导致查询结果的输出时延变长。因此，出现了从集中式向分布式的流处理系统的演化。

然而，分布式和集中式的流处理系统存在单点瓶颈：一旦某个节点的负载突然出现高峰，整个查询结果的输出时延就会变得很长。每个数据流只经过一个节点进行处理，当数据流的规模超过这个节点处理能力的上限时，节点的处理时间便增多，导致整个查询结果的输出时延增长。单点瓶颈是分布式演化到并行分布式的一个主要因素。在并行分布式流处理系统中，一个查询的任意一个算子（Operator，OP）都可以部署到多个节点上并行处理。这种设计思想的主要目的是为了避免一个数据流都集中到一个节点上进行处理，从而导致这个节点出现单点瓶颈。图 5-2 给出了流处理系统演化过程[1]，描述了一个由 4 个算子组成的查询在集中式、分布式和并行分布式的流处理系统的处理过程。

5.2 现有研究

本节将介绍新型的用于实现大数据处理的 Lambda 架构，同时支持离线处理和实时处理。重点介绍 Lambda 架构中 Speed 层对数据流的支持，并介绍了主流的数据流处理框架。

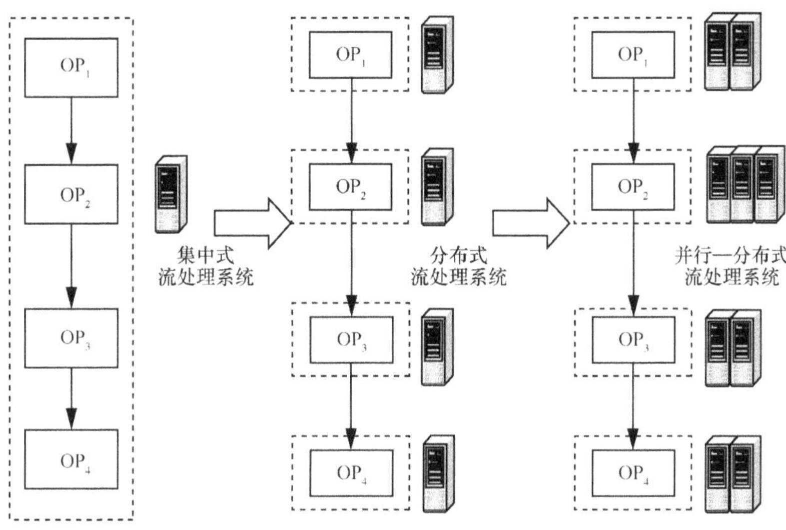

图 5-2 流处理系统演化过程[1]

5.2.1 Lambda 架构

Lambda[2]架构是由 Storm 的作者 Marz 提出的一个新型的实时大数据处理框架。Marz 在 Twitter 工作期间开发了著名的实时大数据处理框架 Storm，Lambda 架构是其根据多年进行分布式大数据系统的经验总结提炼而成。在 Lambda 架构中，Speed 层数据就是大数据的实时处理平台。

Lambda 架构的目标是设计出一个能满足实时大数据系统关键特性的架构，包括高容错、低时延和可扩展等。Lambda 架构整合离线计算和实时计算，融合不可变性、读写分离和复杂性隔离等一系列架构原则，可集成 Hadoop、Kafka、Storm、Spark、HBase 等各类大数据组件。

Lambda 架构分为 3 层：Batch 层、Serving 层、Speed 层。Batch 层的功能主要有两点：存储数据集；在数据集上预先计算查询函数，构建查询所对应的视图。Serving 层：Lambda 架构的 Serving 层用于响应用户的查询请求，合并 Batch 视图和实时视图中的结果数据集到最终的数据集。Speed 层：主要负责处理增量的实时数据，是实时处理平台的一个具体实现。

Lambda 架构如图 5-3 所示。

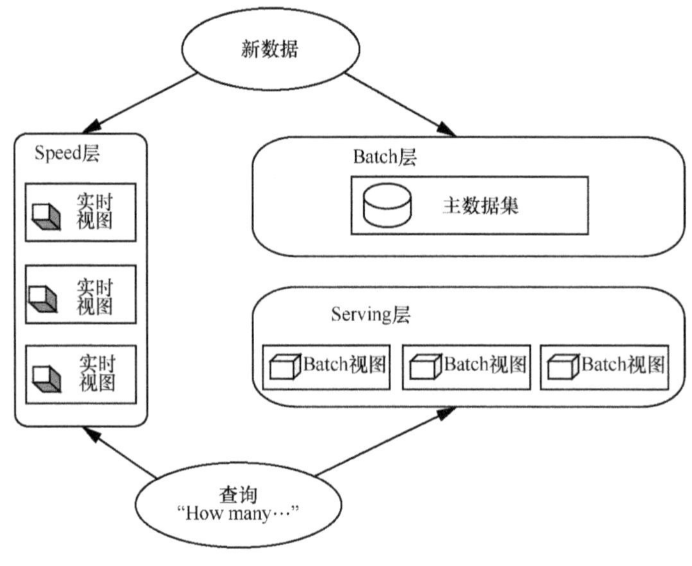

图 5-3　Lambda 架构

Lambda 体系结构首先基于数据系统的第一原则：

$$query=function(all\_data) \tag{5-1}$$

随后，对数据系统进行设计，分为 Batch 层、Serving 层和 Speed 层共 3 层。Lambda 体系结构设计的核心在于将第一原则等式进行分解，其步骤如式（5-2）所示：

$$\begin{gathered} batch\ view=function\ (all\ data) \\ realtime\ view = function\ (realtime\ view,\ new\ data) \\ query = function\ (batch\ view,\ realtime\ view) \end{gathered} \tag{5-2}$$

其中，Batch 层负责第一个等式的计算，Serving 层负责第一个等式中 Batch 视图的存储，Speed 层负责第二个等式的计算以及实时视图的存储。基于这种划分的方法可有效地将系统的复杂性进行隔离，有助于构造一个高效可用的大数据平台。

在 Lambda 架构中，既存在批处理也存在实时的流处理，在 Batch 层批量数据进入，经过批处理得到一个预先的实时视图，由于批处理的时延比较高，在批处理进行的这段时间还有流数据进入这个处理系统，此时进入的流数据在 Speed 层进行实时的流处理得到结果实时视图，最终两个层的视图汇总到 Serving 层计算，得到最后处理的结果。

针对 Lambda 架构组件的选型，数据流存储可选用基于不可变日志的分布式消息系统 Kafka；Batch 层数据集的存储可选用 Hadoop 的 HDFS，或者是阿里云的

ODPS；Batch 视图的预计算可以选用 MapReduce 或 Spark；Batch 视图自身结果数据的存储可使用 MySQL（查询少量的最近结果数据），或 HBase（查询大量的历史结果数据）；Speed 层增量数据的处理可选用 Storm 或 Spark Streaming；实时视图增量结果数据集为了满足实时更新的效率，可选用 Redis 的内存 NoSQL。

5.2.2 队列

首先考虑在异步处理系统中没有持久化队列这种情况，以理解持久化队列在异步处理系统中的重要性。在此类系统中，消息被直接交给了工作者处理，这种方法如图 5-4 所示。

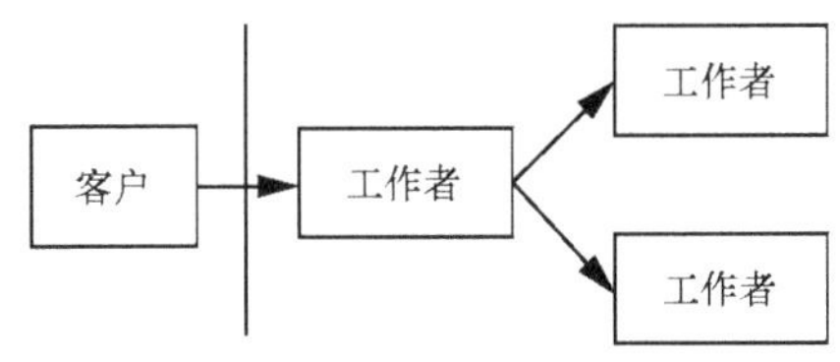

图 5-4　无队列的异步处理

为了实现无队列的异步处理，一个客户提交一个无监控的消息处理。无监控是指不去监控消息处理的状态，不关注这个消息处理是否成功。这种无监控结构不能保证所有的数据都能被成功处理。比如，如果一个工作者在完成分配给它的任务之前失败了，那么将无法监控和改正这个错误。该结构在集群资源受限的情况下很容易失败，消息在传递过程中可能丢失。采用持久化队列来保存消息可以避免上述问题。若队列允许系统在工作者失败时重复某消息，且工作者阻塞时队列可以提供消息存储。显然，异步处理需要一个队列来持久化数据流。

队列设计语意应该简洁清晰。好的队列的接口设计应该是一个常见的、并被人熟知的接口，例如 Java 语言中的队列接口：poll( )方法从队列的头移除对象；add( )方法是在队列中添加新的对象；peek( )方法是获取队列头的对象，并且不从队列头中移除这个对象。

5.2.2.1　单一消费者队列服务

单一的消费者队列是基于如下思想设计：当从队列中读取一个消息时，该消息并不会被立刻移除。相反，该消息会被 Get 方法返回，返回的消息包含一个标识符，这个标识符用来报告消息处理成功或是失败。如果消息处理失败或是处理超时，队列服务器将允许另一个客户端重新处理相同的消息，这个消息通过独立的 Get 方法调用得到。因此，一个消息可能会被处理多次，但是能够保证它至少被处理一次。

但上述设计存在一定的缺陷：如果存在多个应用程序同时消耗同一个流的情况，则会出现混乱。例如，给出一个网页浏览流，一个应用程序消耗此数据流能够超时构建一个浏览的视图，另一个应用程序也消耗此数据流而能够独立地构建一个视图。一个可能的解决办法是把所有的应用程序包在同一个消费者里，如图 5-5 所示。

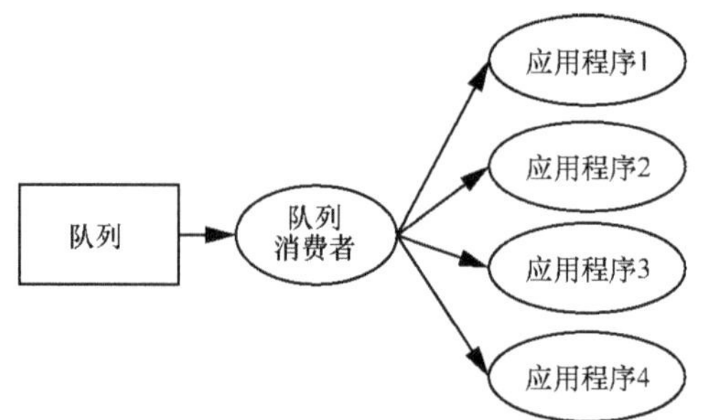

图 5-5　多个应用程序分享同一个单一队列消费者

该方式下所有的应用程序共享同样的代码块，运行在相同的工作者上。该方式的糟糕之处在于其破坏了独立应用程序之间的隔离性。在缺少了隔离性的情况下，如果一个应用程序出错，该应用程序就会影响同一个消费队列下的所有应用程序。队列共享程度越大，该问题越明显。毫无疑问，应用程序隔离性是必不可缺的。

在单一消费者队列的模式下，唯一实现应用程序隔离性的方式为：为每个应用程序维护一个队列副本。例如，3 个应用程序就会存在 3 个独立副本。系统负载和"应用程序的数量"与"输入消息数量"的乘积成比例，而并非和"输入消息数量"成比例。

基于以上对于单一消费者队列限制的讨论，满足需求的队列系统应该具有什么样的属性呢？首先单一消费者队列应该能够被很多的消费者所使用，消费者队列之间并不会相互影响，其次添加消费者应用程序应该是非常简单的，并且负载的增加应该是很小的。单一消费者队列的关键在于队列负责追踪哪些项目被消耗。因为存在限制的条件，一个项目要么被消耗要么没有被消耗，这样队列就不能处理多个消费者想要同时处理相同的项目的情况。

5.2.2.2　多消费者队列服务

单一消费者队列存在多个消费者不能同时处理相同的数据流的情况，这种情况下可以考虑使用多消费者队列。多消费者队列的设计思想是：将“追踪数据流中某一消息是否被消耗”这一职责从队列转移到应用程序自身。如果一个应用程序独立追踪一个消息是否被处理,那么这个应用程序就能从历史记录的任何点响应数据流。多消费者队列如图 5-6 所示。

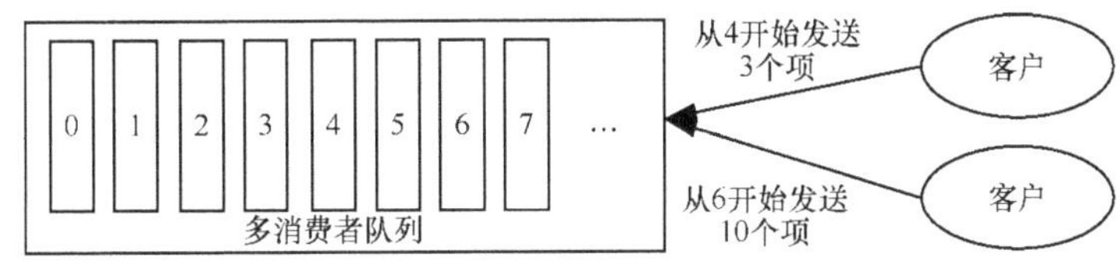

图 5-6　多消费者队列

在多消费者队列中，应用程序能从队列中请求特定消息，并且应用程序负责追踪每个消息是否成功处理。因为队列服务器不知何时所有的消费者已经全部处理了给定的项目，它就提供一种在可用的消息上的服务水平协议。它会保证一定数量的可用历史数据流。例如，所有的项目来自过去 12 个小时的数据，或是最新的 50 GB 的数据。Kafka 是一个很好的实现多消费者队列的例子，它的接口同第 5.2.1 节描述一致。单一消费者和多消费者的另一个显著不同之处为：在单一消费者队列中，消息一旦处理成功就会被删除，不存在重复获取。结果是一个失败的对象处理就会导致消息流的顺序混乱。比如，某消息处理失败，在失败的消息被重新处理之前，该消息后续的消息或已被成功处理。相反，在多消费者队列中允许重复获取这个数据流，可以重放从失败的数据流的消息开始的任何消息，确保数据流的处理顺序能够按照它原本的顺序执行。

5.2.3　流处理

一旦输入数据流到多消费者队列里，下一步就是处理这些数据流来更新实时视图。这个实践过程被称作流处理，流处理的过程如图 5-7 所示。

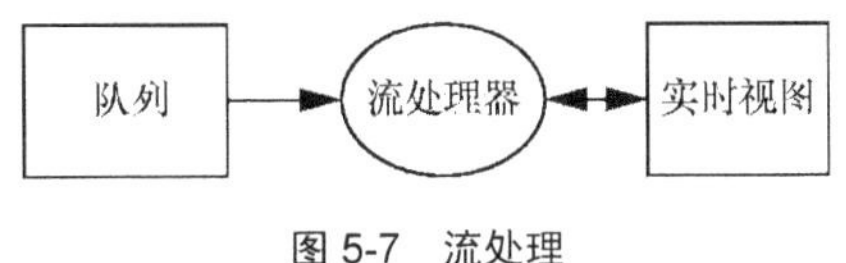

图 5-7　流处理

流处理中的数据集是“无边界”的，因此，完整数据集只能代表截至目前已经进入系统中的数据总量；工作数据集在特定时间只能代表某个单一数据项；处理工作是基于事件的，除非明确停止否则没有“尽头”；处理结果立刻可用，并会随着新数据的抵达继续更新。

流处理系统可以处理几乎无限量的数据，但同一时间只能处理一条或很少量数据，不同数据项间只维持最小状态。虽然大部分系统提供了用于维持状态的方法，但流处理主要针对无状态的功能性处理。功能性操作主要侧重于状态有限的离散步骤。针对同一个数据执行同一个操作，忽略其他相关因素，不同数据项之间没有明显的联系，即便将若干数据项结合在一起处理，它们之间也无必然联系。一些具有近实时处理需求的功能性任务很适合使用流处理，例如分析服务器或应用程序错误日志以及其他基于时间的、衡量指标是否合适的处理任务。这些应用中，数据变化后做出快速响应这一点极为关键。流处理很适合用来处理“必须对变动或峰值做出响应”，并且“关注一段时间内变化趋势”的数据。

在近些年出现了两种流处理的模式：一种是一次一个（One-at-a-time）的流处理，另一种是微批量（Micro-batch）的流处理。流处理模式都有自己的优势和缺陷，需要权衡考虑选用它们：一些应用程序更适合一次一个的流处理，对应于另一些应用程序，微批量的流处理则是更好的选择。表 5-2 简要概述了流处理两种模式的比较。

表 5-2　流处理两种模式的比较

比较项	一次一个的流处理	微批量的流处理
低时延	√	
高吞吐量		√
至少一次处理语意	√	√
精确的一次处理语意	在某些情况下	√
更简单的编程模型	√	

5.2.3.1　一次一个的流处理

一次一个的流处理的一个很大优势就在于它处理流数据比微批量的流处理有更低的时延。类似于金融交易这样的应用程序能从中受益。本节将介绍几种满足“一次一个”的流处理方法。

1. 队列和工作者

队列和工作者模式是实现一次一个流处理的一般方法。其基本思想为在工作者之间放置队列，并采用管道将数据项分发到工作者中处理。在这种结构下，如果一个工作者处理失败，它就能够通过从队列中处理失败的数据项处开始，重新获取数据流数据而继续进行数据流处理，其处理结构如图 5-8 所示。

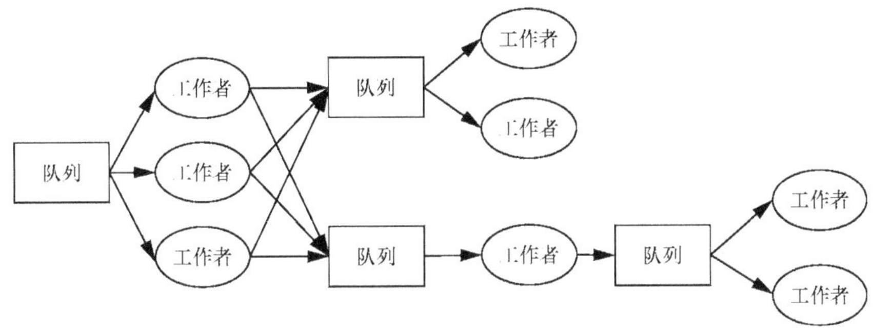

图 5-8　队列和工作者模式处理结构

图 5-8 中描述的是一个典型的使用队列和工作者架构的系统。其初始队列被分成多个队列。例如，使用队列和工作者的方式来完成一个网页访问日志的处理，如图 5-9 所示。第一组的工作者从一组队列中读取网页浏览日志，过滤掉无效的统一资源定位符（Uniform Resource Locator，URL），然后传递数据项到第二组工作者那里。第二组工作者计算有效的 URL 的数量。

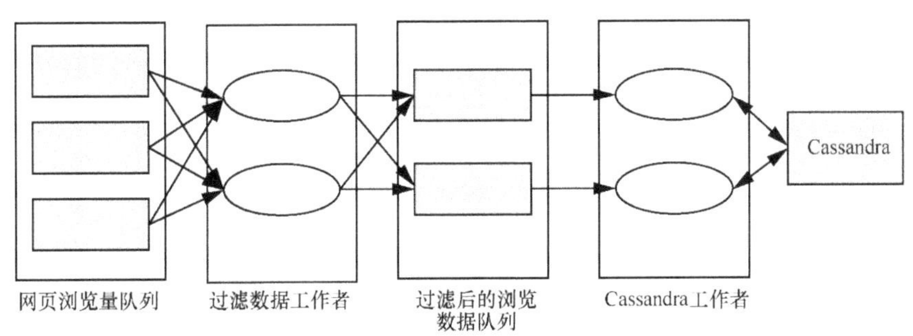

图 5-9　队列和工作者架构计算网页浏览量数据

队列和工作者的模式很容易理解但并不简单。以图 5-9 为例，多个工作者在同一时间不能尝试更新相同的 URL，否则在写入数据时会产生冲突。为确保这一点，第一组工作者通过 URL 分割它的输出流。整个数据流的所有的 URL 都将散列到队列之中，任何相同 URL 的数据将流入相同的队列中。取模算法是一种简单的散列算法，然而这种算法容错性很差。

另一个问题是，在每组工作者之间的队列增加了系统操作的负担。如需改变操作的拓扑，就需要协调队列的部署，因此，实时队列在重新部署之前就必须清空。同时，数据项从一个工作者转到另外一个工作者，这势必会增加时延，减小数据的吞吐量。此外，队列越多，队列的管理和监控代价就会越高，队列扩展起来也会越难。

构建队列工作者是非常复杂和困难的。代码需要支持序列化和反序列化以支持传递数据流中的数据项，代码需考虑如何连接工作者和如何部署大量的工作者服务器。上述代码占据了大部分的代码量，实际上的业务逻辑代码占总体代码的比重非常小。

2. 高级流处理

“高级的一次一个流处理模式”（简称高级模式）实际上为“队列和工作者”模式的并行实现，并明显降低后者的复杂性。像队列和工作者模式一样，高级模式也一次处理一个数据项，但是处理代码在集群中并行执行，因此系统是可扩展的，且具有高吞吐量。流数据处理的目标是用最小的代价来实现并且保证数据的处理。

MapReduce 可以作为可扩展的批处理计算模型，而 Hadoop 则是一种特定的实现。类似的，Storm 也是应用高级流处理的框架，并简化了队列和工作者模式的复杂性。Storm 框架将在下一节具体介绍。

5.2.3.2 微批量的流处理

第 5.2.3.1 节介绍了一次一个的流处理，本节将对流处理的另一种模式——微批量的流处理模式做介绍。本节还关注改善流处理的精确度、提高吞吐量。一次一个的流处理易于理解、时延低，但只能提供“每个数据项至少处理一次”的语义保证，当存在错误时，有可能会导致数据项被处理多次，这就要求处理逻辑是幂等的，否则将是不精确的。在一些特别的场合这种不精确是不能够被接受的。

在微批量的流处理中，小批量的数据项一次被处理，如果在一批数据中任何数据项处理失败了，那么整个批量的数据都将被重新处理。微批量的流处理能提供更好的容错性和精确性，提供“精确执行一次”的语义，但是微批量的流处理是以更高的时延为代价（时延从几百微秒到几秒）。

1. 基本原理

一次处理一个数据项是低效的，一个更好的实现方法是把数据项组合为离散的

“批”来处理，即若干个数据项组成一个批量数据项，然后处理这些批量数据项。这种微批处理的方式如图 5-10 所示。

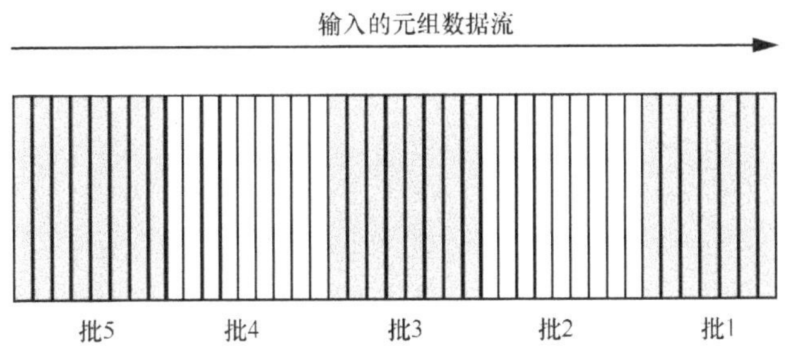

图 5-10　分布成微量批数据的流数据

这些批是按顺序被处理的，每个批都有独立的 ID，并且 ID 在每次重新获取这些批的时候是不变的。因为每次批处理会涉及很多数据项，所以可以采用并行处理方法。在处理下一个顺序批之前，当前批中的数据必须处理成功。下面是一个完整的使用微批量的流处理计算的例子。存储数据项的计数和最新的、参与更新计数的、被成功处理的批数据 ID。设当前被存储为{Count=112; BatchID=3}，现在含有 10 个数据项的批数据 4 被处理了，这个数据值将会被更新为{Count=122; BatchID=4}。

在分布式环境，如果处理成功，数据值已经更新，但告知流处理程序该批处理完成的消息丢失。此时，流处理程序将认为该批数据处理超时，然后重新获取这个批数据。此时，根据 ID 的对比会发现，该批已经更新记数，因此就会跳过该批而直接到下一个批数据。

2. 拓扑示例

构建一个由大量单词组成的数据流的流处理应用，应用功能为统计单词流中出现频率最高的前 3 个单词。微批量的流处理能够完全并行化地、容错地和精确地实现这个任务。

每一批单词的处理包含两个任务。首先，需要记录每一个单词出现的频数，也就是单词在流中出现的次数，可以通过键值存储实现。其次，如果已处理的任何单词的频数高于当前某个最高频数的单词，这时就更新频数最高的 3 个单词的列表。

第一个任务，更新单词出现的频数。与 MapReduce 数据分区和并行化地处理每一个分区的数据类似，微批量的流处理同样需要对数据流分区，如图 5-11 所示，一个单一的批包含的数据项可能来自输入流的所有分区。

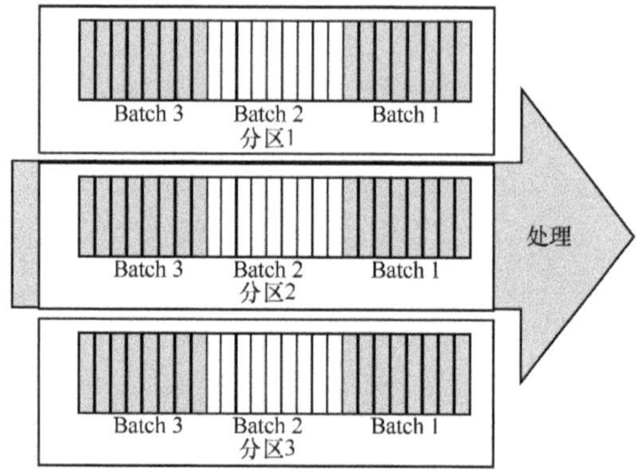

图 5-11　微批流处理

单词必须要被重新分区，以保证相同的单词总是被同一个任务处理。这就确保了当频数统计库更新时，某个单词的频数只会被一个线程更新，线程之间没有竞争。图 5-12 说明了线程的处理过程（拓扑）。

图 5-12　线程的处理过程（拓扑）

频数统计库仅简单地设计单词和频数是不够的，按微批处理的流程，如果一个批的数据被重新获取，无法确定当前批是否影响了当前计数。所以同时存储所有单词的计数和批的 ID，如图 5-13 所示。

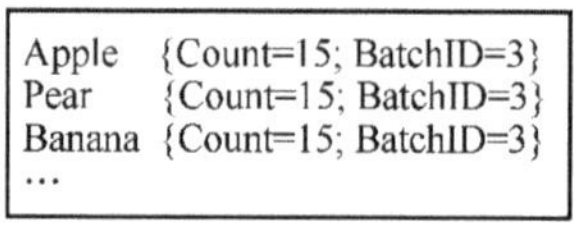

```
Apple   {Count=15; BatchID=3}
Pear    {Count=15; BatchID=3}
Banana  {Count=15; BatchID=3}
…
```

图 5-13　频数数据库

设正在处理某批数据时节点崩溃，这时，某批的分区部分被处理，一些单词的计数更新了，还有一些单词的计数没有被更新。当重新获取批数据时，频数数据库中批 ID 为当前批 ID 的单词频数将不会被更新，处理过程是精确和容错的。

第二个任务，统计出现频数最高的前 3 个单词（以下简称 Top-3）。一个解决办法是发送每一个单词的频率到一个单一的任务，让这个任务完成 Top-3 的统计。这个方法的伸缩性很差，因为发送到该任务的数据条数和数据流中单词的数量是一样的。较好的方法是，每一个单词计数任务发送当前批数据频数最高的 3 个单词到全局任务，然后全局任务完成全局 Top-3 计算。发送到全局任务的数据条数与并行任务数成正比，且词频统计也可以并行进行。全局任务同样是按微批量的流处理的方式进行的，并且其记数列表与图 5-13 类似。它同样具有容错性，当某一个频数统计任务的 3 个高频单词列表（当前批）没有被发送给全局任务时，记数列表不会被更新，而等待当前批数据的重新获得。如果记数列表被部分更新，则当重新获得批数据后，会与各个单词的记录批 ID 比较，已经处理过的将会被忽略。

3. 核心概念

微批量的流处理包含以下 4 个核心概念。

- 局部（批数据）计算：处理计算只依赖于独立某个批数据，不依赖于任何已经保存的数据状态。例如，一个批数据内的单词频数统计。
- 有状态计算：对于所有的批数据都保存一些计算的状态数据。例如，更新全局数据项的计数、更新单词的计数、存储出现频率最高的 3 个单词的列表。
- 幂等计算：如何将并非幂等的计算转化为幂等计算，才能保证在失败和重复计算之下处理还是幂等的。例如，存储批的 ID 状态数据可以为非幂等的操作添加幂等性。
- 持久化流：微批量的流处理依赖于持久化，或至少是部分持久化的数据流，让允许重新获取一个批数据，这个批数据和之前数据流源释放的批数据是一样的。例如，Kafka 中的队列。

微批量的流处理的时延和吞吐量的特性与一次一个的流处理相比有所不同。微批量的流处理中，数据项要等待加入一个微批中，这会产生较大的时延；此外，协调微批和记录记数表等操作也会产生时延；并且，一个数据项的处理成功需要等待同微批中的所有数据项处理成功，这也是产生时延的主要原因。实际应用中，微批的时延在几百微秒到几秒。但是微批量的流处理与一次一个的流处理相比具有更高的吞吐量。一次一个的流处理需要实现数据项级别的管理；微批量的流处理只需要批级别的管理，平均地管理每个数据项所需资源的资源更少，吞吐量随之提高。

5.2.4 数据流处理框架

本节介绍几个主流的流处理框架，这些框架均能够很好地运用到 Lambda 架构中。

5.2.4.1 Apache Storm

1. 总体结构

Apache Storm 是一个开源的分布式实时计算系统，可以简单、可靠地处理大量的数据流。而且支持水平扩展，具有高容错性。Storm 系统架构[3]如图 5-14 所示。

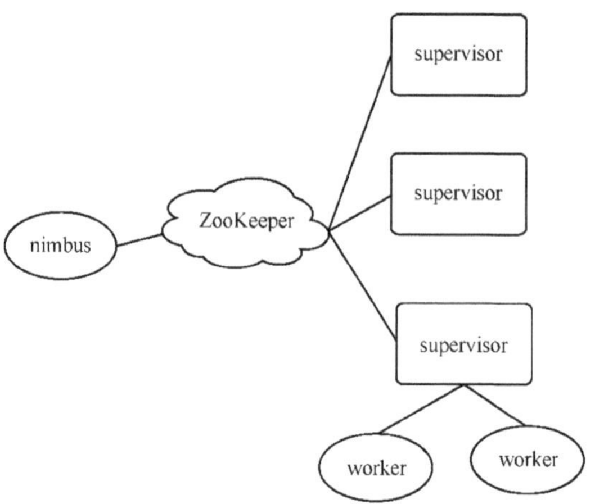

图 5-14 Storm 系统架构[3]

2. 流处理模式

在 Storm[3,4]中，把实时计算任务打包成拓扑（Topology）发布，这和 MapReduce 任务相似，它们的区别在于：MapReduce 任务在得到结果后总会结束，而拓扑会在集群中一直运行，直到人为地去终止它。拓扑还可以理解成由一系列通过数据流相互关联的 Spout 和 Bolt 组成的结构。这些拓扑描述了每个传入系统的片段所执行的不同操作。拓扑结构如图 5-15 所示，拓扑包含以下内容。

- Stream：Stream 是 Storm 中最核心的抽象概念。一个 Stream 指的是在分布式环境中并行创建、处理的一组元组的无界序列。
- Spout：Spout 是拓扑中 Stream 的来源。一般 Spout 会从一个外部的数据源读取元组然后将它们发送到拓扑中。
- Bolt：拓扑中所有的数据处理均是由 Bolt 组成的。通过数据过滤、函数处理、聚合、联结、数据库交互等功能，Bolt 几乎能够完成任何一种数据处理需求。一个 Bolt 可以实现简单的 Stream 转换，而更复杂的 Stream 变换通常需要使用多个 Bolt，并通过多个步骤完成。

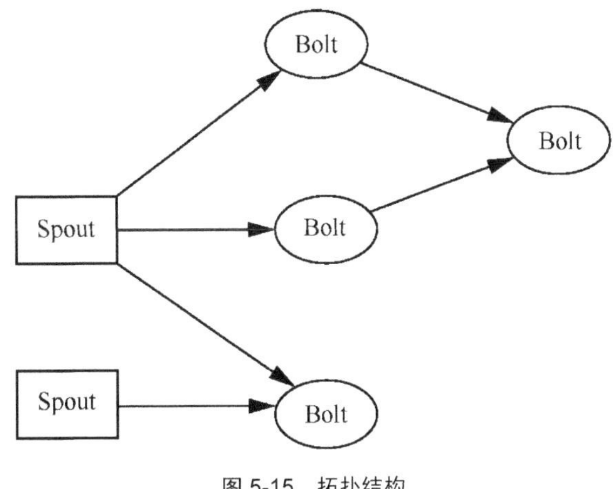

图 5-15　拓扑结构

Trident[3,4]是在 Storm 基础上的一个以实时计算为目标的高度抽象。它可以将高吞吐量数据输入、有状态的流式处理与低时延的分布式查询无缝结合起来。Trident 拓扑包含以下内容。

- Stream Batch：Stream Batch 建立在传统 Batch 上，是处理数据的一个执行或者编程模型。Stream Batch 可以使进程或任务把 Stream 看作一系列小型的 Batch 或者数据块。
- Operation：是指可以对数据执行的批处理过程。

Pig[5]或者 Cascading[5]这样的高级批处理工具和 Trident 的概念非常相似。Trident 同样有联结、聚合、分组、函数以及过滤器这些功能。Trident 为数据库或者其他持久化存储上层的状态化、增量式处理提供了基础原语。由于 Trident 有着一致的、恰好一次的语义，因此很容易推断出 Trident 拓扑的状态。

3. 优势和局限

不使用 Trident 的 Storm 保证了消息“至少一次”的处理，这意味着每条消息都能被处理，但也可能发生重复操作，且无法保证消息的处理顺序。Trident 会对 Storm 的处理增加时延，为处理提供状态。Storm 与 Trident 配合使得用户可以用 Stream Batch 代替纯粹的流处理。尽管 Trident 不能充分发挥 Storm 计算框架的优势，但是 Trident 也有自己的优势，比如它提高了 Storm 的灵活性，可以让你以一种更加自然，同时仍然保持着良好性能的方式来实现实时计算。

Storm 是最佳的流式计算框架，优点是全内存计算，所以它的定位是分布式实时计算系统，Storm 对于实时计算的意义类似于 Hadoop 对于批处理的意义。Storm

的适用场景如下。

- 流数据处理：Storm 可以处理源源不断流进来的消息，处理之后将结果写入某个存储中去。
- 分布式 RPC：由于 Storm 的处理组件是分布式的，而且处理时延极低，所以可以作为一个通用的分布式 RPC 框架来使用。

4. 总结

综上所述，对于时延需求很高的流处理应用，Storm 可能是最适合的实时处理平台。它可以保证每条消息都被处理，可配合多种编程语言使用。由于 Storm 无法进行批处理，需要使用其他计算框架才能实现批处理。如果需要保证严格的一次处理，Trident 将会是一个选择，不过这种情况下其他流处理框架也许更适合。

5.2.4.2 Apache Samza

Samza 是一个开源的分布式流处理系统，可以帮助开发者进行高速消息处理，同时具有良好的容错能力。Samza 和 Storm 类似，不同的是它运行在 Hadoop 之上，并且使用了 Kafka[6]。Samza 可以更好地发挥 Kafka 独特的架构优势。Samza 作业流程[7]如图 5-16 所示。

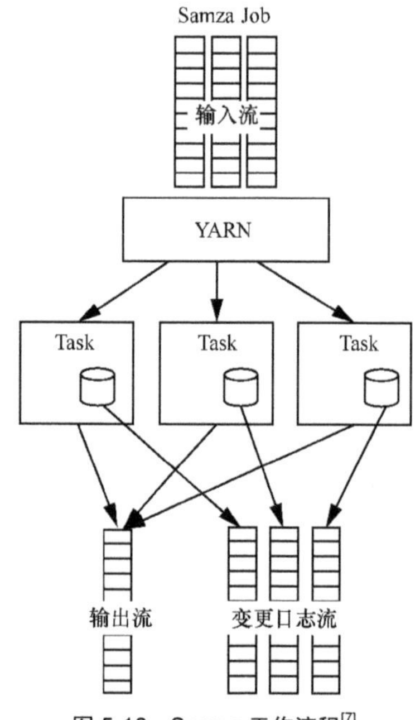

图 5-16 Samza 工作流程[7]

1. 总体结构

Samza[8]主要包含 3 层：流处理层、执行层和处理层。流处理层采用 Kafka，执行层采用 Hadoop YARN[9]，处理层采用 Kafka，如图 5-17 所示。Samza 的流处理层和执行层都是可插拔式的，开发人员可以使用其他框架来替代，不局限于上述两种技术。

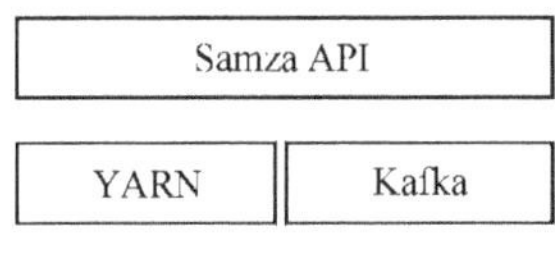

图 5-17　Samza 的 3 层结构

YARN 也由 3 个层次构成：资源管理器（Resource Manager，RM）、节点管理器（Node Manager，NM）和应用管理器（Application Master，AM）。Samza 的客户端使用 YARN 来运行一个 Samza Job：YARN 启动并且监控一个或者多个 Samza Containers，并且使用 the StreamTask API 的代码在这些容器里运行。这些 Samza 流任务的输入和输出都来自 Kafka 的 Brokers。处理过程如图 5-18 所示，不同线型的框代表不同机器。

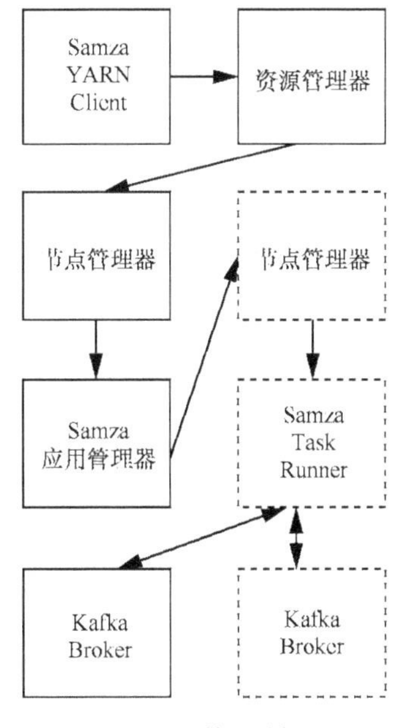

图 5-18 处理过程

Samza 有以下几个特点。

- 只有几千行代码，但是可以实现一些类似 Storm 的功能，后续改进空间大。
- 和 Kafka 相结合，更好地利用其特性，使得数据的处理变得方便。
- 支持在 YARN 上运行，使用 YARN 作为资源管理器，这意味着可以直接使用 YARN 丰富的内建功能，例如可以利用 Hadoop 集群的资源，实现存储、离线分析功能。

2. 流处理模式

Samza 依赖 Kafka 的语义来定义流的处理方式。在处理数据时涉及下列概念。

- Stream：Samza 的 Stream 单位既不是数据项，也不是离散流，而是一条消息。
- Job：Samza 的 Job 是对一组输入流设置附加值转化成输出流的程序，为了扩展流处理器的吞吐量，将 Job 拆分成更小的并行单元，Partition 和 Task。
- Topic：进入 Kafka 系统的每个 Stream 被称作 Topic。Topic 是一种可供消耗方订阅的、由相关信息组成的 Stream。
- Partition：为了可扩展性，将一个 Topic 分散至多个节点，Kafka 会将传入的消息划分为多个 Partition。划分方式基于键，这样可以保证包含同一个键的每条消息划分至同一个 Partition。
- Task：Job 可以分割成多个 Task，Task 作为 Job 的并行单元，每个 Task 为 Job 输入流处理来自一个 Partition 的数据。Partition 之间没有定义顺序，这就允许每一个 Task 独立执行。YARN 调度器负责分发 Task 给一台机器，所以作为一个整体的 Job 可以分配到多个机器并行执行。
- Dataflow Graphs：多个 Job 组合创建一个 Dataflow Graphs，其中节点表示包含数据流，而边则是进行数据传输。这个组合纯粹是通过 Job 的输入和输出流来完成的。
- Broker：组成 Kafka 集群的每个节点称作 Broker。
- Producer：向 Kafka Topic 写入数据的组件叫作 Producer，提供了将 Topic 划分为 Partition 所需的键。
- Consumer：从 Kafka 读取 Topic 的组件叫作 Consumer。Consumer 需要负责维持有关自己分支的信息，这样可以在失败后知道哪些记录被处理过。

3. 优势和局限

表面上看，Samza 依赖 Kafka 好像是一种限制，但是也为系统提供一些特殊的保证和功能，这是其他流处理系统不具备的。Samza 与 Kafka 的关系使得处理可以非常松散地耦合在一起，例如可在输出步骤中增加任意数量的订阅者。这一特性适用于多个团队需要访问类似数据组织的情况，并不会对数据库等负载密集型基础架构造成额外的压力。数据直接写入 Kafka 可以避免回压问题。回压是指负载峰值导致数据流入速度超过组件实时处理能力的情况，这种情况可能导致处理停顿甚至数据丢失。Kafka 可以将数据保存很久，保证数据不会丢失。这意味着组件可以在任何时候继续处理数据，并且可以直接重启而不用担心造成任何后果。

Samza 模型非常适合构建有状态的高性能应用程序。有状态的事件处理应用一般需要从远程数据库中读取数据，或者需要在应用内部维护状态，但是这些方式会有 I/O 或者 CPU 瓶颈。而 Samza 对本地继承数据库有良好的支持，可以在事件处理器中继承 RocksDB，从而将数据存储在本地，所有的数据获取操作都在本地完成，十分高效；Samza 将应用程序逻辑与底层的消息传输解耦；Samza 支持可插拔，用户可以根据自己的需要将 Kafka、ZeroMQ 等事件源直接与 Samza 结合在一起使用，无需预先将来自不同事件源的数据汇聚到统一的消息系统进行标准化处理；Samza 只有几千行代码，它短小精悍，可以减少项目的增长复杂度，利于维护。但目前 Samza 语言支持方面不如 Storm 灵活。

4. 总结

综上所述，如果有大量的数据流处理过程，且分别来自不同代码库的不同团队，那么适合选用 Samza。Samza 可大幅简化很多流处理工作，可实现低时延的性能。如果部署需求与当前系统不兼容，也许并不适合使用，但如果需要极低时延的处理，或对严格的一次处理语义有较高需求，那么 Samza 依然适合。

5.2.4.3　Spark Streaming

Apache Spark 是一个类似 MapReduce 的分布式计算框架，Spark Streaming 是 Spark 的一个拓展。

1. 总体结构

Spark Streaming 是 Spark 的一个组件，一种构建在 Spark 上的实时计算框架，主要负责实现流处理功能。前文已经简单介绍过 Spark 的相关概念，在此主要介绍 Spark 的流处理模式。Spark Streaming 架构如图 5-19 所示。

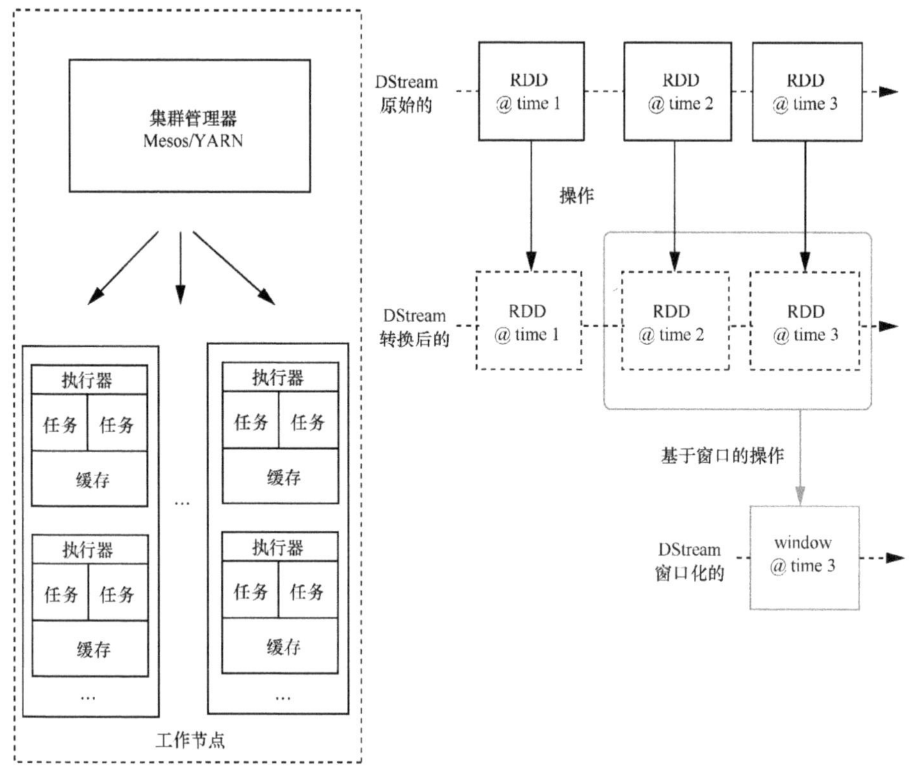

图 5-19　Spark Streaming 架构

2. 流处理模式

Spark Streaming[10]实现了流处理功能，在处理数据时涉及以下概念。

- DStream：DStream 是 Spark Streaming 提供的基本的抽象，它代表一个连续的数据流。它要么是从源中获取的输入流，要么是输入流通过转换算子生成的处理后的数据流。在内部，DStream 由一系列连续的 RDD 组成，DStream 中的每个 RDD 都包含确定时间间隔内的数据。
- Caching/Persistence（缓存/持久化）：和 RDD 相似，DStreams 允许开发者将流数据持久化到内存中。如果 DStream 中的数据需要计算多次，这是非常有用的。

Spark Streaming 将流式计算分解成一系列短小的批处理作业。这里的批处理引擎是 Spark，也就是把 Spark Streaming 的输入数据按照 Batch size（如 1 s）分成 N 段的 DStream，每一段数据都转换成 Spark 中的 RDD，然后将 Spark Streaming 中对 DStream

的 Transformation 操作变为针对 Spark 中对 RDD 的 Transformation 操作，将 RDD 操作变成中间结果保存在内存中。整个流式计算根据业务的需求可以对中间的结果进行叠加，或者存储到外部设备。图 5-20 解释了 Spark Streaming 的整个流程[11]。

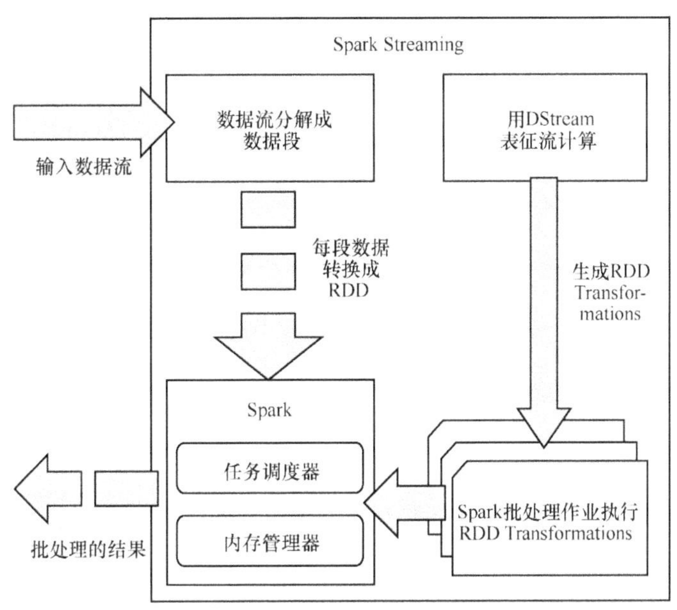

图 5-20 Spark Streaming 流程[11]

3. 优势和局限

Spark Streaming 有良好的实时性，它将流式计算分解成多个 Spark Job，对于每一段数据的处理都会经过 Spark DAG 图分解以及 Spark 的任务集调度过程。Spark Streaming 会以亚秒级增量对流进行缓冲，随后这些缓冲会作为小规模的固定数据集进行批处理。这种方式的实际效果非常好，但与真正的流处理框架相比，在性能方面依然存在不足。所以 Spark Streaming 能够满足除对实时性要求非常高（如高频实时交易）之外的流式准实时计算场景；Spark Streaming 和 Spark 数据处理引擎都使用了 RDD 作为其核心，绝大多数基于 RDD 的微批次变换操作都是明确的，即允许目标数据集在任何时间进行重建，不会受到外界因素干扰，这为并行故障恢复带来了极大的方便。

就目前发展而言，Spark Streaming 还存在一些不足，例如，增加了数据处理时延、基于 RDD 的转换操作表达能力有限、不适用于更新外部状态（如全局索引）

等。由于内存通常比磁盘空间更贵，因此相比基于磁盘的系统，Spark 成本更高。然而处理速度的提升意味着可以更快速地完成任务，在需要按照小时数为资源付费的环境中，这一特性通常可以抵消增加的成本。

4. 总结

在大数据流处理时代，一切不能进行实时流处理的数据，都是无效的数据。Spark 批处理能力以更高内存占用为代价带来了速度上的优势。对于重视吞吐率而非时延的需求，则 Spark Streaming 比较适合作为流处理解决方案。Spark Streaming 的流式处理，可以在线地使用机器学习、图计算、Spark SQL、Spark R 的成果，这得益于 Spark 一体化、多元化的技术架构设计，这也是 Spark Streaming 流行的原因。

5.2.4.4 Apache Flink

Apache Flink 是一个面向分布式数据流处理和批量数据处理的开源计算平台，它能够提供支持流处理和批处理两种应用类型的功能。该技术可将批处理数据视作具备有限边界的数据流，借此将批处理任务作为流处理的子集加以处理。

1. 总体结构

Flink 是一个分层架构的系统，每一层所包含的组件都提供了特定的抽象，用来服务于上层组件。Flink 分层的组件栈[12]如图 5-21 所示。

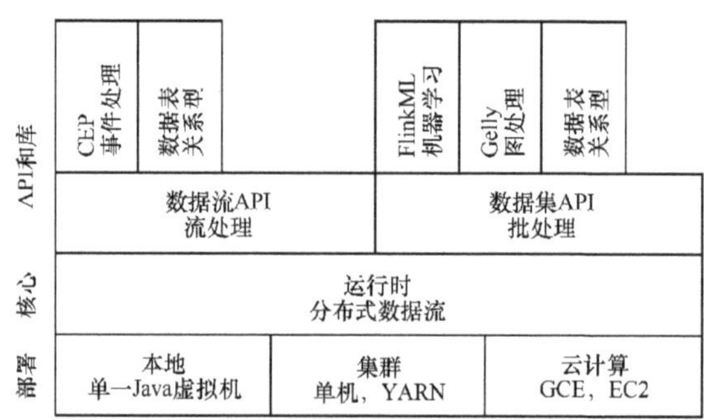

图 5-21　Flink 分层的组件栈[12]

自下而上分别针对 Flink[13]每一层进行解释说明。

- Deployment 层：该层主要涉及 Flink 的部署模式，支持多种部署模式，如本地、集群（Standalone/YARN）、云（GCE/EC2）。Standalone 部署模式与 Spark 类似。
- Runtime 层：Runtime 层提供了支持 Flink 计算的核心实现，比如，支持分布式流处理、JobGraph 到 ExecutionGraph 的映射、调度等，为上层 API 层提供基础服务。

- API 层：API 层主要实现了流处理和批处理 API，其中面向流处理对应 DataStream API，面向批处理对应 DataSet API。
- Libraries 层：该层也可以称为 Flink 应用框架层，在 API 层之上构建的满足特定应用实现的计算框架，也分别对应于面向流处理和面向批处理两类应用。

2. 流处理模式

Flink 的流处理模式会将传入数据视作真正的数据流。Flink 提供的 DataStream API 可用于处理无尽的数据流。Flink 的基本组件包括以下几个部分。

- Stream：是指在系统中流转的、永恒不变的无边界数据集。
- Operator：是指针对数据流执行操作以产生其他数据流的功能。
- Source：是指数据流进入系统的入口点。
- Sink：是指数据流离开 Flink 系统后进入的位置，Sink 可以是数据库或到其他系统的连接器。

流处理任务会在预定时间点创建快照，为了能够在遇到问题后恢复、实现状态存储，Flink 可配合多种状态后端系统使用，具体取决于所需实现的复杂度和持久性级别。

3. 批处理模式

Flink 的批处理模式是对流处理模式的扩展，此时不再从持续流中读取数据，而是从持久存储中以流的形式读取有边界的数据集。Flink 可以对批处理工作负载实现一定的优化。例如，由于批处理操作可通过持久存储加以支持，Flink 可以不对批处理工作负载创建快照，数据依然可以恢复，但常规处理操作可以执行得更快。另一个优化是对批处理任务进行分解，这样可在需要的时候调用不同阶段和组件。

4. 优势和局限

现有的开源计算方案，会把流处理和批处理作为两种不同的应用类型，因为它们所提供的 SLA 是完全不同的。流处理一般需要支持低时延、“只执行一次”的保证，而批处理需要支持高吞吐、高效处理，所以在实现的时候通常是分别给出两套实现方法，或者使用一个独立的开源框架来实现其中一种处理方案。例如，实现批处理的开源方案有 MapReduce、Crunch 和 Spark，实现流处理的开源方案有 Samza、

Storm。 Flink 在实现流处理和批处理时，与传统的一些方案完全不同，它从另一个视角看待流处理和批处理，将二者统一起来。Flink 是完全支持流处理，也就是说作为流处理看待时输入数据流是无界的，批处理被作为一种特殊的流处理，只是它的输入数据流被定义为有界的。

Flink 是一款新的大数据处理引擎，目标是统一不同来源的数据处理。这个目标看起来和 Spark 类似。这两套系统都在尝试建立一个统一的平台，可以运行批量、流式、交互式、图处理、机器学习等应用。所以，Flink 和 Spark 的目标差异并不大，它们最主要的区别在于实现的细节。Spark 的流处理采取的微批架构使其无法适用于很多用例。Flink 流处理为先的方法可提供低时延、高吞吐率、近乎逐项处理的能力；Flink 与开源大数据处理生态系统中的许多项目都有集成。Flink 可以运行在 YARN 上，与 HDFS 协同工作，从 Kafka 中读取流数据，可以执行 Hadoop 程序代码，可以连接多种数据存储系统。

目前 Flink 依然是一个尚未成熟的项目。随着快速开发周期的推进和兼容分组等功能的完善，越来越多的组织开始尝试，Flink 可能会得到越来越多的部署和应用，也将会越来越完善。

5. 总结

Flink 提供了低时延流处理，同时可支持传统的批处理任务。Flink 也许最适合有极高流处理需求和少量批处理任务的项目。在 Flink 中，所有的数据都看作流，是一种很好的抽象，更接近于现实世界，各种特性使得开发工作能够快速进展。

5.3 近期成果

在 Lambda 架构中，各个层都需要涉及大量的数据迁移，而数据流也可以认为是数据迁移过程。本节首先介绍了数据迁移系统的整体设计，然后根据提出的迁移模型得出影响性能的因素主要是数据迁移的并发度和负载均衡性，并分别从数据源层、迁移目标层和作业调度层 3 个层次对数据的迁移优化思路进行了分析，最后在数据源层利用 LBS 算法数据迁移可扩展的高并发目标和负载均衡，并且 LBS 的动态均衡特性为数据源的可扩展提供了支持。

数据源层的优化算法 LBS 的核心思想是通过 Sharding 方法实现数据在分布式系统中的均衡分布，从而使得数据源集群的资源得到充分应用，并且满足数据存储的可扩展性以及数据操作的高并发性，最终提高数据迁移系统的可靠性、稳定性以及执行效率。LBS 方法主要分为两步：数据划分和 Chunk 分发。前者通过 Record 到 Range、Range 再到 Chunk 的两步映射保证每个 Chunk 上存储的数据量近似相等，后者通过分布式一致性散列实现 Chunk 到 Shard 的均衡分布。

5.3.1　实时数据迁移模型

本节首先介绍了分布式环境下的数据迁移模型，并对影响数据迁移性能的因素进行了分析，然后基于前面的分析提出了数据迁移系统的优化目标。

5.3.1.1　研究背景

顾名思义，数据迁移就是在不同类型的存储系统之间、在不同的数据格式之间和在不同的计算机系统之间的数据转换过程[14]。进行数据迁移的原因有很多：硬件更换、维护引起系统迁移；系统备份或恢复；改变数据格式的系统升级等；不同系统之间的数据交换等。随着企业需要支持的业务的增长，累积的数据量不断增加，不同系统之间交换数据也达到了数据迁移的级别。例如，阿里巴巴集团的搜索离线数据的迁移，从海量的业务数据中提取信息，并将其转换成引擎需要的数据，发给引擎系统建立索引以提高用户的搜索效率。

在大数据时代，类似 HDFS、HBase、MongoDB、Hive 等的分布式存储系统被广泛用户存储和管理海量数据，越来越多的企业选择将他们的数据甚至整个系统存储到分布式环境中，以快速应对性能需求的变化、降低成本和获得高可用性、高稳定性、高容错性等。这就使得分布式系统与分布式系统之间的数据迁移需求越来越多，此外，由于搜索离线数据的数据源和迁移目标系统往往也都属于分布式环境，因此着重研究分布式系统到分布式系统的海量数据迁移，其中数据源由一个或多个数据集构成，这些数据集以数据库或格式化文本文件等形式存储在数据源集群中，后文将这个集群称为数据源集群；同时，数据迁移的目的地也由一个集群构成，迁移作业的运行和迁移数据的存储的职责都将由这个集群承担，后文将这个集群称为迁移目标集群。

图 5-22 展示了分布式环境下的海量数据迁移。分布式环境下的海量数据迁移分为两个集群：一个集群构成了分布式数据源集群（即数据源集群）；另一个集群构成了分布式迁移目标集群（即迁移目标集群）。数据迁移就是将数据从

数据源集群移动到迁移目标集群。为了尽可能地利用闲置资源，数据源集群内部和迁移目标集群内部都可以做一些数据的移动，这种方法称为间接迁移（Indirect Migration）[15]。实验证明参考文献[15]提出的这种迁移方法可以有效地提高性能，在闲置资源较多的环境中达到良好的效果。而作者并未采用间接迁移技术，但同样可以实现实时迁移。

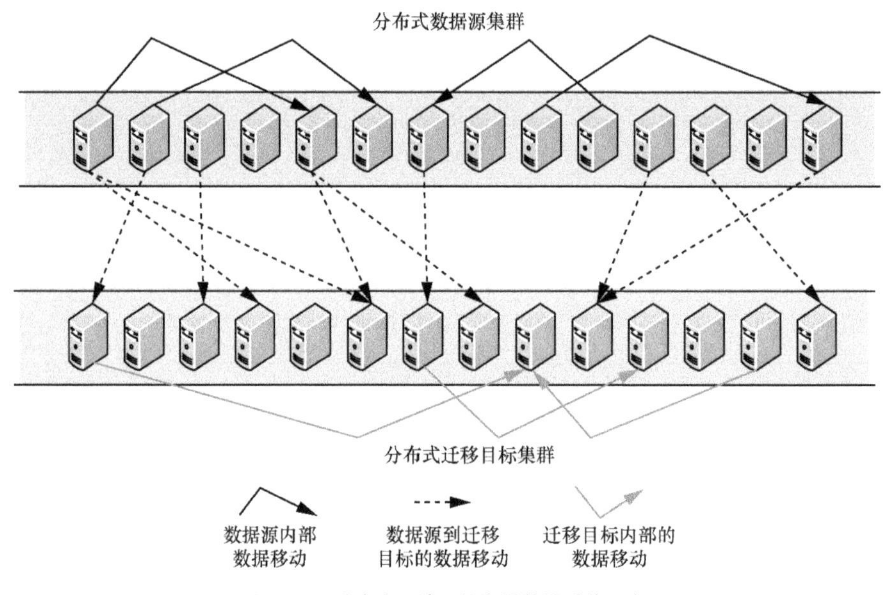

图 5-22　分布式环境下的海量数据迁移示意

5.3.1.2　迁移模型

本节首先给出分布式系统间的数据迁移模型，而后基于提出的模型，对影响数据迁移性能的因素进行了分析，从而为确定数据迁移系统设计的优化目标提供支持和依据。

研究对象是分布式数据迁移，数据源集群和迁移目标集群都是分布式集群系统。这样的数据迁移模型主要包含 3 个部分：数据源集群、迁移目标集群以及数据迁移作业。其中，数据源集群是指存储数据源数据的集群，源数据的类型可能有多种，包括文本数据、关系型数据库数据、分布式文件等；迁移目标集群是指数据迁移目的地的节点构成的集群，数据最终存储在迁移目标集群上；数据迁移作业则是由迁移目标集群上的节点发起并执行的，一个迁移作业包括一个或多个迁移任务，一个迁移任务负责拉取一个数据源上的数据。

根据上面的分析，将数据源构成的集合$\{D_1, D_2,\cdots,D_M\}$记作 DS，其中 M 代表数据源的个数，$D_i(i=1, 2,\cdots, M)$代表一个数据源，数据源的规模用$|D_i|$表示。将数据迁移作业构成的集合$\{J_1, J_2,\cdots, J_N\}$记作 JS，其中 N 代表迁移作业的个数，$J_j(j=1, 2,\cdots,N)$代表一个迁移作业。其中，迁移作业可能从多个数据源拉取数据，记 J_j 涉及的数据源构成的集合为 $DS_j=\{D_1^j, D_2^j,\cdots, D_{M_j}^j\}$，其中 M_j 代表 J_j 涉及的数据源的个数，$D_t^j\in DS(t=1, 2,\cdots, M_j), DS_j\subseteq DS$，迁移作业的规模$|J_i|$为集合 DS_j 中数据源的规模之和，即$|J_i|=\sum|D_t^j|$。此外，迁移作业 J_j 读取数据源 D_i，并将其写入 HDFS 的数据迁移任务记作 $P(D_i, J_j)$，这个过程所花的时间记为 T_{ij}。一个数据迁移系统好坏的最直观的判断方式是通过性能来衡量的，而时间是性能的最好表征，因此，首先给出迁移系统性能评估的度量函数，为：

$$T=\sum_{J_j\in CJS}T_j \tag{5-3}$$

其中，CJS（Chained Job Set）是包含最后结束的数据迁移作业 J_{end} 的、串行运行的数据迁移作业的集合，T_j 表示作业 J_j 的运行时间。

从式（5-3）中可以看出，所有数据迁移作业的运行时间之和并不与所有的作业运行时间相关，或者说，并行度运行的作业越高，总时间就可以越低；此外，CJS 中的数据迁移作业运行时间显然与每一个作业的运行时间 T_j 相关，而 $T_j=\sum_{D_i\in CDS_j}T_{ij}$，其中 CDS_j（Chained Data Set）是 J_j 中包含最后结束的 $P(D_i, J_j)$的、串行运行的数据集的集合。从性能评估的度量函数中可以看出，提高数据迁移的性能可以降低 CJS 和 CDS_j 的大小，或减少 T_{ij} 的时间。要降低这几个量，首先要对数据迁移的整个过程有充分的了解。

图 5-23 展示了数据迁移模型的一个实例（也是离线搜索业务中数据迁移应用的一个简化实例），它描述了本节的研究对象。首先，存储在大量数据库中的数据迁移到 Hadoop 集群构成的 HDFS（Hadoop Distributed File System）中的整个迁移过程；其次，这个迁移过程具有 4 个显著的特点：迁移数据是海量的、迁移过程是频繁的、数据源吞吐量是被严格限制的以及数据源集群和迁移目标集群是通过网络传输数据的。在大数据时代，许多大型系统之间的数据迁移都符合这样的数据迁移条件，例如，搜索离线业务的数据迁移应用中，离线业务系统每隔一段时间需要从在线业务系统中（通过网络传输）取得海量数据，将其存储到目标迁移集群（HDFS）中，同时，离线业务系统对于数据源来说，也

只是其中的一个用户，其 QPS 受到严格的限制。在这个实例中，每一个数据库的每一张表都是一个数据源 D_i，这些数据源构成了数据源集合 DS；迁移目标集群是 Hadoop 集群，这个 Hadoop 集群上同时搭建了 HDFS，数据迁移的目的地就是该 HDFS；数据迁移任务 $P(D_i, J_j)$就是由 Hadoop 集群的一个节点发起并执行的数据迁移过程，从数据库的某张表读取数据，并写入 HDFS 中；数据迁移作业 J_j 则是一组数据迁移任务的集合（每一组数据迁移任务迁移的数据一般是某个业务线需要的数据），这些迁移任务由于业务或其他因素（比如，某几个数据迁移任务是为某条业务线服务的，必须在同一个时间生效）需要在一个 Hadoop Job 内执行，即每一个 Hadoop Job 就是一个数据迁移作业 J_j。

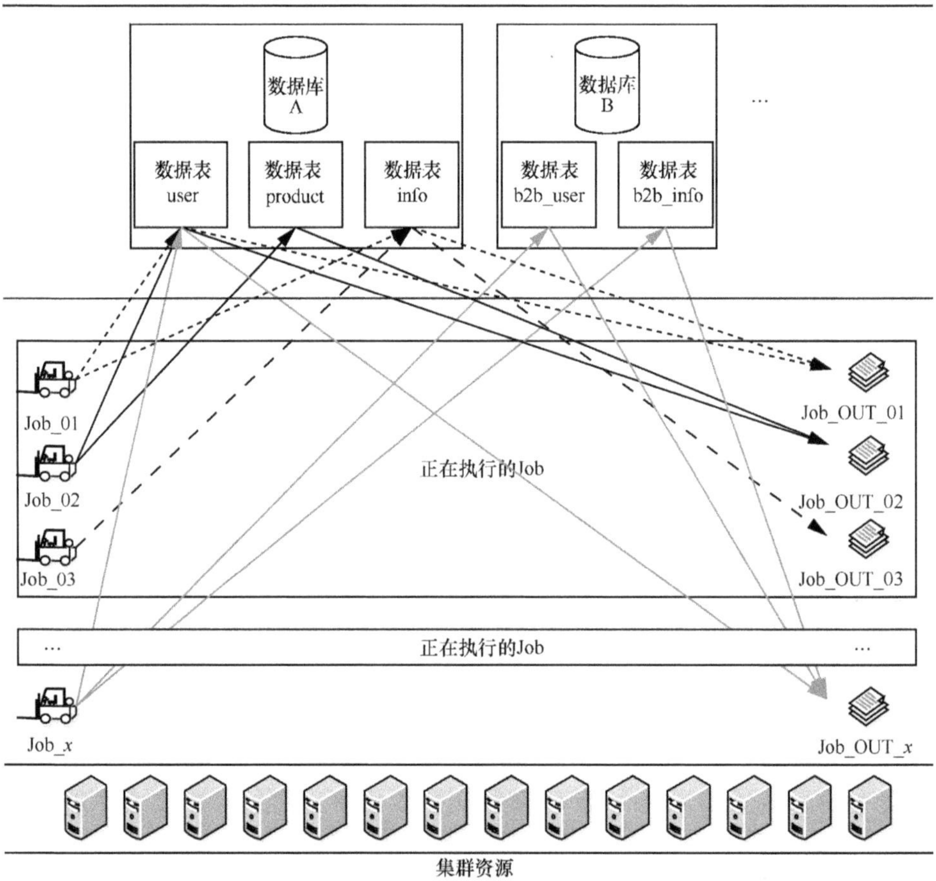

图 5-23　数据迁移模型的一个实例

在整个过程中，本节考虑的能够影响 T 的因素包括并发度和负载均衡两个方面。其中，数据迁移的整体并发度越大，$|CJS|$和$|CDS|$就越小，同时迁移的数据量就越多，每一个数据集的数据迁移时间 T_{ij} 就越短；若数据迁移的负载不均衡，就会导致一部分数据迁移任务运行快，而另一部分运行较慢，这就导致快的作业必将先行完成，承载这些作业的资源必将由于等待而闲置，若能充分利用这一部分资源，数据迁移作业的运行 T 将得到大幅度的降低。后文将结合具体的运行环境 Hadoop 对影响迁移性能的因素进行具体分析。

5.3.1.3　迁移优化目标

分布式系统中每个节点的吞吐量是有限的（硬件和网络等限制），数据迁移任务定义的数据总量也是一定的，因此在数据迁移过程中，分布式系统能够获取的理想性能应该满足以下情况。

- 同时工作的节点越多越好。
- 每个节点发挥自己最大的吞吐量。
- 所有节点同时完成任务（发送数据或接收数据）。

数据迁移的性能受整体并发度和负载均衡性的影响，因此，主要从分布式系统的并发度和分布式系统负载均衡两个方面来考虑。

然而，分布式系统通常拥有一个确定的目标：解决一个大规模计算问题[16]。分布式系统本质上是各个部分进行大量的协作，每个部分完成了分配给自己的子任务，而所有的子任务在逻辑上组成了大规模计算问题的解。本节研究的数据迁移系统也是一个典型的分布式系统，前文描述的迁移模型将整个系统分为 3 个部分，它们之间存在大量的协作，共同完成了海量数据的迁移任务。不考虑硬件性能因素，分布式系统中各个部分内部以及各个部分之间的协作是否高效，将对数据迁移的性能有很大影响。因此，数据迁移整体的并发度和负载均衡都受到这 3 个部分的综合影响。换句话说，只有这 3 个部分的共同协作才能够使得数据迁移的并发度和负载均衡达到预期的目标，从而提高数据迁移的性能。本节的后续部分将从并发度和负载均衡两个方面进行性能分析。

从分布式数据迁移的并发度角度进行分析。由于数据迁移可以分为数据源层、迁移目标层和作业调度层 3 个部分。这 3 个部分共同影响了数据迁移的并发度。首先，对于某个数据迁移作业 J_j 要迁移的数据集 D_i，存储 D_i 的节点数量越多，数据迁

移作业 J_j 就可以启动多个线程高并发地读取数据，从而提高性能。其次，整体的并发度同样受到迁移目标集群的影响，若迁移目标集群承载的作业过少，整体的并发度就受限于迁移目标集群的承载作业数量。除此之外，若作业调度层中数据迁移作业并发执行的数量过少，整体的并发度同样将受到限制。综上，要提高数据迁移的并发度，需要同时令数据源层、迁移目标层和作业调度层都满足高并发的要求。

从分布式数据迁移的负载均衡角度进行分析。通过上文的简单分析可以得知，负载越均衡，数据迁移系统对资源的利用越充分，数据迁移的性能也就越高。然而，负载均衡同样受到数据源层、迁移目标层和作业调度层三者的共同影响。首先，数据源层本身需要进行负载均衡，对于某个数据迁移作业 J_j 要迁移的数据集 D_i，若 D_i 的数据量在各个数据源节点分布不均衡，那么一部分数据源节点必先完成工作而等待其他节点完成，这就造成了资源的浪费，使得性能达不到最优。其次，承载数据迁移作业的迁移目标层的负载不均衡，同理也将造成迁移目标集群的资源浪费。最后，许多作业可能会读取同一个数据源的数据，从而造成网络热点，由于数据源的吞吐量是有所限制的，因此，处于同一个热点的 τ 个作业的性能至少降低为原来的 $1/\tau$。综上，要使得数据迁移系统达到负载均衡，需要同时令数据源层、迁移目标层和作业调度层都满足负载均衡的要求。

基于上述分析和迁移模型，迁移系统应该包含数据源集群、迁移目标集群以及数据迁移作业 3 个部分，这 3 个部分的并发度和负载均衡均会影响系统性能。同时，数据迁移系统还需要满足额外的一些特性，以应对大数据时代的变化特点。基于此，提出以下优化思路。

首先，数据源集群优化。并不是所有的数据源都能满足高并发的要求。可以对数据源进行一定程度的改造，使其能够达到高并发的要求。同时，从数据迁移负载均衡的角度看，改造后的数据源集群的每个节点的负载必须与该节点拥有的数据量成正比。此外，为了应对数据量的不断增加，改造后的数据源应具有强大的扩展能力，即能通过增加节点的水平扩展方式增加系统的容量而不增加每个节点的负载压力。

其次，迁移目标集群优化。迁移目标集群必须有一定的机制支持尽可能多的数据迁移作业并发启动和执行。从负载均衡的角度看，迁移目标集群必须保证执行的作业在迁移目标集群上均衡地分布。另外，为了应对不断增多的数据量和业务量，迁移目标集群也必须满足可扩展性，即能够通过增加节点这一简单的方式提高迁移目标集群的处理能力。

最后，数据迁移作业优化。作业调度层作为一个逻辑上的层次，连接数据源层和迁移目标集群这两个物理层，是两个物理层之间的纽带。它通过作业调度的方式使数据源层和迁移目标层紧密配合地运行。从并发度的角度看，作业调度层在迁移目标集群资源容许的情况下，并发执行尽可能多的数据迁移作业；从负载均衡的角度看，作业调度层的负载均衡体现在数据源的热点上。从前文的分析可知，多个作业可能需要同一个数据源的数据（当然，这些作业取的是不同的字段或不同的记录，以适用于不同的业务线的需求），若这些作业同时执行就会造成数据源热点，由于数据源吞吐量的严格限制，其性能不会提升，反而会比作业串行执行的效率更低，这就使得作业获取其他数据源的任务先行完成而等待获取热点数据源的任务执行完成（这就造成了负载不均衡的等待，从而浪费资源、影响性能）。虽然无法改变作业需要的数据集，但可以改变作业的执行顺序，通过作业调度层的调度，使得需要同一个数据集的作业尽量避免在同一时间执行。

5.3.2　数据源层的优化方法

本节将详细介绍数据源层的优化方法，核心思想是通过 Sharding 方法将不同类型的数据源水平分区，并将分区均衡存储到分布式系统中。本节提出一个负载均衡的数据源 Sharding 算法 LBS（Load Balanced Sharding），经过 LBS 算法 Sharding 以后的数据源将数据均衡地分布到集群的各个节点，从而达到数据源的负载均衡，并为数据迁移的高度并发提供基础。本节首先介绍了数据源层的优化思路，然后从静态和动态两个方面对 LBS 算法进行了详细介绍，最后对 LBS 算法进行了简单的评价。

5.3.2.1 优化思路

数据源层使用 Sharding 技术将数据库、文本文件或其他规则的数据源水平扩展（Horizontal Scaling）成分布式数据源。为了不使数据源成为数据迁移的瓶颈，单节点的数据源需要改造成分布式数据源。同时，数据迁移程序的高并发要求可扩展，因此，分布式数据源也需要可以被无限扩展，否则数据源仍然将成为系统的瓶颈。本小节将介绍目标系统如何使用 Sharding 技术实现数据源输出高并发以及如何使用 Sharding 技术无限扩展数据源，使数据源输出的吞吐量能满足数据量急剧增长的需求。

Sharding 技术的提出是为了应对拥有海量数据和高吞吐量的应用对单节点服务器带来的挑战。例如，对于高频率海量查询的应用，单节点服务器的 CPU 已经不能满足计算需求；对于拥有超大数据集的应用，单节点的存储甚至不能满足存储要求；对于高内存要求的应用，单节点的内存也面临前所未有的挑战，内存频繁地换入换出将严重降低性能。面对这些问题的解决方案一般有两种：垂直扩展（Vertical Scaling）和水平扩展（Horizontal Scaling，即 Sharding）[17]。垂直扩展即在单节点服务器上增加更多的 CPU、更多的内存以及更多的存储资源。然而这样的扩展成本过大，令许多中小型企业都难以接受。Sharding 技术是将整个数据集分割并将其分配到分布式集群上，使用扩展集群就可以扩展应用的处理能力。例如，Sharding 技术应用在数据库上，每一个节点都有一个或多个独立的数据库（只包含部分数据），而整个分布式集群上的数据库共同组成了一个逻辑意义上的数据库，海量数据的查询压力就被分散到各个节点。

本节借鉴 Mongo DB 的 Sharding 方法提出了负载均衡的数据源 Sharding 方法 LBS。LBS 的适用性不受数据源类型的影响，即不管是数据库、文本文件还是其他有意义的数据集，都可以使用该 Sharding 方法。此外，LBS 还保证了各个节点分配到的数据量对于该节点的性能始终处于均衡状态。

5.3.2.2 优化方法

由上文的分析可知，数据源层的优化应该首先将数据源改造成分布式数据源，且要满足以下几点要求。

- 符合分布式数据源的基本特征，支持高并发，移除单节点数据源并发数的限制。
- 要具有无限扩展能力，可以通过添加节点的方式水平扩展数据源的吞吐能力。
- 要保证数据源数据的分布均衡性，使得每个数据源节点的负载（存储的数据量）和性能保持均衡（任意节点的负载与性能之比相等）。

此外，为了消除数据源类型的影响，数据源层的优化拟作用在数据集级别上。本节所述的有意义的海量数据需要满足以下约束条件。

- 以“记录（Record）”为单位，即数据源的数据量可以用条数量化。

- 可以为数据集内的记录创建唯一标识（类似于关系型数据库中的 Candidate Key）。

将数据源改造为分布式数据源的大致思路如下。

Pesudo Code: Sharding Procedure

```
procedure sharding_data (set_id, select_operation)
    foreach data_set in data_source_old
        // each value of selected field (s) can represent the record where this value in
        shard_key ← select_shard_key (fields_in_data_set)
        //function partition will be explained later
        chunk_list ← partition (data_set, shard_key)
        // every shard represents a physical node
        distribute_chunks (chunk_list, shards)
    end foreach
end procedure
```

该过程将会遍历数据源中所有的数据集，对每一个数据集进行 Sharding 操作。对一个数据集进行 Sharding 的过程可以简单描述为：首先选择该数据集中能唯一标识一条记录的字段、字段组合或无意义的序号作为 Shard Key；其次，使用分区方法对数据集的所有记录进行划分，划分的每一个部分就是一个数据分块 Chunk。划分过程和分发过程将在第 5.3.2.3 节中进行描述。

下面简单给出改造后的分布式数据源上数据操作的具体执行流程，如图 5-24 所示。从图 5-24 中可以看出，数据操作主要涉及 4 个部分：Client、Shard、Name Server 和 Meta Server。其中，Name Server 由一个节点扮演（可以有多个同步的备份节点来提高可用性），里面保存了数据集的唯一标识 SET_ID（例如，当数据集是文件时，唯一标识是文件名；当数据集是数据库时，唯一标识是数据库名和表名）和该数据集的元数据所在的 Meta Server 的映射。Meta Server 保存了数据集的 SET_ID 以及该数据集所在的 Shard 和 Chunk 的映射；Meta Server 的变化会触发 Name Server 内的数据更新。Shard 是逻辑的概念，是实际存储数据的容器，每一个 Shard 对应一个物理节点；Shard 内的数据变动会触发 Meta Server 内元数据信息的更新。Client 是用户程序，由它完成完整的数据访问过程。

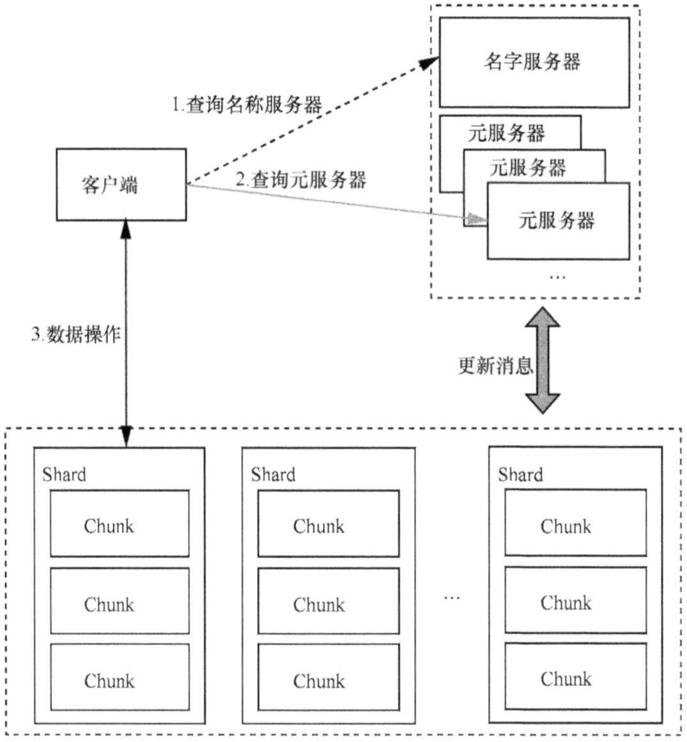

图 5-24　分布式数据源上数据操作的具体执行流程

Client 完成某一个数据集的数据查询过程如下。

Pesudo Code: Data Retrivel Procedure

```
function select_data (set_id, select_operation)
    meta_server_set ← query_meta_servers (set_id)
    foreach meta_server in meta_server_set
        location_set ← query_meta_data (set_id, meta_server)
        add location_set to complete_location_set
    end foreach
    foreach <shard, chunk> in complete_location_set
        ret ← select_data (shard, chunk, select_operation)
    end foreach
    return ret
end function
```

首先，Client 将 SET_ID 传给 Name Server，通过 Name Server 查询到 SET_ID 对应的 Meta Server 的集合；然后，Client 会遍历返回的 Meta Server 集合，向其查询 SET_ID 在哪一个 Shard 上的哪一个 Chunk，并将对应信息汇总；最后，Client 将与 Shard 直接进行通信，让 Shard 在该 Chunk 上进行查询操作并返回查询结果。Select 操作属于基本操作，对每个数据集的操作结果的并集就是整个数据集的操作结果。按照相同的分析方法，添加操作、更新操作和删除操作也可以很简单地在分布式数据源上实现。

5.3.2.3　静态 LBS 算法

LBS 算法包含了静态和动态两个方面的算法。本小节详细介绍 LBS 的静态算法，其动态算法将在第 5.3.2.4 节中进行介绍。LBS 的静态算法是数据源 Sharding 的分配算法，它通过对数据的划分形成数据的基本存储单元 Chunk，并根据计算机节点的处理能力均衡地分配 Chunk，最终完成了对数据源的 Sharding，使得数据源具有高并发的基础和负载均衡的特性。

1. 数据划分算法

LBS 的数据划分是将数据集中的数据均匀划分到各个 Chunk 中。它分为两个过程，首先将数据根据 Shard Key 划分到数据块（后文称之为 Range）中，然后将 Range 映射到 Chunk 上。虽然优化目标是负载均衡，但已经可以证明对于大多数自然语言来说，字母（字符）的分布具有高度不均匀特性，因此，在不知道 Shard Key 值域分布的情况下，找到一个散列函数将非数值字段均匀地映射到一个固定长度的值域是非常困难的。即在数据集值域分布未知的情况下，寻找静态的数据源负载均衡算法过于困难。故采用 Range-Chunk 逻辑映射机制，使之达到均衡。

对于单一数值型字段构成的 Shard Key，如图 5-25（a）所示，可以人为或随机地设定分割点（例如 v_1、v_2 等）。这些分割点将 Shard Key 的值域划分成若干个区间，各个区间的范围就是对应的 Chunk 内的数据的值域范围。在这个过程中，设置分割点不需要考虑负载均衡，如果数据量足够大，可以随机设置。对于非单一数值型字段构成的 Shard Key，如图 5-25（b）所示，LBS 首先通过散列函数将每个字段的值转换为二进制数值（散列后的值位数相同）；然后将各个字段的数值拼接成一个二进制数值（若只有一个字段，跳过）；最后与“单一数值型字段构成 Shard Key”的情况采用一样的方法，将 Shard Key 划分到若干个区间，每个区间对应一个 Chunk。

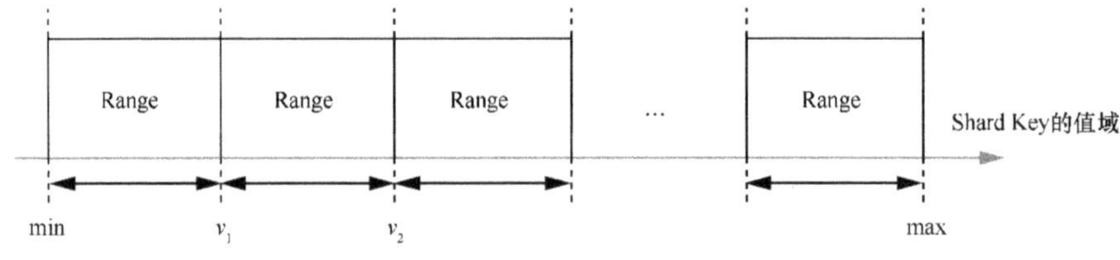

(a)单一数值型字段构成的Shard Key

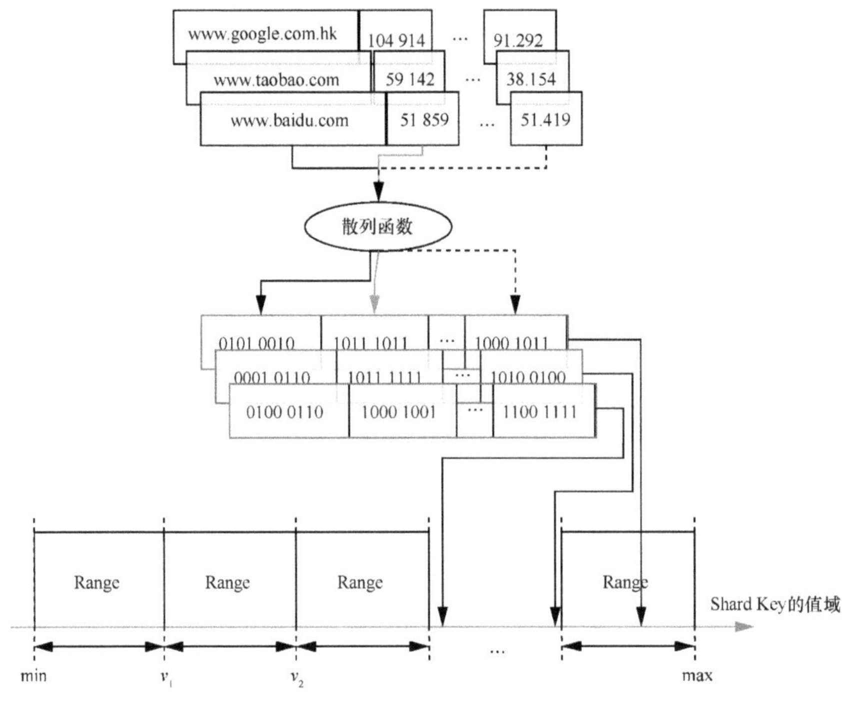

(b) 非单一数值型字段构成的Shard Key

图 5-25 Shard Key 划分方法

Range-Chunk 映射机制是一个将 Range 均匀切片的简单过程。任意一个 $Range_i$ 将被映射为 $[\omega_i^r / \min(\omega_1^r, \cdots, \omega_{n_1}^r)] \cdot \ln n_1$ 个 Chunk，其中 ω_i^r 是第 i 个 Range 的权重，n_1 是 Range 的个数。这张映射表需要 Meta Server 进行维护：用户往 $Range_i$ 中插入数据时，Meta Server 将从 $Range_i$ 对应的 Chunk 列表中随机选择一个返回给用户，然后用户往该 Chunk 中插入一条数据；用户查询 $Range_i$ 的数据时，Meta Server 将 $Range_i$ 对应的所有 Chunk 都返回给用户，然后用户需要在所有的 Chunk 上执行查询操作；用户更新或者删除 $Range_i$ 中的数据时，Meta Server 将 $Range_i$ 对应的所有 Chunk 返回给用户，然后用户按照操作条件找出对应的数据进行更新或删除操作。

将数据根据 Shard Key 划分到 Range 上，再将 Range 映射到 Chunk 上，而不是将数据直接映射到 Chunk 上或直接划分到 Chunk 上的原因有以下两个。

- 在 Shard Key 值域分布状态未知的情况下，很难找到一个划分使得每个 Chunk 包含的数据量相等，单纯地根据 Shard Key 划分难以满足每个 Chunk 包含的数据量相等。
- 直接将 Shard Key 映射到 Chunk 上，虽然能够保证每个 Chunk 包含的数据量相等，但需要维护巨大的 Shard-Key-Chunk 映射表，在大数据的前提下，这种维护的代价难以承受。而 LBS 采用的算法只需要记录若干个散列函数以完成 Range 的划分，并维护一张 Range-Chunk 的映射表（代价远小于 Shard-Key-Chunk 的映射表）。

2. Chunk 分发算法

完成数据到 Chunk 的划分后，LBS 要将这些 Chunk 分发到各个 Shard 中。为了达到更好的负载均衡和稳定性，LBS 利用了分布式一致性散列算法的思想来辅助实现 Chunk 的均衡分发。扩展的一致性散列算法，其核心步骤有两个：首先将真实的 Shard 划分成若干个虚拟 Shard（Virtual Shard），并将虚拟 Shard 和 Chunk 按照某种散列算法映射到相同的范围内；接着按照“单侧就近分配”原则将 Chunk 分配给散列值仅大于该 Chunk 散列值的虚拟 Shard 对应的真实 Shard 上。具体过程如下。

```
Pesudo Code: Distributing Chunks to Shards Procedure (PART I)
function distribute (chunks, shards, num_of_bloks)
    weights ← cal_weights (shards)
    percent_of_deviation ← 1.0 / log_e (num_of_bloks)
    virtual_shard_map ← init_virtual_shards (weights, percent_of_deviation)
    // function key_set returns all keys in the map
    virtual_shards ← key_set (virtual_shard_map)
    chunk_location_map ← distribute_to_range (chunks)
    virtual_shards_location_map ← distribute_to_range (virtual_shards)
    chunk_virtual_shard_mapping ← construct_mapping (chunk_location_ map, virtual_shards_location_map)
    return remapping (chunk_virtual_shard_mapping, virtual_shard_map);
end function
```

由于每一个 Shard 都对应了一个物理节点，而各个数据源节点并不能够保证同构；相反，在复杂的云环境下，异构的数据源节点更为普遍，以应对具有不同资源需求的任务类型。因此，各个 Shard 的处理能力/容量实际上是不同的。LBS 方法考虑了这种异构的情况,它的 Chunk 分配方法首先根据 Shard 的计算能力估计出 Shard 的权重。估计的方法有很多，本文采用参考文献[18]中的方法。

得到 Shard 的权重之后，LBS 根据各个 Shard 的权重大小为其创建虚拟 Shard，任意一个 $Shard_j$ 将被映射为 $[\omega_j / \min(\omega_1,\cdots,\omega_{n_2})]\cdot \ln m$ 个虚拟 Shard。其中，m 是 Chunk 的个数，n_2 是 Shard 的个数，ω_j 代表第 j 个 Shard。

而后，LBS 使用相同的随机均匀散列函数将 Chunk 和虚拟 Shard 映射到[0, 1）区间。这个区间在逻辑上可以看成如图 5-26 所示 LBS 的 Chunk 分配算法的一个环。LBS 根据“单侧就近原则”将 Chunk 映射到对应的虚拟 Shard 上，即任意一个 Chunk 将被分配给散列值仅大于该 Chunk 散列值的虚拟 Shard 上。

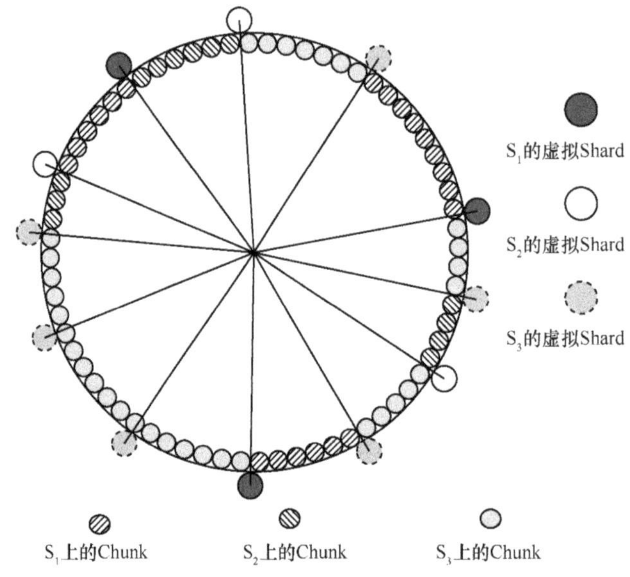

图 5-26　LBS 的 Chunk 分配算法

最后，根据虚拟 Shard 和实际 Shard 之间的对应关系，找到 Chunk 与实际 Shard 之间的映射关系。如此，LBS 就完成了 Chunk 到 Shard 的随机均匀映射，后文会证明该映射是负载均衡的。

LBS 的 Chunk 分配算法在一致性 Hash 的基础上引入了虚拟 Shard。根据权重的不同，Shard 被分成了许多虚拟 Shard。由于这些虚拟 Shard 的权重相同，一致性 Hash 就可以均衡地将 Chunk 分布到虚拟 Shard 上。

5.3.2.4　动态 LBS 算法

本节介绍了 LBS 的动态负载均衡机制，它包括在数据源增加或减少数据的过程中负载始终保持均衡的机制和在数据源突发性增减节点前后始终保持负载均衡的机制。

数据源增加或减少数据，实际上是对 Chunk 中的数据的增加或删除，从而造成了 Chunk 内包含的数据量（后文称 Chunk 大小）的变化。当数据增加导致 Chunk 变大时，会生成新的 Chunk 来均摊数据；当数据删除导致 Chunk 变小时，该 Chunk 将从其他 Chunk 均匀拉取数据。下面进行详细介绍。

令所有 Chunk(C_1, C_2,⋯, C_n)的数据量大小（后文称 Chunk 权重）构成的集合为 $W^C=\left\{\omega_1^c,\omega_2^c,\mathrm{L}\ ,\omega_m^c\right\}$，根据 LBS 的数据划分算法，在划分过程完成的时刻，任意的 Chunk 权重是相等的，此时所有 Chunk 的大小均值记为 $\overline{\omega^c}=\mathrm{avg}\omega_i^c$。在数据量增减的过程中 $\overline{\omega^c}$ 不再重新计算，令 LBS 的阈值 $\delta=\lambda\overline{\omega^c}$。当 Chunk 的大小不在 ($\overline{\omega^c}-\delta,\overline{\omega^c}+\delta$)范围内时，该 Chunk 所在的 Range 对应的所有 Chunk 参与数据量调整。每次调整将预先计算 Chunk 的数量范围，即（sum$W$/(avg$W$+thyta)，sum$W$/(avg$W$–thyta)），若不符合则先进行 Chunk 个数的调整。当某个 Range 对应的所有 Chunk 的大小均大于 $\overline{\omega^c}+\delta$ 时，将生成一个新的与该 Range 对应的 Chunk，且该 Chunk 将从 Range 对应的其他 Chunk 上均匀拉取数据，直到新生成的 Chunk 大小落在($\overline{\omega^c}-\delta,\overline{\omega^c}+\delta$)内；当某个 Range 对应的某个 Chunk 的大小小于 $\overline{\omega^c}-\delta$ 时，该 Chunk 将从 Range 对应的其他 Chunk 上均匀拉取数据，直到该 Chunk 的大小落在 ($\overline{\omega^c}-\delta,\overline{\omega^c}+\delta$)内。因此，数据量的增加或减少只会造成 Chunk 数量的增加或减少，而不会影响 Chunk 本身包含的数据量（Chunk 数据量始终在($\overline{\omega^c}-\delta,\overline{\omega^c}+\delta$)范围内）。由于一致性 Hash 的特点，Chunk 是均匀地分布在 Shard 上的，因此 Chunk 数量的增减会均匀地分担到各个 Shard 上，故 Shard 上 Chunk 的分布依然是负载均衡的。综上，不管数据量如何增减，Chunk 本身包含的数据量始终在一定范围内，Shard 上的负载依旧保持均衡。

数据源突发性增减节点实际上是对 Shard 的增加或删除，从而造成数据的迁移。节点增减的成因主要有：由于环境和使用年限等各方面综合因素，计算机节点不可

避免地会发生故障；因为业务量增加或其他需求因素，数据源集群会通过增加节点来扩充集群的处理能力。然而，在数据源突发性增减节点前后，要保证在移动最少的数据量的前提下，各个节点的数据量仍然保持均衡。

在 LBS 方法中，节点与 Shard 一一对应。因此，增减节点就是增减 Shard，节点上存储的数据就是 Shard 上存储的 Chunk。由于分布式一致性散列的特点，增加 Shard 时移动的 Chunk 是该 Shard（未来）存储的数据量；减少 Shard 时移动的 Chunk 是该 Shard 上存储的 Chunk。另外，由于一个 Shard 对应于多个虚拟 Shard，而这些 Shard 都被均匀而随机地分布于[0,1）内，新增 Shard 会被对应到多个均匀分布的虚拟 Shard，它们将均匀地抢夺其他节点的 Chunk，如图 5-27（a）所示；减少的 Shard 同样对应了多个均匀分布的虚拟 Shard，移除掉虚拟 Shard 将均匀地将其上的 Chunk 分配到其他 Chunk 上，如图 5-27（b）所示。这种方式并不破坏原有的散列映射规则，同时又能保证负载的均衡。

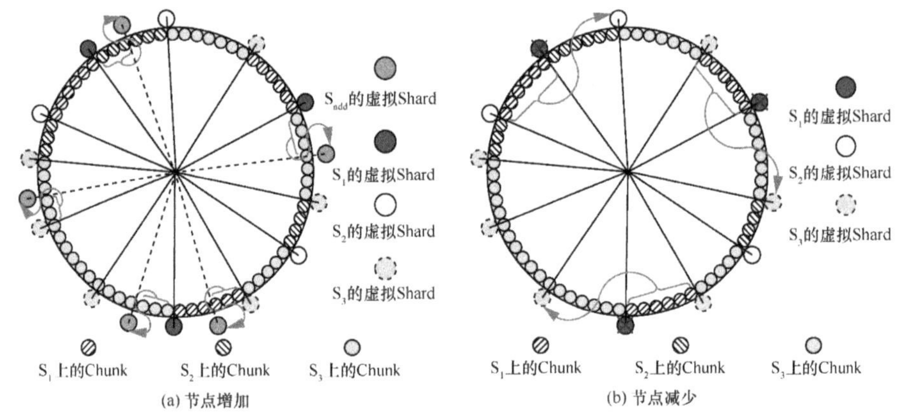

图 5-27　突发性增减节点时的均衡机制

5.3.3 迁移系统设计

数据迁移系统架构设计如图 5-28 所示，首先，数据源层使用 Sharding 技术将数据库文件、文本文件或其他规则的数据源水平扩展成分布式数据源，并将提出的数据源 Sharding 算法称为 LBS，它保证了数据源在水平扩展以后，能够为数据迁移的并发提供基础；数据源集群的每个节点根据其处理能力具有相应的数据量，即数据源集群的负载均衡；数据源集群在数据量增加或者减少时，能够通过增加或者减

少节点来达到动态改变数据源集群的处理能力（即数据源具有可扩展能力），在此过程中，数据源集群仍然保持负载均衡特性。其次，迁移目标层使用 HDFS 将迁移目标集群的存储虚拟为一个整体的分布式存储系统，作为整个系统的目的地；使用 MapReduce 编程框架，能够方便在子集群上生成任意数量的并发作业，为数据迁移提供了并发基础；使用 Hadoop YARN 精确控制每一个启动的作业资源，隔离同一个节点上不同作业的资源使用，同时也为每一个作业（一个 Container）分配同样的资源，并将该资源均衡地负载给迁移目标集群；HDFS、MapReduce 和 Hadoop YARN 的扩展性为迁移目标集群通过添加节点而提高迁移作业集群的处理能力提供了技术支持，从而实现了迁移目标集群的可扩展性。最后，作业调度层使用作业调度算法尽可能地避免数据源热点的出现，保证了数据迁移不会因为数据源热点问题而损失一定的负载均衡特性，从而提高了数据迁移的性能。

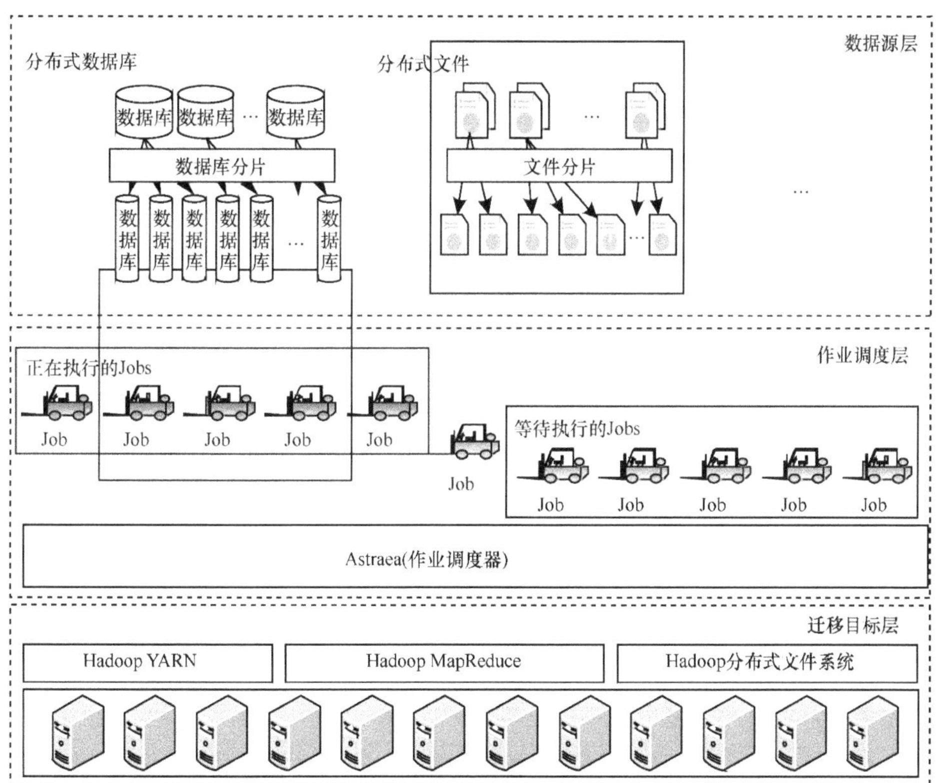

图 5-28　数据迁移系统架构设计

参考文献

[1] 张鹏，李鹏霄，任彦. 面向大数据的分布式流处理技术综述[J]. 计算机研究与发展，2014(S2): 1-9.

[2] NATHAN M, JAMES W. Big data principles and best practices of scalable realtime data systems[M]. [S.l.]: Manning Publications, 2015.

[3] JAIN A, NALYA A. Learning storm[M]. Birmingham: Packt Publishing, 2014.

[4] Apache Storm 官方文档 2016[EB/OL]. [2017-04-10]. http://storm.apache.org/.

[5] CASADO R, YOUNAS M. Emerging trends and technologies in big data processing[J]. Concurrency and Computation: Practice and Experience, 2015, 27(8): 2078-2091.

[6] WANG Z, DAI W, WANG F, et al. Kafka and its using in high-throughput and reliable message distribution[C]//2015 8th International Conference on Intelligent Networks and Intelligent Systems (ICINIS), November 1-3, Tianjin, China. New Jersey: IEEE Press, 2015: 117-120.

[7] CAI N, WEI S, WANG F, et al. A survey on stream distributed computing[C]//2015 8th International Conference on Intelligent Networks and Intelligent Systems (ICINIS), November 1-3, Tianjin, China. New Jersey: IEEE Press, 2015: 94-97.

[8] Apache Samza 官方文档 [EB/OL]. [2017-04-10]. http://samza.apache.org/learn/documentation/.

[9] VAVILAPALLI V K, MURTHY A C, DOUGLAS C, et al. Apache Hadoop Yarn: yet another resource negotiator[C]//The 4th Annual Symposium on Cloud Computing, October 1-3, 2013, Santa Clara, California, USA. New York: ACM Press, 2013: 5.

[10] Apache Spark 官方文档 2016[EB/OL]. [2017-04-10]. http://spark.apache.org/.

[11] GIANNELLA C, HAN J, PEI J, et al. Mining frequent patterns in data streams at multiple time granularities[J]. Next generation data mining, 2003(212): 191-212.

[12] CARBONE P, KATSIFODIMOS A, EWEN S, et al. Apache flink: stream and batch processing in a single engine[J]. Data Engineering, 2015, 38(4): 28-38.

[13] Apache Flink 官方文档[EB/OL]. [2017-04-10]. http://flink.apache.org/.

[14] ANDERSON E, HALL J, HARTLINE J, et al. An experimental study of data migration algorithms[M]. Algorithm Engineering Springer, 2001.

[15] GHOSH S. Distributed systems: an algorithmic approach[M]. Florida: CRC Press, 2014.

[16] HAN J, KAMBER M, PEI J. Data mining: concepts and techniques[M]. Elsevier, 2011.

[17] CHODOROW K. MongoDB: the definitive guide[M]. O'Reilly Media, 2013.

[18] 宋杰，王智，李甜甜，等. 一种优化 MapReduce 系统能耗的数据布局算法[J]. 软件学报，2015, 26(8): 2091-2110.

后 记

本书依托国家自然科学基金重点项目“大数据高效能存储与管理方法研究（No.61433008）”，由我和研究生团队在大数据存储和管理这一领域近四年研究成果的基础上，归纳、修改、润色而成。在本书出版之际，我回忆这几年的研究时光，白驹过隙，不禁百感交集，似有许许多多的故事想要写下来，可千头万绪，又不知从何说起。既然如此，我就化繁为简，只表达两层意思。

第一层意思是执着。做研究要跟得上形势，既要入世，又不能随波逐流。时而感叹没有一个清净的学术氛围，时而又在嘈杂的环境中患得患失；时而因小有成绩沾沾自喜，时而又感叹同行们的优秀而心灰意冷。或许能找到一百个放弃的理由，但执着和坚持帮助我一直走下去。诸葛亮六出祁山，姜维九伐中原，难有寸尺之功，然胜利并非执着的理由。执着是精神的韧性，虽沉重亦可担负；执着是意念的坚定，有迷惘而不放弃。

第二层意思是感谢。平白的语言，对四年来给予我帮助的家人、师长、同事、学生表示衷心的感谢。知遇之感，玉成之恩，感谢恩师于戈教授，于老师教会我治学严谨，远离投机取巧，不汲汲于荣名，不戚戚于卑位；笃志好学，学以致用，感谢研究生团队，特别是孙宗哲和马忠义同学在大数据处理平台体系结构，伍晋博和何虹燕同学在查询平台，郭朝鹏和黄旭峰同学在迭代计算平台，郭朝鹏和徐澍同学在分析平台，李甜甜和王智同学在实时处理平台领域作出的贡献。最重要的是感谢我的妻子和两个可爱的孩子，没有他们的支持，我不可能在这里工作，更不可能完成研究。衷心谢谢这些爱我的人。

笔　者

2017 年 4 月 10 日于沈阳浑河畔

www.ingramcontent.com/pod-product-compliance
Ingram Content Group UK Ltd.
Pitfield, Milton Keynes, MK11 3LW, UK
UKHW062004290726
14090UKWH00022B/1384